2015年中央支持地方公共管理学重点学科建设

［项目编号：黔财教（2015）134号］

智治之维

智库在公共治理中的功能研究

张欣 著

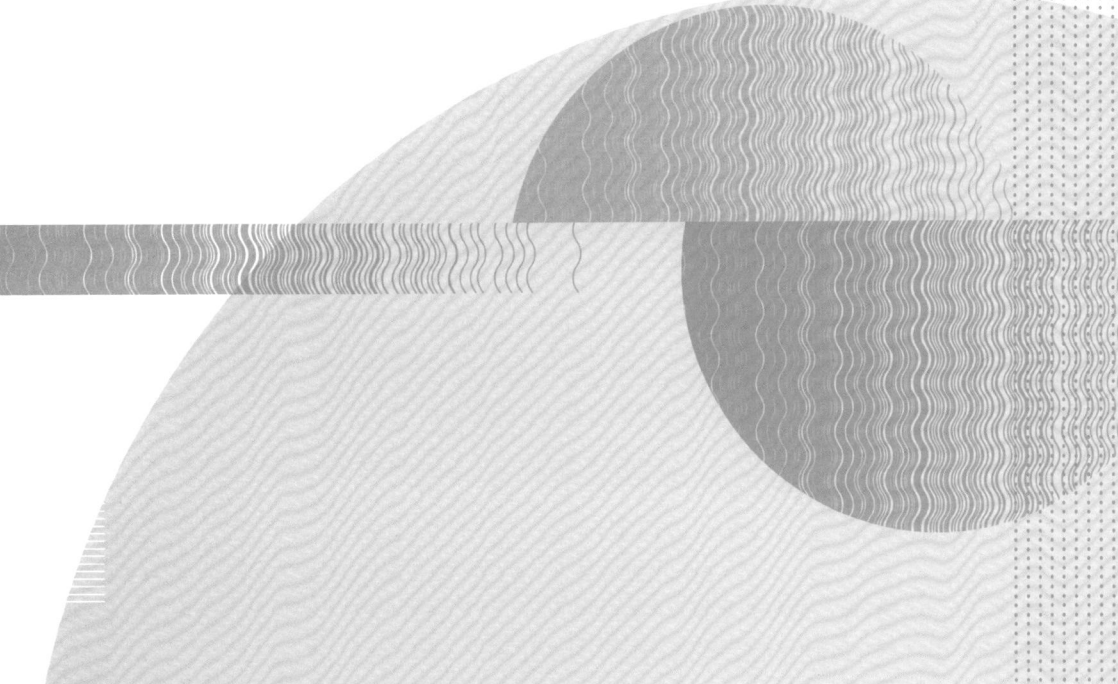

中国社会科学出版社

图书在版编目（CIP）数据

智治之维：智库在公共治理中的功能研究/张欣著 . —北京：中国社会科学出版社，2017.3

ISBN 978-7-5203-0854-0

Ⅰ.①智… Ⅱ.①张… Ⅲ.①咨询机构—作用—公共管理—研究 Ⅳ.①C932.8②D035

中国版本图书馆CIP数据核字（2017）第203988号

出 版 人	赵剑英
责任编辑	刘晓红
责任校对	韩天炜
责任印制	戴 宽

出　　版	中国社会科学出版社
社　　址	北京鼓楼西大街甲158号
邮　　编	100720
网　　址	http://www.csspw.cn
发 行 部	010-84083685
门 市 部	010-84029450
经　　销	新华书店及其他书店
印　　刷	北京明恒达印务有限公司
装　　订	廊坊市广阳区广增装订厂
版　　次	2017年3月第1版
印　　次	2017年3月第1次印刷
开　　本	710×1000 1/16
印　　张	17.25
插　　页	2
字　　数	256千字
定　　价	79.00元

凡购买中国社会科学出版社图书，如有质量问题请与本社营销中心联系调换
电话：010-84083683
版权所有　侵权必究

摘　　要

知识经济时代和复杂性时代的到来，使以知识、信息和创新思想为主体的新发展动能成为社会经济发展的共同指向。当知识取代物质成为社会财富的主要载体和来源，当日益复杂化的公共治理问题使原有治理形式和方法面临功能失调，以新思维重构社会发展新动能，以新方法应对复杂化的新问题便成为时代对公共治理的新要求。公共治理的新要求在我国体现得尤为突出，改革开放以来，我国在取得举世瞩目成就的同时，也进入了一个新的发展阶段。在新的发展阶段，我国的公共治理不仅要面临知识经济时代和复杂性时代所带来的全球性时代课题，更要面对在新发展阶段的中国课题。如何有效回应时代对知识、信息和思想的要求，如何以新思维、新方法和新资源应对我国公共治理的新问题和新情况，以"智"为中轴的治理模式逐渐成为公共治理的发展趋势和要求。本书提出"智治"概念作为公共治理的新理念，强调以"智治"的视角重新审视公共治理，进而对公共治理的主体、理念和方法进行再思考。本书在提出"以智咨治，以智启治、以智辅治、以智治治"公共治理新思维的基础上，强调通过"智治"模式实现公共治理由传统工具化治理向当代价值化治理的有效转变，这一转变不仅与公共治理的多中心、网络化和合作化的内在本质相契合，更是对公共治理新资源、新方法和新能力的积极探索。

智治的本质——智慧与治理的关系要求以知识、信息和创新思想实现对公共治理的有效支持，从而构建"智"与"治"的良性互动与协同发展下的创新治理、知识治理、动态治理和智慧治理。然而，作为智治前提的"智"（知识、信息、方法、技术和创新思想等）从何而来便成为有效实施智治之前必须思考的问题。作为社会发展的瞭望者和观察者，作为专业领域的探索者和权威者，作为思想之库、知识之库和智慧之库，作为公共治理的重要思想源，智库在公共治理的智治实现过程中发挥着重要的智力支持作用，这使得对于智库在公共治理中的功能实现和扩展成为有效实现智治的关键。本书通过对智库在公共治理中"聚散效应"的分析，系统阐述了智库在公共治理中问题域、方法域和资源域中"聚焦问题、聚集资源、聚汇方法"的内聚效应以及"空心Y域"（治理力扩散）、"Y域"（治理力形成增长极带来的扩散）和"治理场域及其能量"（经验化治理向知识化治理、工具化治理向价值化治理以及他治向共治和自治的转变）的三阶扩散效应，从而对智库在公共治理中的功能及其运行机理进行了定位和系统分析。

在明确智库在公共治理中的功能及其运行机理的基础上，本书从制度、结构、能力和需求等多元化角度系统分析了当前我国智库在公共治理中有效实现和扩展功能的内外困境及其成因。对于如何有效解决当前我国智库面临的困境，从而实现智库功能的发挥和能量的释放，本书采取比较研究方法，试图通过对西方各国智库发展的审视和经验教训的借鉴，为我国智库当前困境的解决和有效发展提供新思维。西方智库的发展和繁荣是外部拉力和内部推力综合作用的结果，其给予我国智库建设发展和功能实现最核心的启示在于：强调智库建设和发展的系统化，智库功能实现和扩展的综合化以及以"智"与"治"有效互动为内核的智库与公共治理发展的协同化。在充分借鉴西方智库发展经验的基础上，本书结合我国国情提出了在党和政府的领导下，加强智库制度化建设，促进智库多元化发展，推进智库市场化运行以及完善智库社会化服务的智库功能实现路径。试图通过对我国智库外部环境的塑造、内部能力的提升和服务面向的扩展，充分保障我国智库功能的实现与扩展，进而实现智库与公共治理的协同发展，最终为我国国家治理现代化和中国特色新型智库建设注入强劲动力。

关键词： 智治　智库　公共治理　聚散效应

目　录

第一章　绪论 ………………………………………………………… 1
　　第一节　选题背景与选题意义 ……………………………………… 1
　　第二节　国内外研究动态与文献述评 ……………………………… 7
　　第三节　研究思路与研究方法 ……………………………………… 19
　　第四节　创新点和难点 ……………………………………………… 22

第二章　智治与智库的内涵和关系 …………………………………… 26
　　第一节　公共治理的当代形态：智治 ……………………………… 26
　　第二节　知识与思想的承载者：智库 ……………………………… 50
　　第三节　智库与智治的关系：内在契合与耦合共进 ……………… 70

第三章　智库在公共治理中功能的运行机理 ………………………… 81
　　第一节　公共治理中的三个场域 …………………………………… 81
　　第二节　智库在公共治理中的"内聚"功能效应 ………………… 84
　　第三节　公共治理的"空心Y域" ………………………………… 120
　　第四节　智库在公共治理中的"扩散"功能效应 ………………… 123

第四章　智库在公共治理中功能实现的现实困境 …………………… 137
　　第一节　制度平台缺失对"聚散效应"的阻碍 …………………… 138
　　第二节　结构体系失衡对"聚散效应"的分离 …………………… 146
　　第三节　内在效能不足对"聚散效应"的抑制 …………………… 160
　　第四节　社会需求缺乏对"聚散效应"的消解 …………………… 171

第五章　西方智库治理功能实现的经验和启示 …………… 180

第一节　西方智库"聚散效应"实现的外部拉力 ………… 180
第二节　西方智库"聚散效应"实现的内部驱力 ………… 195
第三节　西方智库在公共治理中功能实现的启示 ………… 205

第六章　智库在公共治理中功能实现路径的构建 …………… 211

第一节　以特色化路径引领智库功能发展方向 …………… 211
第二节　以系统化制度保障智库功能稳定运行 …………… 215
第三节　以多元化结构推进智库功能均衡发展 …………… 224
第四节　以市场化机制增进智库功能内在效能 …………… 233
第五节　以社会化服务扩展智库功能辐射范围 …………… 244

第七章　结论 …………………………………………………… 252

参考文献 …………………………………………………… 256

第一章 绪论

第一节 选题背景与选题意义

一 选题背景

改革开放以来，在中国共产党的领导下，我国取得了举世瞩目的成就。随着经济社会的发展，我国进入了全面深化改革的攻坚期以及全面建成小康社会的决定性阶段。党的十八届三中全会通过的《中共中央关于全面深化改革若干重大问题的决定》提出："全面深化改革的总目标是完善和发展中国特色社会主义制度，推进国家治理体系和治理能力现代化。"这不仅体现了完善和发展社会主义制度的价值追求，也指明了深化改革的有效途径。我国治理体系和治理能力的现代化建设既有区别于其他国家的优势，如先进的理论指导、正确的发展道路、鲜明的创新导向、强大的制度依托；也有面临的难题，如人口众多、区域不平衡、社会转型期各种矛盾和问题的凸显、物质基础较为薄弱、社会组织弱小等。如何充分发挥我国治理体系和治理能力建设的优势，有效应对国家治理现代化进程中的难题和挑战，便成为时代赋予我们的重任。当前，我国进入了社会发展的高危和高风险期，全球化背景下我国公共治理的复杂性和全面深化改革的艰巨性前所未有，我国在国力快速提升的同时，经济结构多元化、社会阶层多样化和利益诉求复杂化带来了现代治理难题。在复杂环境中如何实现科学决策、民主决策，如何建立、完善科学有效的制度，如何有效整合社会多元力量和资源，如何创新地、灵活地解决各种社会问题，成为国家治理体系和治理能力现代化进程中的一个亟待解决的问题。

纵观西方治理历程，智库在其中扮演着关键角色。智库的智力支持在西方国家的全球战略和国内政策中的作用不可小觑，西方国家每一次重大政策决策和行动均伴随着智库的身影。正是在发达的智库系统支持下，以美国为代表的西方国家实现了政治、经济、社会的飞速发展。而其智库也凭借其专业性、创新性和预见性为自己赢得了影响力和声誉，为世界所称道。兰德公司、布鲁金斯学会、胡佛研究所、亚当·斯密研究所等全球顶尖智库正是伴随着其影响力的扩大，逐渐进入人们的视野，成为创新、专业和智慧的代表。西方的治理实践和智库功能的显现，向我们传递了一个信息：治理，有效的治理，善治都是以治理过程中科学、创新、动态的思想为前提和基础，有效的治理离不开强大的智力支持系统及其思想，智治之维也应成为公共治理的应有之义。智库既是国家的"智商"，也是一个国家"软实力"的体现，更是国家治理体系的重要组成部分，国家治理体系和能力的现代化也以与之相对应的智库支持系统为前提和基础。西方发达国家业已形成了与国家治理体系相对称的咨询决策体系，这使智库成为公共治理中的中坚力量。我国正处于全面深化改革的攻坚期和经济增长阶段的转换期，治理环境发生了深刻变化，所面临的发展机遇和严峻挑战前所未有，复杂、多元、动态的各层各类问题都需要智库专业知识和创新思想的支持。党中央高度重视智库在我国国家治理体系和能力现代化进程中的重要作用。党的十八大指出：坚持科学决策、民主决策、依法决策，健全决策机制和程序，发挥思想库作用，建立健全决策问责和纠错制度。党的十八届三中全会通过的《中共中央关于全面深化改革若干重大问题的决定》中进一步提出：加强中国特色新型智库建设，建立健全决策咨询制度。中央全面深化改革领导小组第六次会议审议了《关于加强中国特色新型智库建设的意见》。习近平强调："我们进行治国理政，必须善于集中各方面智慧，凝聚广泛力量。改革发展任务越是艰巨繁重，越需要强大的智力支持，要从推动科学决策、民主决策，推进国家治理体系和能力现代化和能力现代化，增强国家软实力的战略高度，把中国特色新型智库建设作为一项重大而紧迫的任务切实抓好。"① 中国特色新型智库的建设，是党中央站在时代发展的高度，着眼于健全中国特色决策支撑体系，实现以科学咨询支撑科学决策，以科学决策引领科学发展，最终推进国家治理现代化的重大举措。习近平的讲话和党中央的决定充分体现了中国特色新型智库的建设和发展在国家治理体系和能力现代化建设中的重要作用，标志着新型智库建设已上升为国家战略。可以预见，随着我国社会经济的发展和国家治理现代化的推进，新型智库将成为国家治理体系中不可或缺的部分，并成为国家治理力的重要体现。新型智库将凭借其专业性、创新性在公共治理中发挥越来越重要的作用，正如《关于加强中国特色新型智库建设的意见》所指出的："全面深化改革，完善和发展中国特色社会主义制度，推进国家治理体系和治理能力现代化，推动协商民主广泛多层制度化发展，建立更加成熟更加定型的制度体系，必须切实加强中国特色新型智库建设，充分发挥智库在治国理政中的重要作用。"

我国智库的发展充满机遇，也面临诸多挑战和困境。正如习近平总书记所强调："我国智库发展很快，在出思想、出成果、出人才方面取得了很大成绩，为推动改革开放和现代化建设作出了重要贡献。同时，随着形势发展，智库建设跟不上、不适应的问题也越来越突出，尤其是缺乏具有较大影响力和国际知名度的高质量智库。"② 当前我国智库数量多，但普遍质量不高。智库建设存在结构不合理、缺乏思想市场、独立性和影响力等多元问题，智库的理论研究也存在许多空白。芝加哥经济学派代表人物之一的罗纳德·科斯曾对中国发出十大忠告，其中之一就是："如今的中国经济面临一个严重的缺陷：即缺乏思想市场，这是中国经济诸多弊端和险象丛生的根源。"③ 科斯所说的思想市场正是智库发展的摇篮。科斯忠告也反映在宾夕法尼亚大学2007—2013年全球智库排名中。在影响力方面美国、英国、德国

---

① 《习近平：全面推进依法治国也需要深化改革》，http://news.xinhuanet.com/politics/2014-10/27/c_1112998021.htm，2014年12月18日。
② 同上。
③ 王辉耀、苗绿：《大国智库》，人民出版社2014年版，第2页。

位列前三，中国智库初步显示了影响力，但差距很大。"若按人口比例和国家经济实力，中国智库在全球100家顶级智库中应至少占据20席，至少应有2个智库跻身前10名。而目前，在全球前100家顶级智库中，中国智库仅占6家。"[①] 此外，中国智库还存在结构不合理，"官办智库大而不强，高校智库曲高和寡，民间智库弱而无力"[②] 等问题。在智库理论研究方面，由于中国智库发展起步较晚，智库理论体系尚未成型，对智库研究的著作并不丰富，且多是对西方智库的介绍和分析，缺乏中国智库建设的优秀著作，对智库在公共治理中的功能及其实现路径的研究还有待进一步深化和完善，这与公共治理实践过程中对智治和智库的需要形成了强烈的反差。加之当前我国关于智库的研究还处于起步阶段，现有研究大多属于实证研究和分析，且呈碎片化和松散化的研究状态，缺乏对智库及其在公共治理中功能机理的学理分析。这将导致智库理论的发展及其在公共治理中功能的实现缺乏理论基础、逻辑论证和研究范式，其结果将严重阻碍该领域理论和实践的发展。本书试图弥补这一缺陷，并引起人们对该问题的关注。

二 选题意义

（一）理论意义

全面推进中国特色新型智库的建设和发展，充分发挥智库在国家治理现代化进程中的作用，必须从理论上深化对智库功能的认识。只有从学理上深刻理解"智"与"治"的内在契合和互动关系，进而准确把握智库与公共治理的协同发展机理，才能有效推进智库的建设发展和功能实现。

目前，随着我国社会经济的快速发展，改革发展任务日趋繁重，对智力支持的需要日益多元和迫切，对智库的研究也逐渐成为学界热点。智库的相关著作和文献在近几年迅速增加，相关的研讨会和咨询会等也频繁召开，我国的智库研究正呈现出快速发展的态势。然而，

---

① 王辉耀、苗绿：《大国智库》，人民出版社2014年版，第11页。
② 同上书，第260页。

透过智库热的表象，审视智库已有理论研究成果，便会发现我国的智库理论研究还较为薄弱。这种薄弱不仅表现为较之西方智库研究成果在数量上的稀缺，更重要的表现是研究内容的表象化和形式化。当前我国已有智库研究多集中于对西方智库的介绍和比较，对智库缺乏中国化研究，对中国智库的发展路径以及中国智库功能的运行机理和实现机制缺乏系统和深入的思考。此外，现有研究对智库及其功能的研究还停留在基于经验观察的简单归纳。对于智库功能何以产生、智库应发挥哪些功能、智库功能如何运行等问题未给予动态追踪和系统的回答。理论上的欠缺必然导致实践上的迷失，当前我国智库热潮下，智库建设数量与质量的反差以及智库研究高水平成果和研究数量的差距，正是智库理论欠缺所导致实践迷失的集中反映。基于当前我国智库研究的现状，我国智库研究者曾发出"智库热的冷思考"[①] 以及"尽快转变研究焦点和维度，对智库进行更深层次的理论分析，并加强对'智库内容'研究"[②] 的呼吁。其集中反映出对智库及其功能的形式化、单一化和静态化研究现状与智库建设和功能发展对深入化、系统化、动态化研究要求的内在矛盾。因此，在全面推进国家治理现代化建设和加强中国特色新型智库建设的进程中，从学理上对"智"与"治"的内在特点和相互关系进行深入分析，进而系统探讨和分析智库在公共治理中的功能及其运行机理，对于深化和拓展智库理论和公共治理理论具有重要的理论意义。

（二）实践意义

管理学家比尔曾说："旧世界的特点是管理事务，而新世界的特点是需要处理复杂性。"[③] 在全球化、后工业化时代背景下，社会正以高度复杂性和不确定性的形式呈现，复杂性和不确定性在使传统治理模式和方法面临"功能性障碍"的同时，也提出了对创新化、动态化

[①] 薛澜：《智库热的冷思考：破解中国特色智库发展之道》，《中国行政管理》2014年第5期。

[②] 王莉丽：《智力资本》，中国人民大学出版社2015年版，第14页。

[③] ［美］W. E. 哈拉尔：《新资本主义》，冯韵文、黄玉馥译，社会科学文献出版社1991年版，第119页。

和科学化治理模式和技术的时代要求。我国在完善和发展中国特色社会主义制度、推进国家治理体系和治理能力现代化的进程中，不仅要面临全球化和后工业化社会所带来的时代课题，还要面对社会主义建设在新时期、新阶段和新形势下所出现的新情况、新问题和新矛盾。面对时代课题和中国课题，以知识和创新思想为内核的多元化智力支持成为社会各领域建设发展的共同指向，其不仅表现为社会对知识和创新思想日益多元化、动态化、特色化的迫切需求，更表现为由智力支持活动所推动的以"智"为中轴的公共治理模式的逐渐显现。在知识和创新思想成为社会的主要发展动能，智力支持成为时代要求和中国要求的同时，作为知识和创新思想重要载体和来源的智库，也因其多元化智力支持功能成为国家治理体系中不可或缺的重要组成部分。党中央、国务院高度重视智库的建设和发展，党的十八大、十八届三中全会都明确提出了要加快智库发展的要求，习近平总书记也多次对智库建设做出重要批示，《关于加强中国特色新型智库建设的意见》的出台更明确了我国智库建设和发展的方向，我国智库迎来了建设和发展的春天。然而，智库的建设发展不仅需要正确方向的指引，也需要勇于前行和探索的勇气。当我们试图充分发挥智库在公共治理中的功能，为国家治理现代化提供强劲智力支持时，许多认知上的缺陷便逐渐显露并发展为智库功能实现的巨大障碍。而如果不能明确智库在公共治理中应发挥怎样的功能，不能准确把握这些功能的运行机理，不能系统化、动态化地追踪功能发展与功能互动，那么智库在公共治理中的功能便无法得到正确、全面和深刻理解，其结果必然是智库功能的偏离和障碍。因此，基于时代特征与公共治理特点，以"智治"为视角，深入探索公共治理与智库相互依赖、相互影响的作用机理以及协同发展的内在关系，不仅能够使智库在公共治理中的功能得以准确锁定，更将使智库功能的运行和发展得到动态化追踪。通过将智库功能以立体化和动态化的方式呈现，将有助于克服当前公共治理实践中对智库功能单一化和静态化的错误理解，进而实现对智库在公共治理中功能的系统化、动态化认知。这对于正确理解智库在公共治理实践中各层次、各阶段和各环节的功能及其相互关系，充分发挥智库在公共治理中的系统化、动态化功能具有重要的实践参考和指导意义。

第二节　国内外研究动态与文献述评

一　国外智库研究动态

对智库的系统研究始于美国盛于美国。智库的诞生源于当时的历史背景，第一次世界大战后，世界上第一个社会主义国家苏联的出现和飞速发展让西方国家震惊，对苏联的遏制成为焦点。另外，这一时期的经济大萧条也导致对致力于服务公共利益和协助政府公共政策制定的专业研究机构的需要。1971 年美国政治学家保罗·迪克逊所著《思想库》一书被认为是世界上第一本系统介绍美国思想库形成和发展的著作。他首创性地提出了现代意义上的思想库概念。迪克逊认为，思想库最早出现在 19 世纪 30 年代，当时的费城富兰克林研究所（Franklin Institute of Philadelphia）与财政部长签订的为解决汽船蒸汽锅炉问题的委托研究合同，已经基本具备了思想库的显著特征。因此，美国的思想库起源于 1832 年的费城富兰克林研究所。然而他的这种说法受到了质疑，批评者认为他的观点有些牵强附会，原因在于：如果按照智库就是政府为解决问题而求助的对象的定义，一些具有发挥同样功能的机构如哈佛大学（1636）、耶鲁大学（1701）等机构远早于 1832 年成立的富兰克林研究所。批评者认为学者与政府官员一起讨论公共政策的历史已超过 200 年，这种彼此间的交流不能被视为现代意义上的智库起源。在迪克逊著作出版后的 20 多年间，除了 1976 年 Guuman Daniei 出版一本介绍美国思想库兰德公司的非独立性的著作较有影响外，西方学术界关于思想库的重要研究著作一直不多。直到 20 世纪 90 年代初，由于思想库在政策过程中的影响力日益增强，思想库与政策过程的研究才逐渐成为人们关注的焦点。经过数十年的发展，西方发展出一套成熟的思想库理论体系，按照研究时间的演进和研究的深入逐步形成了思想库的三个研究路径。

（1）关于智库发展的历史路径研究。主要对思想库的历史发展过程和兴起的政治、经济、社会背景进行系统分析，并对某一思想库的发展历程进行个案研究。通过对思想库发展全过程的梳理和案例研究，学者们总结出思想库在特定历史时期兴起、发展、成功直至衰落的背景和原因，更为重要的是学者们通过思想库在特定历史时期发挥的重要作用对思想库的功能进行了初步的探讨。

詹姆斯·史密斯（James Smith）1991年出版了《思想掮客：思想库和崛起的新政策精英》一书，系统分析了政策专家及后来形成的思想库专家发展壮大的历程，并认为作为政策精英的思想库专家是"思想掮客"，他们在"思想市场"中起着信息传播和政策倡导的功能，在思想市场中通过争论争夺本方观点的市场份额。詹姆斯·史密斯将美国思想库蓬勃发展的原因归结为：发达的基金会、政治体制的开放性、政党权力的虚弱和分散。

另一部重要著作是大卫·瑞奇（David Ricci）于1993年出版的《美国政治变革：新华盛顿和思想库的兴起》。作为布鲁金斯学会的研究员，瑞奇研究了20世纪70年代以来，在美国新华盛顿政治文化中思想库的兴起和得以发展的政治背景。他发现在近20年里，美国政府内外部环境发生了巨大的变化，内部出现"政党准则削弱、国会论资排辈规则的终结、独立身份的国会议员的出现等；政府外部力量逐渐增强，专家地位的萌芽，电视的发展和传播技巧的完善根本性地改变了美国的政策话语。"[①] 瑞奇认为，随着信息时代的到来，大量与政策相关的信息涌入和对政策决策的影响使过去政府以足够信息和智慧为支持，在民主社会中理性实践领导责任的模式过时。在"思想市场"中思想库通过争论而日益丰富各种理论，对政策决策的影响日益增强。瑞奇还认为思想库影响力的评估是一件不可能完成的任务。

英国学者主要从社会思潮及其发展的路径对思想库的发展阶段和作用进行了系统分析。其中有代表性的著作是考科特（Cockett）1994年发表的《思考那些不能思考的：思想库与经济反革命》以及邓海姆和加奈特1998年所著《英国思想库和思潮》。考科特基于历史路径系

---

① 朱旭峰：《中国思想库》，清华大学出版社2009年版，第25页。

统分析了英国经典自由派思想库出现、发展、成功、衰弱的全过程。他认为撒切尔主义的胜利源于英国思想库对集体主义和凯恩斯主义的思想革命。邓海姆和加奈特则通过分析英国思想库发展的三个阶段发现思想库在社会思潮竞争中发挥着重要且关键的作用。他们认为新右派意识形态之所以成为英国主流意识形态，正源于撒切尔在新右派思想库帮助下对保守主义思想的推行。

（2）关于智库功能的实证研究。随着对智库研究的深入以及这一时期智库的爆炸式发展和影响力的扩大。实证研究开始进入智库研究领域，并逐渐发展成为智库的一种重要方法。智库研究出现了定量分析和定性分析两大实证主义方法。

1996年戴安·斯通（Diane Stone）出版了《俘获政治意象：思想库与政策过程》一书，斯通在中观层次通过案例法分析了思想库在政策过程中的影响力，并提出信息交流在政策机构和过程中的重要作用。在此书中，斯通对思想库的组织管理和信息传播网络进行了系统分析，对思想库影响力实现进行了理论阐述，为思想库实证主义的研究路径奠定了理论基础。

詹姆斯·迈甘（James McGann）于1995年出版了《公共政策研究产业中经费、学者和影响力的竞争》一书。书中采用问卷调查的方式收集了7个美国思想库的基本数据，并进行罗列比较，首开运用定量方法研究思想库的先河。2005年迈甘出版的《美国思想库和政策建议》介绍了美国思想库的概况，分析了思想库信息传播的渠道和体现思想库影响力的指标。

加拿大学者唐纳德·阿贝尔森（Donald Abelson）从定性和定量两个方面对思想库及其影响力进行了系统研究。在1996年出版的《思想库与它们在美国外交政策中的作用》一书中，阿贝尔森通过对美国外交政策决策过程的案例研究，系统分析了思想库参与政策决策的过程和机理，特别介绍了思想库在政策决策过程中的作用和实现途径。他特别强调，媒体已成为思想库宣传思想发挥影响力的重要渠道。2002年阿尔贝森出版了《思想库重要吗？公共政策研究机构影响力评价》一书，讨论了评价思想库影响力的方法，并认为思想库的影响力是无法测量的。

安德鲁·里奇（Andrew Rich）于2004年出版了《思想库、公共政策和专家政治》。书中作者通过思想库在政策子系统中发挥作用的案例分析、回归分析等定量分析方法以及向官员、议员、新闻工作者发放问卷和数据库检索方法，分析了不同类型思想库在政治过程中的角色地位以及实现影响力的行为差异。

（3）关于智库发展的国别比较研究。进入20世纪90年代，随着智库在西方发达国家政治、经济、社会、文化等多领域影响力的彰显和政治地位的提升，各国对智库的研究也进入了快速发展时期。并且随着时间的推移，智库领域也出现了大量研究成果，这些研究成果通过国际会议等方式实现了成果和信息的交流，从而逐渐形成了智库研究的一个新方向：智库的国际比较研究。目前国际比较研究应该说刚刚起步，基础意义上的比较研究主要有三本会议论文集：1996年美国城市研究所（Urban Institute）于日本举办了世界思想库论坛，会后由特尔加斯基和优诺（Telgarsky and Ueno）编辑出版了《民主社会中的思想库：另一种声音》。1998年戴安·斯通根据美国政治研究协会多年来召开的年会论文的基础上，收集整理出版了《各国思想库：一个比较的路径》和《思想库传统：政策研究和思想的政治学》。2000年詹姆斯·迈甘等学者基于西班牙召开的思想库会议，出版了会议论文集《思想库与公民社会：思想与行动的催化剂》。2008年王莉丽于布鲁金斯学会发布《中美智库比较研究报告》，明确中美智库影响力比较研究起点是："抛却思想库是独立的还是官方的这一概念定义上的争论，美国智库以独立智库为主，中国智库以官方为主，两者各具优势和局限，并且都在各自的政治、经济、文化土壤中生存并发挥影响力。"[①] 从智库的国别比较中，学者们总结出了导致智库在各国政治地位、影响力差异的因素。主要包括：政治民主化程度、公民社会发展水平、政治文化、经济社会发展水平等。这致使介绍国家和地区智库

---

① 美国布鲁金斯学会网站中国中心会议记录，http://www.brookings.edu/events/2008/1023_think_tanks.asp，2008-10-23。

的论文形成了这样一种行文风格：首先介绍该国的政治经济社会发展状态，其次描述智库在政治生活的位置，最后以此为背景分析智库的状况和发挥功能的途径。

二 国内智库研究动态

相对于国外特别是美国的智库体系，我国有关思想库的研究成果较少。然而近年来随着经济社会发展和对智库需求的日益增长，智库日益成为政府、社会和学界关注的焦点，有关智库的研究也呈现出快速发展的趋势。从国内智库研究发展过程来看主要经历了三个阶段：第一阶段，对西方智库进行介绍的理论描述阶段；第二阶段，对西方智库进行系统研究；第三阶段，结合国外智库经验对中国新型智库建设进行系统研究。

1. 西方智库的理论描述阶段（1978—2003年）

在改革开放以前，我国没有真正意义上的思想库，因为研究机构都是政府机关下属部门。因此，这一时期我国对于思想库的研究处于一定程度的停滞状态。我国真正意义上的思想库发轫于1978年改革开放。改革开放后，党中央意识到政策研究机构对经济改革的重要意义，邓小平等领导人不断提出"决策科学化"的口号，在这样的背景下，国务院经济研究中心、中国社会科学院等政策研究机构陆续成立，这些思想库的职能是为党和政府的决策规划提供支持。这一时期在相对宽松的政治环境下，中国智库开始萌芽并随着国家社会经济发展和决策支持需求的增加而不断发展壮大。智库的发展也体现在理论领域，这一时期我国最早一部介绍美国思想库的专著出现：1982年中国现代国家关系研究所的吴天佑和傅曦两位学者编辑出版了《美国重要思想库》一书。该书介绍了美国一些重要思想库，是我国最早研究美国思想库的重要著作。该书的出版甚至引起了美国的高度重视，认为中国学术界已经意识到思想库在美国政治特别是对外政策中的特殊作用，并进一步认为这是中国对美国研究逐渐深入的标志。继首部智库著作出现后，关于智库的研究和著作逐渐开始增多。朱锋、王丹若于1990年编辑出版了《领导者的外脑——当代西方思想库》，该书首次介绍了如兰德公司、布鲁金斯学会等美国十大著名思想库，并对西方思想库产生的背景、类别、职能、特点和发展趋势进行了简要分析介绍。陈宝莲、侯玲于1996年编著的《美国总统与经济智囊》对罗斯福到布什的10任总统如何有效运用智囊帮助决策、实现决策民主化和科学化进行了研究。乔迪于1998年编著的《兰德决策：机遇预测与商业决策》介绍了兰德智囊团，并对兰德决策技术与决策能力培训进行了系统介绍。北京太平洋国际战略研究所于2000年出版了《领袖的外脑——世界著名思想库》，该书系统介绍了世界著名思想库及其在政府、企业决策过程中的地位、作用和影响以及这些著名思想库内部的人员组织、研究情况、工作方式和运作机制等。

此外，多位学者发表的文章也都反映了这一阶段介绍国外思想库发展历程、功能作用、运行机制、影响力、运作经验的研究特点。如金良浚的《国外智囊机构的特点和发展趋势》、邹逸安的《国外思想库及其成功经验》等。

2. 西方智库的系统研究阶段（2003—2012年）

随着对西方智库研究的逐渐深入，以及新时期国际、国内纷繁复杂的形势，思想库在国家发展中的功能逐渐被认可和重视。2004年1月《中共中央关于进一步繁荣发展哲学社会科学的意见》在党的历史上第一次以中共中央的名义明确指出，"要使哲学社会科学界成为党和政府工作的'思想库'和'智囊团'。"2007年，党的十七大报告中，胡锦涛强调："繁荣发展哲学社会科学，推进学科体系、学术观点、科研方法创新，鼓励哲学社会科学界成为党和人民事业发挥思想库作用。"随着党中央对智库的重视和社会经济发展对智库的需要，我国智库进入了新的快速发展时期，而理论界对智库研究也进入新的阶段。如任晓的《第五种权力——美国思想库的成长、功能及运作机制》，袁鹏的《美国思想库：概念及起源》，朱旭峰的《美国思想库对社会思潮的影响》《西方思想库对公共政策的影响力——基于社会结构的影响力分析框架构建》和《"思想库"研究：西方研究综述》，侯经川的《国外思想库的产生发展及其对政府决策的支持》和《全球思想库发展综述》等文章从不同角度对西方思想库的角色、性质、价值取向、功能、运作机制、影响力进行了深入研究，这些研究对中国智库的理论研究和建设提供了很好的启示。

在对西方思想库进行深入介绍和研究的同时，学者们还对西方思想库在对华思想和政策上进行了系统研究。2003年现代国家关系研究所编辑出版了《美国思想库及其对华倾向》一书。该书基于文献和资料的分析详细阐述了美国思想库的概念、起源、发展、类别和功能，是迄今关于美国思想库最为全面的研究成果，具有很高的学术价值。2005年现代国家关系研究所编辑出版了《欧洲思想库及其对华研究》，该书对英、法、德、意大利等国和欧盟思想库进行了系统的分析，其对全面系统了解欧洲思想库助益颇多。在此期间，随着国内对思想库及其研究的关注，关于思想库的博士学位论文开始出现：中共中央党校穆占劳的《美国思想库和美中关系》（2004）、外交学院狄会深的《美国思想库对美国外交政策的影响》（2005）、复旦大学张春博士的《美国思想库与一个中国政策》（2006）。这些博士论文对美国思想库在对华政策和美中关系中的作用进行了系统的考察和分析。外交学院魏玲的《第二轨道进程：规范结构与共同体建设——东亚思想库网络研究》（2008）探讨了第二轨道进程对于地区共同体建设的作用。

值得注意的是，随着对西方智库研究的深入和我国社会经济发展对智库的需要，中国智库研究开始在学界出现。中国智库研究的出现源于学界对国外思想库性质、功能、运行机制和影响力等问题的系统研究的逐渐深入，并基于中国思想库现状而展开的中国思想库概念、现状、问题、功能、分类、发展的研究。这一时期对智库的研究大多是参照西方思想库对我国思想库进行的设计和构想。较有代表性的包括：2006年薛澜、朱旭峰的《"中国思想库"：涵义、分类与研究展望》；2007年李玲娟的《中国民间智库的地位作用研究》；2008年卢晶莹的《中国思想库建设的环境因素探析》；2009年薛澜、朱旭峰的《中国思想库的社会职能——以政策过程为中心的改革之路》，余吕生的《关于建设社会主义新型智库的思考与探索》，薛澜、赵弘的《多元趋势之后：中国智库仍需"松绑"》；2010年徐少同的《中国智库发展转型背景下的成果评价体系研究》；2010年张振华的《影响中国未来的新型智库》，2011年朱有志的《建设中国特色社会主义新型智库——社会科学院智库功能发挥的三大思考》，傅广宛的《我国政府决策机制的变迁与思想库的发展》。

需要说明的是，在中国智库特别是中国新型智库建设成为学界研究焦点的同时，对国外思想库的研究也在同步向深入和系统研究发展，具有代表性的著作有：2010年金芳等著《西方学者论智库》，该书对西方智库功能定位、要素、作用及其评价、影响力及其发挥、管理以及研究的派别和方法进行了系统介绍，并以日本和俄罗斯为例进行了案例分析。2010年王莉丽出版《旋转门——美国思想库研究》，该书深入分析了美国思想库影响力形成、产生和评估，并对中国思想库的建设提出了对策建议和展望。2010年李轶海的《国际著名智库研究》一书，对美洲、欧洲、亚洲、大洋洲以及非洲地区有影响力的著名智库进行了系统介绍。

3. 中国新型智库建设系统研究阶段（2012年至今）

随着我国经济社会的发展和改革的深化，我国智库迎来了蓬勃发展的智库时代。2012年11月，党的十八大报告提出："坚持科学决策、民主决策、依法决策，健全决策机制和程序，发挥思想库作用。"2013年4月习近平总书记对"建设中国特色智库"做出重要批示，提出要建设"中国新型智库"，强调智库是国家软实力的重要组成部分，要有一定的超前性。党的十八届三中全会提出："加强中国特色新型智库建设，建立健全决策咨询制度。"它表明加强我国新型智库建设并发挥其作用，已成为推进国家治理体系和治理能力现代化的重要组成部分。2014年3月，习近平总书记在访问德国时，强调在中德两国成为全方位战略伙伴关系中，加大政府、政党、议会、智库交往。把智库建设提上了国家外交层面，"智库外交"将会成为我国国际交流与合作的"第二轨道"。2014年7月，习近平总书记主持召开经济形势专家座谈会，在讲话中他说经济形势专家座谈会是落实十八大和十八届三中全会要求加强中国特色新型智库建设，建立健全决策咨询制度这个决策部署的重要体现，希望广大专家学者不断拿出有真知灼见的成果，为中央科学决策建言献策。2014年10月27日，中央全面深化改革领导小组第六次会议审议了《关于加强中国特色新型智库建设的意见》。习近平提出,要从推动科学决策、民主决策,推进国家治理体系和治理能力现代化、增强国家软实力的战略高度,把中国特色新型智库建设作为一项重大而紧迫的任务切实抓好。

在党中央对新型智库及其建设的高度重视下,在中国经济社会快速发展对思想库需求与日俱增的时代背景下,我国新型智库的研究成为学界的讨论焦点,有关智库和新型智库的研究成果颇丰。其中具有代表性的有:2012年朱旭峰、礼若竹的《中国思想库的国际化建设》,徐晓虎、陈圻的《地方智库运行机制研究——基于地市级智库的实证研究》;2013年胡鞍钢的《建设中国特色新型智库》,夏春海、王力的《中国思想库发展的外部环境辨析与对策》;2014年薛澜的《智库热的冷思考:破解中国特色智库发展之道》,胡鞍钢的《建设中国特色新型智库:实践与总结》,朱旭峰的《构建中国特色新型智库研究的理论框架》,陈振明的《政策科学与智库建设》,鲍静的《中国思想库:政策过程中的影响力研究》,王莉丽的《中国智库思想市场的培育与规制》,李国强的《对"加强中国特色新型智库建设"的认识和探索》,李伟的《建设中国特色新型智库——推进国家治理现代化》,王辉耀的《中国智库国际化的实践与思考》。这些论文都从不同侧面对我国新型智库的建设和发展提出了真知灼见。

著作方面,智库产业课题组组长于今和其成员组织编写了《中国智库发展报告》(2011、2012、2013),书中对智库的产生、功能、分类、特点、运作模式、产业化建设和影响力评价等问题进行了系统分析并提出了对策建议。2013年何五星出版的《政府智库》,在系统阐述智库的概念、作用、中西智库发展历程的基础上,对中国政府智库现状和挑战进行了系统分析并提出了对策思路。2013年中国发展出版社和红旗出版社联合出版的《中国智库》从不同视角对智库及其建设进行了探索。2014年胡鞍钢所著的《中国特色新型智库》对中国新型智库进行了解读并系统分析了中国高校智库。三联出版社出版的《智库谋略》《智库产业》《智库转型》介绍了中国官方智库、国际智库的作用和发展趋势,系统分析了智库产业发展的机理、模式、困境并提出了对策建议。2014年上海社会科学院出版社出版了詹姆斯·G．麦甘（James G. McGann）所著的《智库报告——2013年全球智库报告》和智库研究中心所著的《智库报告——2013年中国智库报告》，该书系统分析了全球和中国智库排名评估框架、类别、策略结果和政策建议。2014年王辉耀和苗绿所著的《大国智库》对国际智库发展趋势和中国智库现状进行了较全面的系统分析，在理论和实践方面内容较为翔实。从我国智库著作的多元化和系统化发展趋势不难看到，智库特别是新型智库的研究日益呈现出蓬勃发展的良好态势，其对于我国新型智库的建设及其功能发挥乃至国家治理体系和能力现代化的实现具有重大意义。

三　文献评析

对于智库的研究，无论是西方学界还是中国学界起步都比较晚（最早于20世纪70年代），这导致智库的理论研究相对于其他学科、领域的研究还较为滞后，有关智库的研究成果相对于其他学科、领域而言也显得较为单薄。关于智库研究的成果并不十分丰富，且主要是从政治学、公共政策、国家关系等领域对智库展开研究，在智库体系和智库功能体系的理论构建、智库基本发展逻辑的逻辑框架构建、智库研究基本范式等方面还有待进一步发展完善。这些问题将给智库的发展带来一定消极影响，阻碍智库发展及其系统功能的有效实现，应成为今后学界关注的焦点和研究的重点。

纵观西方智库理论研究的发展轨迹不难看到，西方国家智库理论伴随智库的产生、发展、繁荣而演变出多个各有侧重的研究领域，这些研究共同形成了一套学界认可的智库理论和传统，进而形成了以智库理论为支撑的智库发展体系。这使智库在西方国家政治、经济、军事、安全、社会、文化等各方面中起着至关重要的作用，"大到国家安全、对外关系和发展战略，小到退休金、社区卫生乃至儿童午餐等问题，都能听到智库的声音，都有智库参与或影响决策。"[1] 西方国家业已形成智库体系与国家治理体系相得益彰和协调发展的良性互动机

---

[1] 王辉耀、苗绿：《大国智库》，人民出版社2014年版，第3页。

制。以美国为代表的西方发达国家在社会经济等多方面的繁荣得益于本国智库的繁荣，而智库的繁荣亦根源于系统的智库理论和发达的智库研究体系。从西方关于智库各研究路径中各有侧重的不同文献中我们可以看到，尽管研究各有侧重，但对于智库的理论研究始终围绕智库"影响力"这一核心理论议题。这源于智库自身政策参与者而非制定者的本质特征，也正是智库生存发展的根本。正因如此，近几十年来，西方学术界发展出宏观、中观、微观三种视角解释思想库的影响力问题。宏观研究主要通过依附某个政治学宏观理论流派对智库影响力进行研究，主要包括多元理论、精英理论、国家理论。中观研究主要基于政策过程展开，主要将智库影响政策过程的研究引入中观层面，以期找到理解政策过程各因素之间关系的理论框架，主要涉及理性系统的逻辑起点、政策参与者的集体行动、政策子系统、政策过程结构主义思路。微观研究主要基于"知识运用"理论。作为公共管理理论的分支，这一理论兴起于20世纪70年代，主要关注如何在知识与政策之间架起桥梁的问题。先后发展出两大群体理论、启迪模型及其衍生理论、"研究"模型、知识运用动力学、后现代主义知识运用理论。

另外，在关于智库功能的实证研究路径方面，"从国际上最近10年的思想库实证主义研究的发展可以看出，思想库研究的发展趋势是：定量分析已成为越来越重要的研究方法；学者们广泛采用了问卷、数据库检索等数据搜集手段获得第一手数据；用于发现因果关系和验证理论假设的回归分析方法已经出现。"[①] 而关于智库发展的国别比较研究，还处于泛泛介绍各国智库发展阶段，理论研究和实证分析还有待进一步发展。

中国对于智库的理论研究历程是一个从认知到理解再到运用的发展过程。其源于智库与经济社会发展的紧密相关性，也反映了我国在特定历史时期的时代特征。总体来看，我国对于智库的研究多基于对西方智库特别是美国智库的研究和介绍，这一方面使我们能够对西方

---

① 朱旭峰：《中国思想库》，清华大学出版社2009年版，第27页。

智库在公共治理中的角色、性质、功能、运行机制、影响力以及成功失败的经验有了深刻的认识和理解，为我国智库的建设提供了丰富而翔实的理论依据和实践指导。另一方面我们也应看到与系统介绍西方智库成果颇丰形成反差的是对于中国智库的本土化系统研究著作的寥寥无几。到目前为止，系统研究中国智库及其建设的著作只有2009年朱旭峰所著的《中国思想库——政策过程中的影响力研究》、2013年何五星所著的《政府智库》、2014年胡鞍钢所著的《中国特色新型智库》、2014年王辉耀和苗绿所著的《大国智库》等几部屈指可数的专题著作。仅有的4篇有关智库的博士论文均不涉及中国智库研究，其他有关智库的文献资料也仅是对智库某方面的侧重分析，尚未形成较为系统的中国智库研究体系。

中国特色新型智库应在中国国家繁荣发展、社会和谐进步、人民的团结幸福等多方面发挥重要作用，应成为国家治理体系和能力现代化的有效推力。然而，相对于我国治理实践对于中国新型智库巨大而迫切的需求，中国新型智库建设的理论研究还存在一定的滞后性和空白性。主要表现在三个方面：首先，现有研究多是对于公共治理和新型智库的单一研究，基于"智"与"治"内在逻辑关联对公共治理与新型智库相关性的研究从严格意义上来说还未出现，这与国家治理现代化对智库及其治理支持的迫切需要形成了强烈反差；其次，尚未有关于新型智库在公共治理以及国家治理体系和能力现代化建设中多元功能及其实现路径的系统研究；最后，与国家治理体系相对应的，作为其智力支持的新型智库体系建设研究还存在严重不足的情况。这些理论研究的滞后和空白将造成实践缺乏科学理论有效指导，导致实践出现困境，最终将严重阻碍我国国家治理体系和能力现代化进程。因此，系统研究中国特色的社会主义新型智库在公共治理中的功能及其发挥，建立与国家治理体系相对应的新型智库体系，实现公共治理中科学化、创新化和系统化即实现"智治"，应成为我国当前新型智库研究和公共治理研究的重点和发展走向，其将为我国公共治理中法治、德治乃至善治的实现提供有力的"智治"支持。

第三节 研究思路与研究方法

一 研究思路

哲学家黑格尔曾说：一个民族有一些关注天空的人，他们才有希望，一个民族只是关注脚下的事情，那是没有未来的。思考时代的特征和要求是人类社会得以有效发展和进步的基础和前提，在知识和信息成为社会主要财富和动能的知识经济时代，在公共问题日趋复杂的全球化和后工业化时代，如何将知识、信息和创新思想等智慧因素有效转化为新的治理力，进而有效回应复杂化的公共问题，是当代公共治理面临的时代课题。公共治理的时代要求在当代中国有着极为深刻的反映，其集中表现为我国不仅要面对全球化和后工业化所带来的全球性问题，还要面对我国在新时期、新阶段和新形势下出现的新问题、新矛盾和新挑战。因此，如何以理论和实践创新有效回应时代课题和中国课题，如何以智治之维审视当代中国的公共治理，如何发挥思想之库的智库功能，以知识、信息和创新思想有效回应公共治理要求，构建以"智"为中轴的公共治理新理念和新模式便成为本书研究的逻辑起点。

研究智库在公共治理中的功能，首先需要厘清"智"与"治"的内在关系，没有对二者内在特质和相互作用机理的准确把握，智库在公共治理中的功能便无法得到准确诠释和全面理解。本书通过对智治出现的背景，"智""治"的词源，"智"与"治"结合为"智治"后的新意，以及传统智治与当代智治的异同对比等分析，对"智治"以"智"启"治"、以"智"咨"治"、以"智"辅"治"、以"智"治"治"的内在特质以及依"理"而"治"和通"理"达"治"以及"知"与"智"始源于"治"的"智"与"治"的相互作用机理进行了系统分析和阐释。并在对"智治"内在机理有效把握的基础上，进一步对"智治"中"智"重要思想源——智库以及作为智治现实表现形式的智库与公共治理的关系进行了系统梳理与界说，从而基于"智治"内在运行机理对智库与公共治理相互依存、相互作用和协同发展的内在关系和发展趋势进行了明确界定和预见。

在基于"智治"运行机理系统界定智库与公共治理关系的基础上，如何有效发挥智库"智"的功能便成为有效实现智治的核心问题。本书从公共治理与智库各自特点的天然契合出发，通过对公共治理问题域、方法域、资源域三个场域的特点以及智库在三个场域中系统功能的分析，阐述了智库在公共治理三个场域中聚焦问题、聚汇方法、聚集资源的公共治理"内聚"效应；并结合公共治理的动态发展，进一步分析了智库在公共治理实现"内聚"效应后，进一步促使治理力和治理场域能量外扩的三阶扩散效应："空心Y域"的扩散、"Y域扩散"和治理场域的能量外扩。通过智库在公共治理中"聚散效应"的分析能够使智库在公共治理中的功能及其运行机理得以系统化、动态化和全面化反映，这是当前智库研究最为缺乏的环节，也是真正把握智库功能、实现智库功能和扩展智库功能的关键所在。

理想状态下的智库功能与实践运行中的智库功能是有着一定差距的，这使得对我国智库功能实现困境的研究和分析成为必要。本书通过对当代中国智库建设发展和功能实现的现状分析，将当前我国智库在公共治理中功能实现的困境归纳为四个方面：①制度资本的缺乏，其主要表现为智库建设发展和功能实现相关制度的缺乏所导致智库在身份、资金、信息、人才、社会资本等多方面资源匮乏；②结构不合理，主要表现为由体系结构上的官方智库独大，分布结构上的区域集中以及研究结构上的非均衡化和系统化；③能力不足，主要表现为受智库内部管理理念和机制所限所导致的创新能力、宣传推广能力和作为二者结果的影响力不足；④消费需求和能力的缺乏，主要表现为受传统行政体制以及社会文化等因素影响，我国社会对智库思想产品缺乏消费意识和有效运用的能力。在四方面因素的制约下，我国智库的运行发展和功能实现呈现出外部拉力和内部推力的不足的疲软状态，而智库在公共治理中功能的实现和扩展也因此受到极大抑制。

理想与现实的差距在带给人困惑与焦虑的同时，也激发人们去思考、去学习。通过对西方智库的经验比较和借鉴，必然会给我国智库的建设发展和功能实现带来新的灵感与启发。西方智库的繁荣发展得益于其强劲的外部拉力和内部推力。外部拉力主要表现为其多元化的制度保障、多元化的市场需求以及多元化的发展机遇；内部推力主要表现为系统化的内部管理运行机制和多元化的外部推进机制。正是在内外因素的综合作用下，西方智库实现了蓬勃发展，形成了今天繁荣的智库图景。西方各国智库是基于西方政治、经济、社会和历史文化等背景而形成和发展的，因此，基于我国国情和中国特色新型智库特点，审视和借鉴西方智库发展经验和教训是本书采取的基本视角。

当智库在公共治理中的功能机理、现状问题以及经验教训汇聚在一起的时候，智库在公共治理中功能有效实现的"政策之窗"随即打开。本书在结合智库功能实现和扩展特点、我国智库功能实现困境以及西方智库发展经验和教训的基础上，构建了党和政府领导下四位一体的智库功能实现路径。系统化的制度建设主要包括核心制度（登记管理制度、决策咨询制度）和外围制度（信息公开制度、财税制度、人才保障机制）的建设和完善；多元化的发展格局主要包括多元化的智库体系结构、均衡化的智库分布结构和多元化、特色化、网络化的智库研究体系；市场化的运行机制主要包括对智库市场化新思维和管理运行机制的构建；社会化的服务面向主要包括建立和发挥智库在社会和公民层面的决策咨询、教育启智和协调平衡功能，这一功能也将随着社会经济发展和公民意识能力的提高，逐渐成为今后智库在公共治理中功能的发展趋势。

二　研究方法

（1）文献研究法。本书注重对已有公共治理理论和智库理论的相关国内外文献资料的分析和梳理。通过回溯大量相关研究，能够在各方观点的交集和冲突中探寻和发现智库与公共治理的发展逻辑和内在联系，能够在公共治理和智库发展轨迹的相交过程中，在二者内在特质的自然契合处，找到"智"与"治"的相互依赖的切合点和二者相互作用的内在运行机理，从而为有效理解"智治"以及作为其重要表现的智库在公共治理中的功能奠定坚实的理论基础。

（2）比较研究法。公共治理和智库的相关理论和实践均始于西方盛于西方，西方各国智库基于本国国情探索出的不同发展路径以及其中的经验教训，对我国智库的建设发展和功能实现具有极其重要的借鉴意义。因此，通过对西方各国智库发展经验的比较分析和经验借鉴，有助于我们对智库和公共治理的本质特点、发展规律和建设路径的准确把握和正确理解；而对于中西方智库本质特点的比较分析，则有利于我们在充分汲取西方智库发展经验的基础上，基于我国国情，探索出具有中国特色的新型智库的功能实现路径。

（3）历史研究法。研究对"智治"和智库的发展过程进行了动态追踪和系统分析，这使两者的历史发展过程和内涵的发展演变得以全面展现。以历史视角审视"智治"和智库，不仅有助于深刻理解"智"与"治"的特点和内在联系，也有助于厘清当代"智治"与传统"智治"的区别；而对智库进行历史性分析，则能够在基于历史准确把握当代智库特征及其与公共治理的内在互动关系的基础上，给予智库在公共治理中的功能以历史性的理解。

（4）系统研究法。智库在公共治理中功能的系统性、动态性、关联性和隐匿性决定了对智库功能的分析不能仅停留于表象。从智库在公共治理中功能的表象出发，通过对智库功能运行机理和发展逻辑的系统分析、逻辑演绎和本质抽象，探寻智库功能的建构体系、运行逻辑和扩展路径，对于厘清智库功能构成和运行机理，深刻理解功能实现困境以及功能实现路径的建构具有至关重要的意义。因此，遵循智库运行和发展逻辑，对智库功能进行系统分析、演绎归纳和本质抽象成为本书的核心研究思路和方法。

第四节　创新点和难点

一　创新点

（1）研究视角的创新。研究通过"智"与"治"内在契合、互动关系的探索，将"智治"视角引入公共治理，从而开创了一个新的公共治理研究视角。知识经济时代使以知识为核心的智慧因素成为社会发展的主要动能，而复杂性时代则以传统治理模式的功能失调显现出其对新治理思维和治理模式的要求。如何将以知识为核心的智慧因素转化为治理力，从而有效回应复杂性治理的要求和我国国家治理现代化的需要，是当前我国公共治理理论面临的一个重大课题。从当前学界对公共治理研究和智库研究的成果来看，尚未出现"智治"内在运行机理和外在多元效应的系统研究。本书以"智治"为视角，从智库功能角度拓展公共治理研究的新视野，以公共治理为依托探索智库理论发展的新领域，将为智库理论和公共治理理论提供新的思维动力和理论资源。通过"智"（智库）与"治"（公共治理）关系在理论和实践上的探索，将为我国的国家治理现代化和中国特色新型智库建设提供理论和实践的创新思路和实现参考。

（2）研究概念的创新。本书提出了以"知识与权威"为内核的当代"智治"概念。基于"智"与"治"内在契合和互动关系，本书对区别于传统"智治"和西方"智治"的当代中国"智治"内涵进行了重新解读。本书认为"智"与"治"的辩证逻辑反映出以"智"为核心的思想产品与以"治"为取向的公共治理实践活动的内在必然联系。这种互动关系既不同于传统"智谋"与"国家统治"的关系，也不同于"智能"与"国家管理"[①]的关系，而是被赋予了新意的"智慧"与"治理"的关系。智慧与治理的关系内含智慧因素对公共治理的智力支持以及公共治理对智慧因素丰富和发展的互动关系。前者主要表现为当代公共治理对智力因素提出的内在要求：应对公共治理复杂性而产生的创新治理要求，应对治理主体有限理性而产生的知识治理要求，政策博弈对动态治理的要求以及治理力生成和发展对智慧治理的要求。四个新要求共同构成了以知识、信息和创新思想等思想产品为基础进而实现创新治理、知识治理、动态治理和智慧治理的智治内在特质和运行机理，其反映出思想产品和智力支持正逐渐成为公共治理的内在动能。后者主要表现为智慧因素在公共治理中不断获得丰富和发展的契机、空间、平台和资源，从而实现智慧因

---

① 这里的管理专指公共管理，即以实现公共利益为目标，对公共事务的管理过程。

素在对公共治理的智力支持过程中，不断被赋予新的命题、新的方向和新的资源，从而与公共治理协同发展的动态过程。智慧因素与公共治理的内在契合关系和作用机理共同决定了当代公共治理的"智慧"转向，其正推动着以"智"为中轴的现代治理模式的逐渐形成。

（3）研究分析工具的创新。现有对智库功能的研究过于静态和单一，且多停留于表象和形式，对智库与公共治理的内在关系缺乏深入的理解，对智库功能及其运行机理缺乏动态分析。本书在系统阐述"智治"内在作用机理的基础上，采用动态化和系统化的研究方法，通过智库在公共治理中的"聚散效应"对智库功能进行了系统化和动态化的分析，将智库在公共治理中的功能按照作用阶段分为"内聚效应"和"扩散效应"。"内聚效应"主要涉及智库在公共治理"问题域""方法域""资源域"中"聚焦问题""聚汇方法""聚集资源"的功能效应；"扩散效应"是指"聚效应"之后，智库对治理力及其能量向外扩展的三阶过程，即"空心Y域""Y域"和治理场域的三阶扩散效应。通过智库在公共治理中"聚散效应"的系统和动态分析，智库在公共治理中的功能及其运行机理得以系统分析和动态追踪，这使智库在公共治理中的功能得以立体化和动态化的呈现。

二 难点

（1）概念界定上的难点。智库在公共治理中的功能是智治内在逻辑的现实表现，如何有效理解"智"与"治"内在特点及其相互关系，如何准确界定"智"与"治"结合为"智治"后的新意，如何区别当代"智治"与传统"智治"的不同，这对于智库在公共治理中功能的实现具有重要意义。然而，"智治"具有极为深刻的意蕴，其不仅要求对"智"与"治"内涵的静态考察，更要求对"智"与"治"关系的动态把握，如何在中国语境下对智治进行全面解读和准确界定面临一定挑战。作为公共治理研究的新研究维度，当前国内外对智治概念及其运行机理的研究还有待进一步完善，其表现为对智治概念尚未有准确界定，对智治内在运行逻辑尚未有系统分析，对智治维度下智库与公共治理中的关系也缺乏深入的机理性研究。因此，在缺乏已有研究的情况下，通过对相关文献的考证与梳理，进而实现对

"智治"概念的全面阐释和准确界定便成为本书面临的难点。

（2）研究路线上的难点。智库在公共治理中的功能涉及多个领域、多个层次，如何能将智库在公共治理的多元化、动态化和系统化功能加以全面分析和阐释是本书面临的又一难点。本书摒弃了以智库功能表现形式对智库功能进行分析的视角，因为这样的分析视角将使我们对智库功能的理解和把握始终停留于表征和形式。本书以公共治理特征与智库特质有效契合为研究出发点，通过智库在公共治理中"聚散效应"的分析，深入探索智库在公共治理中的功能及其运行机理，这样的研究将使智库在公共治理中的功能得到理论分析和实践探讨，从而使智库在公共治理中的功能得以立体化、动态化呈现。理论化和机理化的分析是对智库和公共治理特质的准确把握，智库在公共治理中功能作用和发展的动态追踪成为前提和基础，而这也成为本书的又一难点。

第二章　智治与智库的内涵和关系

研究智库在公共治理中功能，必然以智治和智库基本内涵的厘清和明晰为前提。不能深刻认知"智"与"治"的内在特质及其契合关系，便无法理解"智"与"治"有机互动、协同发展的动态机理，也就无法把握"智治"的深刻内涵和运行机理；而缺乏对智库概念的系统解读，便无法真正理解智库的角色和功能，其必将导致智库与公共治理的相交轨迹和契合点的偏离，进而使作为"智治"重要表现形式的智库与公共治理的良性互动和协同发展陷入困境。因此，正是"智治"内含的"智"与"治"的"互动关系"与"智库功能"之间存在的内在生成逻辑决定了系统梳理相关概念及其内在关系的必要性，决定了相关概念分析应成为研究智库在公共治理中功能的逻辑起点。

第一节　公共治理的当代形态：智治

智库在公共治理中功能，源于"智治"这一公共治理中重要却容易被忽视的理念。智库在公共治理中功能的发展和发挥，正是"智"与"治"内在逻辑的使然和显现。因此，对智库在公共治理中功能的研究必须以对"智治"的深入探寻为前提。而探寻公共治理的智治维度，则以理解"智治"的时代背景和理论基础为前提，以厘清"智治"的基本内涵为基础，以把握"智治"的逻辑及其运行机理为核心。因此，作为智库在公共治理中功能研究的逻辑起点，本章将回答以下问题：当代公共治理为什么需要智治？如何理解智治？"智治"

的内在逻辑是什么？智治的运行机理又是怎样的？对这些问题的回答将为智库在公共治理中功能的理解和锁定建立清晰的逻辑框架和概念基础。

一　智治时代的来临

我们生活的时代是怎样的一个时代？当思考这个问题时，诸如后工业、全球化、知识经济、信息化、数据化、网络化、动态化、多元化、风险化等一系列能代表当代特征的词语开始涌现。其反映了我们所处时代多样化的发展特征，更体现了我们所处时代较之以前的显著变化。然而，如果我们把这些时代特征加以串联和比较，并在这一过程中寻找共性，便不难发现，它们共同指向了我们这个时代最为根本特征——复杂性。史蒂芬·霍金曾在世纪之交的一次讲话中断言："下个世纪将是复杂性的世纪。"（I think the next century will be the century of complexity）[①] 而21世纪人类社会的发展也印证了霍金的预言，人类社会正以前所未有的速度"从复杂性走向不断增长的复杂性。"[②] 复杂性的发展对公共治理产生了巨大而持续的影响，致使公共治理在实践和理论层面都遭受到了严峻的挑战，这使得在公共治理过程中对复杂性的探索与回应成为一个亟待解决的课题。在公共治理中人们必须回答以下几个问题：复杂性是什么？复杂性对现代社会意味着什么？对于公共治理意味着什么？它是一种"福音"还是一种"祸害"？如何在公共治理中有效回应甚至利用复杂性？我们将通过对复杂环境下公共治理发展取向的三个层次的分析来回答上述问题。

（一）公共治理的复杂性转向

公共治理的复杂性转向源于对简单性范式的反思。源于自然科学与社会科学的"密切关系"，公共行政自产生以来一直深受自然科学简单性范式的影响。从传统公共行政到新公共管理，虽然新理论、新方法、新思想层出不穷，但在思维模式上却一直遵循着简单性范式。

[①] Stephen Hawking. Unified theory's getting closer, Hawking predicts [N]. San Jose Mercury News, 2000 (1): 23.

[②] ［法］埃德加·莫兰：《复杂性思想导论》，陈一壮译，华东师范大学出版社2008年版，第33页。

简单性范式见诸整个科学发展史，从毕达哥斯拉到爱因斯坦，简单性作为科学研究的主导思想一直为哲学家、科学家们所推崇。牛顿所说的："自然界不做无用之物，只要少做一点就成了，多做了却是无用；因为自然界喜欢简单化，而不爱用什么多余的原因以夸耀自己"正反映了"经典范式"中简单性原则的基本信念，而马赫的"经济思维原则"和奥卡姆的"简单性原则"（又称奥卡姆剃刀）则进一步体现了简单性原则指导下科学研究的取向。而笛卡尔所说的"我们要透彻领悟一个问题，就必须把它从任何多余的观念中抽象出来，把它归结为一个十分简单的问题，并且把它分割为尽可能最细小的部分，同时却不忽略把这些部分一一列举"则反映出基于简单性本体论而透过表象还原其简单本质的还原论知识范式。总体而言，简单性范式遵循这样一种基本信念：世界的本质是简单的，任何复杂仅是一种表现，均由简单构成，因此，任何复杂事物最终均可还原为简单要素；世界规律地运动着，事物因果之间的关系是规则的、线性的，这使得其具有可预测性、可控制性。而科学的任务就是透过复杂的表象，找到简单的本质（规律和原理）。简单性范式遵循普遍性、还原性、可分离三个原则，这使简明性和简单性成为科学追求的目标，这也导致了科学领域所谓"科学和真理都是简单"价值观的形成，"简单就是美"成为科学家们共同的美学信念，而统一性和对称性也成为科学的美学标准。

公共行政理论秉承经典自然科学简单性思维模式，在本体论上，以稳定、线性、平衡、秩序和可预测为公共问题的特质，强调对公共行政的因果线性研究，并通过"物质实体+形式法则"的思维模式，将规则作为保持秩序的唯一办法。在认识论上，传统公共行政将公共行政系统视为一个精密的机器，试图通过对机器及其各组成部件的完美、精心设计和操纵实现机器的良好运转，进而实现行政系统的效率目标。本体论上的简单性与认识论上的还原性贯穿整个公共行政的发展史，见诸公共行政的各理论流派。例如传统公共行政时期的两大理论基础：政治与行政二分法、官僚制理论。政治与行政二分的思想秉承经典科学中二元分立的思想，试图通过政治与行政的排他性以讨论公共行政。官僚制理论中稳定的、秩序的、标准的、效率的组织结构，以及对客观、科学和理性的追求正是简单性模式下线性思维模式和机械论世界观在公共行政领域的反映。新公共管理理论同样继续了简单性思维模式，它以市场比政府有效的确定性主张为前提，试图通过引入市场机制解决政府失灵，也体现了简单性思维模式一贯的线性和机械逻辑。总体而言，基于简单性范式的传统公共行政理论遵循这样一种运行逻辑：本体论上的稳定性（官僚体制）+运行机制的有效性（分工明确，责权明晰）+因果之间的线性（科学的官僚体制与行政效率的线性关系）=目标实现的确定性（行政系统的高效），这一基本逻辑中有两个关键词：秩序、控制。即强调行政系统按既定轨道运行，如出现"越轨"将实施控制，而如此循环往复必然导致控制的恶性膨胀，使得"目标置换""官僚功能障碍""机构膨胀"成为必然。新公共管理理论遵循着同样的逻辑：本体论上的稳定性（市场有效）+运行机制的有效性（市场化）+因果之间的线性（市场高效带来行政系统的高效）=目标实现的确定性（行政系统的高效）。同样的逻辑导致了同样的"目标置换"和"泛市场化主义"。综观传统公共行政理论到新公共管理理论，不难发现，公共行政理论遵循的简单性思维模式在短期和局部可能是有效的，但从长期和全局来看，简单性范式与公共管理复杂、动态、多元的本质属性和现实情形是大相径庭的。这导致基于简单性范式的传统公共行政理论在经历了短暂的30年繁荣后，陷入了"身份危机"，受到了来自多方的抨击和责难，并在20世纪60年代末到70年代初陷入全面危机。1970年美国公共行政学会为重建公共行政理论而成立的研究小组在宣言中认为："今天的危机超过历史上所有公共行政危机……公共行政部门作为一个集团，对于他们所负责的事实并不清楚。他们负责着我们社会的运转；他们不可能等待有人告诉他们做什么。如果他们不知道，社会就会迷失方向。"[1] 新公共管理理论试图构建公共管理的新范式，然而如前所述，新公共管理理论只是在政府与市场之间做了一个简单的选择，其

---

[1] American Societyfor Public Administration, Newsand Views, 20 (October), 1970: 5.

思维模式本质上并未改变,仍然是简单性范式,这决定了新公共管理理论无法从根本上解决传统公共行政理论的危机。公共问题的复杂、多元、动态特质决定了简单性范式下的"简单"应对的必然失效,这种情况正如经济学家所说:"政府总是力图用一块石头击中七只鸟",其结果必然是期望与现实的巨大落差,以及人们对投石者的质疑(政府的合法性危机)。

如果说简单性范式在复杂性较低的社会背景下还能够通过短期、局部的有效性掩盖其与结构不良的公共问题的内在矛盾,使矛盾隐性化。那么随着全球化和知识经济社会的到来,公共问题的高度复杂化,则使复杂问题与简单技术之间的既有矛盾日益呈现出显性化、激烈化、扩大化的趋势。其表现为原有简单性范式没有足够的能力描述和解释世界,更无法有效应对复杂、多元、动态的公共问题。其结果是"从宏观的基本政治制度、行政管理体制、社会管理体制、社会运行机制到微观意义上的组织,都全面地陷入了一种功能性失调的状态之中,或者说,所有的社会控制技术都面临着'功能性障碍'问题,我们也把这种情况说成'控制失灵'。"[1] 而这种障碍或失灵使风险社会中的生态危机、社会危机、合法性危机以及信任危机成为必然。复杂性对简单性范式的挑战反映出复杂性社会对复杂性公共治理的需要,正如管理学家比尔所说:"旧世界的特点是管理事务,而新世界的特点是需要处理复杂性。"[2] 而这一需要的最终实现也随着 20 世纪 60 年代一门全新的科学——复杂性科学[3]产生而成为可能。复杂性科学颠覆了原有简单性范式的本体论和认识论,在本体论方面,复杂性模型强调组分(构成、类别)、结构(组织、层级)、功能(操作、规则)的复杂;在认识论上,复杂性模型则强调计算复杂性。复杂性

---

[1] 张康之:《合作的社会及其治理》,上海人民出版社 2014 年版,第 28 页。
[2] 麻宝斌:《公共治理理论与实践》,社会科学文献出版社 2013 年版,第 6 页。
[3] 复杂性科学是以系统论、信息论、控制论为基础,以耗散结构理论、自组织理论(协同理论)、突变理论、混沌理论和分形理论为核心,旨在研究复杂性和复杂系统的科学。其对经典科学传统提出了挑战,使人们认识到世界的复杂性本质,与传统科学相比具有更高的普适性。

科学的重要贡献在于使人们认识到事物的本质并非静态的简单而是动态的复杂，与原有简单性范式相对应，复杂性科学表现出一种"从可逆性到不可逆性、从线性到非线性、从还原论到非决定论、从简单性到复杂性、从封闭性到开放性、从一元到多元、从割裂到整合、从二元分立到有机联系的观点"。[1]

源于公共管理范式创新的紧迫性以及自然科学与社会科学的"密切联系"，将复杂性科学及其理论引入公共管理成为近年来公共管理学科发展的趋势，而复杂性范式的引入也深刻地影响着公共管理领域一种新兴理论——治理理论。与传统公共行政理论和新公共管理不同，治理理论强调在共识基础之上，通过远景目标塑造实现公私部门对公共事务的合作治理，其以多中心、网络化、分权化、合作管理为其理论核心，这意味着研究视角、思维方式、价值观以及主体关系的根本变革和重塑。治理理论将视角从原有的简单控制和选择转向多元互动与合作。这不仅适应了复杂性时代对治理的要求——"系统的复杂性必须与其运转于其中的环境的复杂性对等，系统才能够在其环境中生存呢"[2]，也正契合了复杂性管理范式所要求："从因果关系的线性模型思考转移到寻求理解要素之间的联合和互动上来"；[3] 而"治理理论中多中心治理模式、多层级治理模式和多维度治理模式的涌现，恰与复杂性图式的三大模型相呼应"[4]，治理理论的这些特征使其成为复杂性时代中基于复杂性范式应对复杂性公共问题的有效理论，也反映出治理理论本质上属于复杂性科学范式。相对于传统公共行政理论与新公共管理理论，治理理论的复杂性转向使其比前者具有对复杂公共问题更好的解释力和适应性，这使治理理论备受青睐并被广泛运用。然而，"治理失败"的接踵而至给予了人们更多冷静思考，人

---

[1] 秦菊波：《复杂性科学的基本理念与公共行政范式的转变》，《江西社会科学》2008年第9期。
[2] 转引自杨冠琼、蔡芸《公共治理创新研究》，经济管理出版社2011年版，第4页。
[3] [美] 菲利普·海恩斯：《公共服务管理的复杂性》，孙健译，清华大学出版社2008年版，第36页。
[4] 时和兴：《复杂性时代的多元公共治理》，《江西社会科学》2008年第9期。

们意识到：与市场失灵、政府失败一样，治理也会失败。从治理理论到对复杂性公共问题的解决并非一个水到渠成的过程，因为治理理论本身存在如何达成共识、建立信任、实现合作并明确责任等问题，且治理理论在不同国家应具有不同的表现形式，而不能进行简单的范式移植，忽略本地区或国家的内生条件的简单范式移植必然会重蹈"善治"口号下非洲国家陷入长期混乱的覆辙。治理理论内在的逻辑困境和其面临的不同地区具有不同性质和变化方式的复杂性公共问题都要求公共治理必须具备鲍勃杰索普所谓"随机制宜的必要性"。另外，人们也注意到复杂性时代新问题不断涌现，旧问题在新条件下也发生着变异，且这些问题的影响规模和成本越来越大，这要求复杂性公共治理除了是一种复杂性治理也必须是一种预见性治理。因此，符合国情的复杂性治理、随机制宜的治理和预见性治理便成为当代复杂性公共问题对公共治理的时代要求，只有通过三者的有机结合才能实现治理的预见化、系统化、有效化进而实现"善治"。在复杂性公共问题对公共治理提出时代要求的同时，公共治理的现代诉求由此产生，这一诉求集中表现为当代公共治理过程中源于复杂性治理、随机制宜、预见性治理等新治理理念而产生的对知识、技术、创新思想等以智为特征的思想产品诉求。

（二）公共治理的场域型构

公共治理空间就其本质而言是一个复杂性场域，这个复杂性场域由多个相对独立的子场域组成，各子场域有着自己的"逻辑和必然性"，它们通过彼此间的客观而复杂的关系构成一个系统。因此，公共治理场域的实质即是一种复杂关系的诸种表征。进入全球化和后工业化时代，由于公共治理场域中的开放性、流动性增加，各子场域及其组成要素的相互联系、相互作用也越发活跃，这使得无论是子场域内部还是子场域关系构成的公共治理场域的复杂性都大大增加。这种变化正如厄里所描述液体的世界："在正常情况下，液体倾向于流动而且在流动中很难保持自身的'清白'；在一个流动的空间里，液体不可能维持自身的同一性，换言之，其身份具有不确定性：其他液体随时都有可能混进来。从而，一个液体的世界是一个混合物的世界。"① 公共治理场域不仅是一个混合液体的世界，更是一个充满涌现的世界。在这个场域中各要素混杂在一起，相互作用，相互酶化，致使混合物打破原有平衡，进入远离平衡态，从而具备新的性质，而新的性质又将引发新的问题。这一过程是一个熵的过程，如不能有效处理熵（力图脱离现状的力量）与负熵（力图维护现状的力量）的关系，进入新的平衡态，那么公共治理场域将走向无序、无方向和解体。我们以贫困治理为例描述这一过程：首先贫困的原因是多方面的，来自政治、经济、社会、文化、历史、生态、价值观等不同场域；其次，这些多元诱因导致贫困的多元化（在不同场域中有不同的表现形式），包括绝对贫困（经济困窘）和相对贫困（权利剥夺、机会匮乏、能力低下、社会排斥、精神压抑等）；而多元化内涵的贫困又将引发多元化的问题（反馈到政治、经济、社会、文化、生态等场域中，对该场域造成的影响或称不稳定），最终这些贫困诱发的多元问题作为贫困的新诱因将可能会进一步恶化贫困（多元场域的内部变化与相互作用）。贫困恶性循环反映了当代复杂性公共治理所面临的现实困境：因果重叠、多元素共振、新问题不断涌现，一个问题往往涉及不同领域不同层次的多种致因，并会诱发不同领域不同层次的多种结果，表现为诱因与结果的重叠化、散射化、折射化，而这正是当代复杂性公共治理的特征与难点。复杂性公共治理在当代的特征和难点不仅反映在贫困治理中，也反映在如腐败治理、雾霾治理、网络治理等涉及政治、经济、社会、文化、生态的各方面，也即公共治理场域各层次各环节及其所包含的各子场域中。复杂性公共治理所面临的现实困境使得一个治理问题的解决往往以理解多个子场域的惯习，获取多个领域的信息、知识、经验、技术以及创新思想为前提和基础，并需要建立多个子场域的共识基础上的协同合作。另外，源于复杂和不确定时代的特征，在治理过程中将不可避免遭遇大量突发的新情

---

① ［英］约翰·厄里：《全球复杂性》，李冠福译，北京师范大学出版社 2009 年版，第 51 页。

况、新问题，这些情况和问题并无先例可循，更无现成解决模式，这就要求建立在专业知识、经验、信息等基础之上的创新思想实现对突发的新情况、新问题的随机制宜。公共治理的复杂性使得信息、知识、技术、思想、价值观、共识以及信仰等以"智"为内核的精神和思想产品逐渐成为当代公共治理的核心与动力，在公共治理的各领域、各层次、各环节对"智"的理解、重视、运用也随着公共治理复杂性的发展而成为公共治理的现代诉求。

公共治理是一个空间巨大、内容丰富、动态互嵌的知识场域。对"智"的诉求既源于复杂性时代所具有的复杂对知识①实践的需求，更源于知识经济社会知识取代物质成为社会核心资源和发展动力所导致的对知识多元化、深刻化需求。"知识经济的到来导致社会范式的转变：从以生产物资为主导的工业社会转变为以生产知识、信息为目的和以知识进行生产为主导的'知识社会'。"② 知识社会的信息、知识生产产生了两种必然结果：信息、知识的多元化、丰富化；知识的专业化、深入化。这两种结果不但致使人们的"无知"程度越发深刻，也使公共治理中对知识及其生产的依赖越发突出，而公共治理场域也发展成为多元化、动态化、互嵌化的知识场域。在信息和新知识飞速增长的背景下，公共治理场域中对信息和知识的需求随着信息、知识的生产而逐渐增加，对信息和知识的依赖和利用也越来越显著地体现在公共治理的各环节。这一过程同样体现在贫困治理过程中公共政策生命周期对这一过程进行分析。公共政策的生命周期一般包括：公共政策问题的构建——公共政策方案的制定——公共政策内容的执行——公共政策效果的评价。公共政策生命周期各阶段的特点和任务虽然是不同的，但对知识、信息、技术、经验等思想产品的需求却表现出显著的一致性。

公共政策的生命周期反映了以"智"为核心的思想产品在运用公

---

① 这里的知识是指包括知识、经验、技术、方法、创新思想、价值观等在内的广义上的知识。

② 王莉丽：《智力资本》，中国人民大学出版社2015年版，第31页。

共政策实现公共治理过程中的重要功能。这种功能既体现在公共政策生命周期各阶段对各类既有知识、经验、信息等"技术知识"的投入和运用，也体现在解决涌现的新情况、新问题时，在解构与重构中"实践知识"的形成与应用。前者源于知识社会中政策科学对多元化知识的需求，正如著名政策学家 R. M. 克朗所指出的那样："越来越多的具有必要的学术素养和实际经验的学者、科学家、政策顾问都感到要有明显具备跨学科特点的政策科学"；而后者则源于知识社会和复杂性社会所具有的不确定性，这种不确定性提出了对动态知识的诉求：从具体实践环境出发，在实践中通过创新思维和行动而习得并应用的知识。其体现了实践知识与公共治理实践的有机内在联系，反映出公共治理实践与知识发展的协同发展关系。

复杂社会的公共治理与知识社会的公共治理对以"智"为核心的思想产品提出的共同诉求，反映出"智"与"治"有机结合的必要性和迫切性，这种迫切性和必要性既反映在公共治理空间的各子场域内部及其相互关系中，也反映在公共治理过程的各层次、各阶段、各环节。公共治理理论的发展与实践的有效开展都共同传递出一个信息：一个有效的公共治理应该是一个预见性的、科学的、系统的、创新的、动态的、协同的治理，而实现这些治理的基础则以包括知识、信息、技术、经验、德行和信仰等思想产品和精神产品在内的"智"的因素在公共治理中的投入与融合为前提，这不仅是复杂性时代和知识经济时代对公共治理的要求，更是公共治理复杂性本质和知识性取向所决定的。

（三）国家治理现代化的开启

经过数十年的改革开放，中国在政治、经济、社会、文化、生态等多方面取得了举世瞩目的成就，中国的社会主义现代化建设也进入了一个新的发展阶段。在新的发展阶段，中国的国家治理不仅要面对全球化和知识经济时代所带来的复杂性和不确定性等时代课题，也要面对基于中国国情走中国发展道路进程中需要面对的中国课题。党的十八届三中全会通过的《中共中央关于全面深化改革若干重大问题的决定》指出"全面深化改革的总目标是完善和发展中国特色社会主义制度，推进国家治理体系和能力的现代化"，同时指出："中国改革已进入深水阶段和攻坚阶段，要顶层设计与摸着石头过河相结合、以强烈的使命感、啃硬骨头、突破利益藩篱、勇涉险滩、推进国家治理体系和治理能力现代化，力争在 2020 年，形成系统完备、科学规范、运行有效的现代制度体系"，二者反映出我国国家治理现代化进程必然是机遇与挑战并存，希望与困难同在的现代化进程。如何在国家治理现代化的进程中有效应对时代课题和中国课题，如何抓住机遇和希望，有效应对挑战和困难，以"智"为核心的思想产品应发挥重要作用。这种重要作用体现为"智"与"治"的有机结合而实现的科学治理、系统治理、创新治理，其本质是时代特征与中国特色对以"智"为核心的思想产品的共同指向和诉求。

在时代特征方面，中国国家治理现代化的时代背景是全球化、知识经济和信息技术时代，这使得不同发展水平和历史文化背景的社会共同纳入了一个交往、整合、碰撞、同化异化并存的共时系统中，在这个共时系统中各种因素相互作用，相互酶化所形成共振效应使得像中国这样的发展中国家既要面临发展中国家的问题，又要面临源于发达国家的问题，从而大大增加了治理的范围和难度。这使得中国国家治理产生了基于复杂性和知识经济时代特征的现代诉求，也即对"智"的诉求，上文已系统阐述，这里不再赘述。

在中国特色方面，一方面，国家治理是西方治理理论内核与中国具体国情进行创造性结合的中国化概念，其与西方治理理论所倡导的从社会中心论出发，以政府向社会分权，弱化政府权威，注重社会自治为其基本政治主张和取向有着本质区别。"治理理论是从社会中心论出发，从社会的诉求来规制国家和政府的职责和作为。国家治理概念则强调了转型社会国家发挥主导作用的重要性，同时也考虑了治理理念所强调的社会诉求，应该是一个更为均衡和客观的理论视角。"[①]"国家治理是国家政权的所有者、管理者和利益相关者等多元行动者

[①] 人民论坛编：《大国治理：国家治理体系和治理能力现代化》，中国经济出版社 2014 年版，第 27 页。

对社会公共事务的合作管理,其目的是维护社会秩序,增进公共利益。"① 首先,国家治理的提出源于我国特有的国情、政情、社情。习近平强调:一个国家选择什么样的治理体系,是由这个国家的历史传统、文化传统、经济社会发展水平决定的,是由这个国家的人民决定的。我们今天的国家治理体系,是在我国历史传承、文化传统、经济社会发展的基础上长期发展、渐进改进、内生性演化的结果。我国是中国共产党领导下的社会主义国家,遵循着马克思主义的国家理论逻辑,走的是"政党造国家,国家造社会"的道路,这决定了我国的治理必定是党领导下,以政府为主导的国家治理。其次,与西方市场失灵与政府失灵催生的治理不同,我国当前面临的问题是社会转型期市场机制的不成熟与政府职能的缺失,这决定了我国国家治理是以完善宏观调控体系,提高宏观调控水平,健全和发挥社会主义市场体制优势为核心,这也决定了国家治理中党和政府的主导地位。最后,与西方不同,中国国家治理有着明确的长期目标——两个百年计划②,这也决定了我国的国家治理必定是党和政府主导下有计划、分阶段、系统化的国家治理。因此,与西方治理不同,我国的国家治理是"在中国特色社会主义道路的既定方向上,在中国特色社会主义理论的话语语境和话语系统中,在中国特色社会主义制度的完善和发展的改革意义上,中国共产党领导人民科学、民主、依法和有效地治国理政。"③我国国家治理的特征决定了其必定是与西方治理有着本质区别,以实现社会主义现代化为目标的一条无先例可循,需要通过不断摸索和创新的现代化道路。正如习近平所强调的:"怎样治理社会主义社会这样全新的社会,在以往的世界社会主义中没有解决得很好。马克思、恩格斯没有遇到全面治理一个社会主义国家的实践,他们关于未来社

---

① 人民论坛编:《大国治理:国家治理体系和治理能力现代化》,中国经济出版社2014年版,第15页。
② 即在中国共产党成立一百年时全面建成小康社会,在中华人民共和国成立一百年时建成社会主义现代化国家。
③ 王浦劬:《国家治理、政府治理和社会治理的含义及其相互关系》,《国家行政学院学报》2014年第11期。

会的原理很多是预测性的；列宁在俄国十月革命不久后就去世了，没来得及深入探索这个问题；苏联在这个问题上进行了探索，取得了一些经验，但也犯下了严重错误，没有解决这个问题。"[1] 因此，面对国家治理中的新情况、新矛盾、新问题，我们必须以新思想、新知识、新方法作为有效回应，这不仅是国家治理内在特征所决定的，也是中国特色社会主义道路的内在要求。在这样的背景下，将以信息、知识、技术、思想、价值观、共识以及信仰等以"智"为内核的精神和思想产品融入国家治理现代化进程中，充分发挥"智"的因素在国家治理中的重要作用，实现"智"与"治"的有机融合便成为当代中国治理现代化的内在要求。

另一方面，国家治理现代化提出的历史背景是全面建成小康社会进入决定性阶段，全面深化改革进入攻坚期，在这个关键时期我国的国家治理面临着复杂而尖锐的多元化的问题和挑战。首先，改革开放以来，在社会经济发展的同时，社会阶层利益关系也在广泛调整并由此形成了多个不同利益群体，这引发了阶层固化、利益冲突、收入差距扩大、社会不公平、群体性事件等诸多问题；其次，转型期国家治理能力面临着来自全球化、市场化、信息化等诸多领域的挑战，这使得原有政府管理模式遭遇瓶颈，这种瓶颈既体现在全能全控的管理模式抑制了社会经济发展的活力上，也体现在频发的行政化现象和腐败现象所导致的党和政府公信力流失上；再次，当前我国的改革已经进入攻坚期和深水区，问题的体制性和结构性特征越发明显，这使问题解决的难度大大增加；最后，现代化人群的"政治参与浪潮"和"期望值的革命"使现有政治参与水平和公共服务水平面临严峻挑战。总体而言，当前中国面临的多元化问题和挑战是一种转型危机，"即在经济—社会转型中由于各种利益冲突和治理能力滞后所产生的危机，是在特定历史背景下结构性转型的必然现象。在现实中，市场化和民主化与经济—社会转型互为因果，经济—社会转型不可避免地会引发国家治理层面不同程度的危机，进而推动了国家治理体制的改革

---

[1] 《习近平谈治国理政》，外文出版社2014年版，第91页。

和转型。"① 不难发现，作为政治现代化重要组成部分的国家治理现代化关系着经济现代化和社会现代化的实现与否，而国家治理及其现代化又与我国特有的政治、经济、社会、文化等基本国情、政情、社情紧密联系。因此，西方治理理论和实践解决不了中国问题，中国特有的问题需要源于中国国家性质、历史文化、治理经验和创新智慧的中国的特有理论、方法和思想。这使国家治理的过程成为一个知识治理、科学治理、创新治理的过程。与此对应，实现"智"与"治"有机结合，充分发挥"智"的因素为国家治理提供智力支持和思想动力便成为国家治理的应有之义。以"智"启"治"，以"智"咨"治"，以"智"辅"治"，以"智"治"治"也成为当下我国国家治理的内在诉求。

二 智治的含义

复杂性时代、知识经济时代的"智治"诉求与我国治理现代化建设的"智治"需要使"智治"成为当前公共治理的必然选择。在公共治理中充分理解智治、有效运用智治、系统实现智治是时代与现实赋予我们的重大课题。然而作为一个被时代与现实赋予了新内涵的新概念，智治并非一个限于字面理解而不言自明的概念，而是一个包含着丰富深刻内涵的治理理念。缺乏对智治的深刻理解，必然导致公共治理中对智治的误读，从而导致智治的滥用和误用，其必然带来治理的混乱和失败。智治误读的可能性和危险性对智治内涵把握的准确性和系统性提出了必然要求。在复杂性时代和知识经济时代背景下，在我国国家治理现代化实践中，我们必须回答以下问题：什么是智治？"智"与"治"各自的含义是什么？二者的内在关系和互动机理又如何？

智治是"智"与"治"的有机融合，是"智"与"治"的辩证逻辑关系的反映。智治在构词上的特点使其兼具"智"与"治"的内涵和特征，又在二者的融合过程中涌现了新意。这使得对"智治"

---

① 徐湘林：《转型危机与国家治理：中国的经验》，《经济社会体制比较》2010 年第 5 期。

的理解不仅要以对"智"和"治"各自内涵的准确把握为前提,也不同于古代一般意义上的"智治",而是结合了时代特征与中国特色,被赋予新意的"智治"。我们首先从词源学的角度对智治加以考察。

"智"最早出现于甲骨文,与"知"字同写为"𠣞",由"干"、"𢎨"和"𠙴"组成。作为一个会意字,"干"是"干"的象形字,《说文》:"干,犯也。从反入,从一。"甲骨文、金文干字像有丫杈的木棒形。古人狩猎作战,即以干为武器;① 且"干"类似"亏"的符号亦指"气",正如段玉裁引徐锴语所言:"亏亦气也";"𠙴"是"口"的象形字,《说文》:"口,人所以言食也。象形。"② "𢎨"是"矢"的象形字,《说文》:"矢,弓弩矢也。"③ 合起来看,甲骨文"𠣞"字左边的"气"表示"力量",与右边的"矢"合起来后,既有箭速很快之义,也含有"有的放矢"之义;将之与位于中间的"口"合在一起,其义恰恰是"知"字里蕴含的如下重要含义:"识敏,故出于口者疾如矢也";"凡知理之速,如矢之疾也,会意"。金文继承甲骨文字形,但改变了构词顺序,写为"𥎿",有的金文在"𥎿"下加"𠙴"(甘)写为"𥏩",但其意不变。后小篆将金文的"𥏩"写为"簡",而隶书进而将小篆"簡"中的"亏"去掉,并将"白"进一步"以讹传讹"地写成"日"从而形成了现代通行的"智"字。从构词上看,现代通行的"智"由"知"与"日"构成,且"智"与"知"在甲骨文、金文中同型,这就使"知"与"智"关系的进一步讨论成为必要。从字义上看,在古汉语里,当"知"读作"zhī"时,本有"晓得;知道、知识或认识能力"、"知觉"之义;而"智"在古汉语中表示"聪明、智慧"。二者的区别就在于"智"字蕴含的"知而获智""转知成智""知行合一"。因此,"'智'字下面的'日'字既有'日积月累'之义"。更有'通过日日力行的方式,使之变成自身的素质'之义。这意味着,从字形上看,"智"本有将

---

① 汉语大字典编辑委员会:《汉语大字典》,四川出版集团2014年版,第441页。
② 汉语大字典编辑委员会:《汉语大字典》,长江出版集团、崇文书局2014年版,第613页。
③ 同上书,第2762页。

"知识"日日力行，使之不断从陈述性知识转换成程序性知识（内含元知识），通过日积月累这些经过实践证明是正确的程序性知识将用于为绝大多数人谋福祉，就能将"知识"转换成"智慧"之义。换言之，"从'智'字的字形可看出其内含有'知而获智'、'转识成智'、'知行合一'的思想。"由"知"到"智"，反映了以知识为基础并将知识运用于实践而实现公共利益的知识获取、知识运用、思想创新、知识积累、知识发展的"智"汇过程。其既反映了"知"与"智"的内在区别与联系，更反映了认知理论与认知实践的辩证统一，以及在这一辩证统一关系中以"知"启"智"、以"智"丰"知"的逻辑过程。

"治"篆文写为"𦤕"，"氵"为：水，洪汛；"𠯂"为台，通"臺"：土石堆筑的坝堤；"治"原意为："治水"。《说文解字》："治，水。出东莱曲城阳丘山，南入海。从水，台声。"① 后"治"的意思被引申为"治理和统治"以及与"乱"相对的"秩序"和"社会安定"的意思。"《史记·商君列传》："治世不一道，便国不法古。"②《释名·释言语》："治，值也，物皆值其所也。"③《易·繁辞下》："君子安而不忘危，存而不忘亡，治而不忘乱。"④ 在现代汉语中"治"多与"理"组合使用，其源于"理"与"治"内涵的互通。"理"篆文写为："理"，"王"为：王，玉；"里"为：里，作坊。《说文解字》："理，治玉也。从玉，里声。""理"原意为"治玉"。后"理"的意思被引申为："治理；料理"。《广雅·释诂三》："理，治也。《广韵·止韵》："理，料理。"⑤ 清代训诂学家段玉裁在《说文解字注》中对"理"做了引申义的注释："凡天下一事一物，必推其

---

① 思履：《说文解字详解》，天津人民出版社2015年版，第643页。
② 中国社会科学院语言研究所词典编辑室：《现代汉语词典》（第6版），商务印书馆2012年版，第1713页。
③ 汉语大字典编辑委员会：《汉语大字典》，长江出版集团、崇文书局2014年版，第1714页。
④ 同上。
⑤ 汉语大字典编辑委员会：《汉语大字典》，长江出版集团、崇文书局2014年版，第1194页。

情,至于无憾而后即安,是之谓天理,是之谓善治,此引申之义也。"
"理者,察之而几微必区以别之名也。是故谓之分理"。句中"天理"
与"分理"表达了万物皆有各自规律,正如璞(未雕琢之玉)各有
其纹理,需按其纹理进行雕琢(因地制宜、随机制宜)方可成器
(玉)。通过对"治"与"理"的分析我们不难发现,"治"与"理"
在内涵上的密切联系使得二者有机结合为一个整体,并表达了按照事
物各自发展规律对其进行因地制宜和随机制宜的引导与规范,使"物
皆值其所",从而实现依"理"而"治"、通"理"达"治"的有序
与安定。

在理解"智"与"治"的内涵的基础上,我们进一步考察"智治"的含义。如前所述,"智"有着知而获智、转识成智、知行合一的深刻内涵;而"治"则蕴含着在洞察并掌握事物规律的基础上,通过遵循事物规律(即"理")的因地制宜和随机制宜,实现社会有序与安定的深意。将"智"与"治"有机结合,既是构词的结合,更是内涵的融合与内在联系的反映。智治蕴含了这样一个基本逻辑:"治"以"理"为据,当人们获取了事物的规律(理)即为"知",而将"知"运用于实践,并根据已获得的"知"探寻新"知"即为"智";以"知"与"智"为基础和动力,创新性地实现因地制宜和随机制宜,实现事物由"乱"到"治"的社会安定和有序即为"智治"。遵循"智治"的基本逻辑,结合当代公共治理实践,我们对于智治作如下一般定义:智治是在以知识、信息、技术、方法等以"智"为核心的思想产品和精神产品为基础,在遵循事物各自发展规律的基础上,对公共问题进行的科学化、系统化、创新化公共治理。其目标是通过发挥"智"在公共治理中的功能从而保障公共治理的有序、高效开展进而实现公共利益与公共福祉。其反映的是"智"与"治"内在的辩证逻辑,即依"理"而"治"和通"理"达"治"对"知"与"智"的诉求,以及"知"与"智"在"智治"(将知运用于实践,并不断获"理"过程中发展出的新"知")的过程中,治理实践对"知"、"智"的有效促进和发展。"智治"表达了公共治理对"智"的诉求,也反映出"智"在公共治理中的"大脑"作用,

在公共治理实践中"智治"既表现为"智"向"治"的融入和"智"对"治"的驾驭、引导和支持,也表现为"治"对"智"的引入和"治"对"智"的反馈、丰富和发展。

基于构词与概念的"智治"一般性分析,有助于我们厘清"智"与"治"各自逻辑及其内在辩证关系,从而使"智治"的基本含义得以展现。然而,"智治"的深刻内涵远不止基于构词的一般性概念理解这么简单,"智治"悠久的发展历史与当代多元化的时代特征决定了智治的内涵必然是多元而深刻的。因此,对智治的探索绝不能止步于此,只有透过智治概念表象把握智治内在本质,才能真正实现理解智治、运用智治、实现智治的治理进化。

三 智治的本质

"智"与"治"的辩证逻辑反映出以"智"为核心的思想产品与以"治"为取向的公共治理实践活动的内在必然联系。这种互动关系既不同于传统"智谋"与"统治"的关系,也不同于"智能"与"管理"的关系,而是被赋予了新意的"智慧"与"治理"的关系。智慧与治理的关系内含智慧因素对公共治理的智力支持以及公共治理对智慧因素丰富和发展的互动关系。前者主要表现为当代公共治理对智力因素提出的内在要求;应对公共治理复杂性而产生的创新治理要求,应对治理主体有限理性而产生的知识治理要求;政策博弈对动态治理的要求治理力生成和发展对智慧治理的要求。这四个新要求共同构成了以知识、信息和创新思想等思想产品为基础进而实现创新治理、知识治理、动态治理和智慧治理的智治内在特质和运行机理,其反映出思想产品和智力支持正逐渐成为公共治理内在动能。后者主要表现为智慧因素在公共治理中不断获得丰富和发展的契机、空间、平台和资源,从而实现智慧因素在对公共治理的智力支持过程中,不断被赋予新的命题、新的方向和新的资源,从而与公共治理协同发展的动态过程。智慧因素与公共治理的内在契合关系和作用机理共同决定了当代公共治理的"智慧"转向,其正推动着以"智"为中轴的现代治理模式的逐渐形成。

1. 公共治理复杂性转向对创新治理的要求

当代公共治理的复杂性转向致使原有简单性范式下以控制为基本逻辑的治理模式陷入困境，并进而提出了以智慧因素实现创新治理的要求。按照复杂性学科对复杂性的界定，公共治理的复杂性主要表现为多元治理主体构成的复杂（组分的复杂）、主体之间关系的复杂（结构的复杂）以及治理系统功能的复杂（功能的复杂）。多元治理主体的构成复杂主要表现在多元主体所带来的多元利益、多元知识、多元观念和多元文化等主体特质，多元主体间的异质性不仅将使主体之间难以达成认同和共识，甚至会引发多元主体间的矛盾和冲突，这将使得有效的治理难以发生；多元治理构成的复杂主要表现在问题之间存在千丝万缕的作用关系，其致使一个现象的发生往往是多个主体和多种因素相互作用的结果，而这一现象也将作为诱因导致多个结果，即所谓"政策研究的跨界问题"[1]；治理系统功能的复杂主要表现为治理主体和构成复杂化所带来的治理系统功能复杂化的要求，也即治理系统应以其功能的复杂化应对治理问题的复杂化。公共治理的复杂化转向使对治理主体及其关系的全面理解、对治理问题发展逻辑的综合把握以及对治理功能的系统创新成为实现有效治理的前提和基础，而如何完成这一前提和基础的构建则需要持续、多元和动态的智力支持，其主要表现在以下三个方面：首先，通过智慧因素对治理主体知识、信息和价值观等思想产品的供给，能够促进多元治理主体对其共同利益和目标的理解，这将有助于多元治理主体实现理解、认同、支持、参与、协作到合作的理念和行为发展，从而为以认同和共识为前提的有效治理奠定了知识前提和价值基础。其次，通过智慧因素将实现对各种"涌现问题"[2]的系统分析和动态追踪。公共治理问题的复杂性既表现在各种新问题层出不穷的多元化、动态化上，也表现在各种问题的相互关系的错综复杂以及其涉及的领域和专业知识的

---

[1] 例如，贫困现象是政治、经济、社会、历史、文化等多种因素综合作用的结果，而贫困又将导致政治、经济、社会、文化等多种问题。

[2] 复杂性科学对涌现的解释为：因各种各样的现象组合起来而产生的整体属性，就是所谓的涌现。

综合化和专业化上,这决定了通过智慧因素实现智力支持的必然性。只有通过智慧因素对知识、信息的持续输出以及对治理问题的前后追踪,才能使公共治理问题得到立体化和动态化的呈现,而随机制宜和因地制宜的治理才有可能发生。最后,通过智慧因素将使公共治理系统以功能升级的形式积极回应公共治理复杂化转向。尼古拉斯·雷舍尔将功能复杂化分为规则的复杂化(支配未决现象的规律精细和错综)和操作的复杂化(操作、机能类型的模式的多样性),二者在公共治理中主要表现为公共政策的制定和执行。因此,公共治理的功能升级主要表现为以更为完善的制度体系(治理体系)和更为有力的执行能力(治理能力)对复杂性治理的积极回应。在这一回应过程中,同样需要依靠新知识、新思维和新方法给予制度建设和执行以正确方向和智慧动力。

2. 有限理性对知识治理的要求

公共治理的复杂性转向使原本就十分有限的个人理性显得更为有限。在日益复杂化、多样化和动态化的公共治理问题面前,人们在知识、信息和能力等多方面的局限性正使人们深陷"无知"所带来的困难处境。治理信息的日益庞大,治理问题的日益专业化和综合化,治理问题间关系的错综复杂使决策者因无法获取准确信息和正确认知问题而难以锁定问题症结并进而做出正确判断。正如马哈茂德·艾哈迈德所言:"对于许多国家的政策制定者来说,问题往往不是缺少信息,而是信息呈雪崩之势。事实上,政策制定者经常被大量的信息所包围,而只有很小一部分可用。从政治角度而言,信息已不再转化为力量,除非它是在正确的时间并以恰当的形式出现。"[①] 理性的有限性同样影响着多元治理主体有效自治和合作共治的实现。由于受知识、信息和观念限制,多元治理主体往往缺乏对治理问题、公共利益和共同目标等治理核心要素的深刻理解和全面认识,这导致以认同和共识为前提和基础的有效自治和合作共治难以实现。正因如此,"Mayntz曾将'知识问题'(治理所需知识的缺乏)列为造成治理失败的重要原

---

① 唐磊:《智库的知识生产》,中国社会科学出版社2015年版,第82页。

因之一。"[1] 而随着知识在公共治理中重要性的日益突出，知识治理也继科层治理、市场治理和网络治理之后成为第四种治理形式。[2] 知识治理的特点在于以知识的有效组织和发展应对治理问题，以知识、观念和能力的持续创新回应治理问题的日益复杂。具体而言，在公共治理实践中知识治理主要表现为对决策咨询、合作共治和有效自治的智力支持三个方面。在决策咨询方面，通过智力主体对决策者信息、知识和创新思想的输送，能够使决策者在短时间内获取决策所必需的准确信息、综合知识以及新思想、新观念，从而为科学决策奠定了知识和思想基础。在合作共治方面，"如果缺乏一定程度的知识来形塑行动者的基本观念的话，他们之间将很难达成共识进而实现治理所需的集体行动。"[3] 通过智慧因素对多元治理主体知识、信心、价值观以及创新思想的输入，多元治理主体将在理解、认知和相互学习中形成共同的价值体系和共享信仰，其将以集体行动"黏合剂"的形式形塑多元治理主体的价值偏好，进而影响其行动策略和集体行动的发展。在有效自治方面，如何实现治理客体向治理主体的转变是有效治理和科学治理的关键。在众多的治理客体中，由于理性局限所致的治理问题不占少数（如邪教、哄抢、群体事件等），通过智慧因素对多元治理主体知识、信息和创新思想的输入，能够改变治理客体的认知图式和价值观念，使治理客体破除固有观念和有限知识所形成的藩篱，以知识武装思想，以科学唤回理性，进而实现治理客体向治理主体、他治向自治和共治的积极转变。这既是一个治理新资源的发现过程，也是一个新治理能力的形成过程。

3. 政策博弈对动态治理的要求

"治理的目的是在各种不同的制度关系中运用权力去引导、控制

---

[1] 张海柱：《知识治理：公共事务治理的第四种叙事》，《上海行政学院学报》2015 年第 4 期。

[2] 荷兰学者 Arwin van Buren 与 Jasper Eshuis 在 2010 年合作的一篇文章中将"知识治理"作为科层治理、市场治理、网络治理之外的第四种治理形式进行了集中论述。在他们看来，"知识治理"即"有意识地组织知识的发展来解决社会问题"的治理形式。

[3] Fazekas, Mihaly. Exploring the Complex Interaction between Governance and Knowledge: Synthesis of the Literature [N]. Working Paper, 2012.

和规范公民的各种活动，以最大限度地增进公共利益。"然而，公共利益本身是一个不确定的概念，其含义和表现具有多样性的特征；且在公益与公益之间、公益与私益之间也存在矛盾和冲突的可能，这就使得调和这些矛盾和冲突，进而促进公共利益的维持和增进成为公共治理的难点所在。不同利益矛盾在公共治理中集中而动态地表现为各层次、各阶段的政策博弈，这种博弈既表现为政策制定中的利益博弈，也表现为政策执行中的利益博弈；既表现为纵向中央与地方的政策博弈，也表现为横向不同领域和部门的政策博弈。如何协调利益之间的矛盾，实现多元治理主体从博弈走向合作，进而通过协同治理实现公共利益的"量最广，质最高"，答案是必须依靠新智慧所带来的创新制度设计和持续动态治理。创新设计和动态治理以全面的信息、综合的知识以及创新的思想为基础和动能，强调以新思想、新理念和新方法实现对固有困境的创新性突破，强调以因地制宜、随机制宜的创新动态机制回应不同层次、不同领域和不同阶段的多元矛盾和问题。创新设计和动态治理对信息、知识和创新思想的持续要求使其形成了对智慧因素的高度依赖。智慧因素对创新制度设计和动态治理的智力支持一般通过理论思想与政策实践的有机结合得以完成，这一结合一方面通过不同层次的政策制定者对理论的采纳和应用加以实现，另一方面则通过理论家对政策执行者持续的、动态的智力支持加以完成。在政策制定方面，理论家与政策制定者之间存在一种内在互塑关系，这一关系表现为：政策制定者在进行制度设计和创新时往往需要理论家所提供的信息、知识和创新思想，而理论家所构建的理论也时刻等待和寻找着能够被采纳、被实践和被发展的机遇。"当代的公共行政理论所面对的并不是谁代替谁的问题，而是要面对现实乃至未来，以问题为导向，实现多学科、多途径交叉共振，启发创新智慧的辩驳。"[①] 而"什么样的理论成为事务的行政改革的导向标，要看其是否成为政治精英和高层管理者所要解决问题的工具或者是否成为其

[①] 池忠军：《西方公共行政范式论题探讨》，《江苏行政学院学报》2012年第6期。

合谋的同路人。"① 在政策执行方面,理论家与政策执行者的互塑作用依旧表现得十分活跃,这一互塑作用主要表现为理论家对涌现的新问题、新情况和新矛盾进行的即时、具体分析以及随即产生的智力支持和方案供给;在这一过程中各层次的政策执行者(政府、社会组织和公民)将为理论家提供理论实践的空间、平台和契机,这将使得理论依托实践得以反馈、丰富和发展,而多元的政策执行者也将在这一理论家与政策执行者的互塑过程中实现价值体系和认知结构的有效变革,其对于由博弈走向协同合作意义重大。

4. 发展治理力对智慧治理的要求

按照阿什比"以复杂性应对复杂性"的思路,公共治理问题的复杂性、多样性和动态性决定了应对这些问题的主体、资源和方法必须也具备相当甚至更为高阶的系统性、创新性和动态性,这一契合过程正如詹·库伊曼所说:"需求和能力之间要有某种特定的调整过程,这就是我们所说的治理力。"② 因此,公共治理中治理力的生成与发展不仅要求要有优良的制度设计,更需要在智慧因素的持续智力支持下,在对治理需求的动态回应过程中对执行能力的提升与发展。公共治理中治理力的发展涉及三个问题,即做什么、怎么做、谁来做。做什么,即在充斥着形态各异、纷繁复杂问题的公共治理问题域中对关键问题的锁定。对问题的精确锁定决定了公共治理运行的方向是否正确,因而直接关系着公共治理的成败。公共治理问题的多元化(种类)、复杂化(关系)、动态化(运行),使得对问题及其成因和结果的准确把握必然以专业化和综合化的知识、持续化和深入化的研究以及创新化和动态化的思想为基础和前提,而以知识、信息和创新思想为内核的智慧因素正契合了这一要求。怎么做,即在正确锁定治理问题的基础上,对治理方法的选择。治理问题类型的多样化以及问题致因和结果的多元化、网络化和动态化决定了治理问题往往是一个网络

---

① 池忠军:《新公共管理是持续还是死亡——基于布罗代尔"长波"理论的分析》,《江苏行政学院学报》2013 年第 2 期。

② 俞可平:《治理与善治》,社会科学文献出版社 2000 年版,第 234 页。

化的系统存在，也即我们通常所说的问题集。对于问题集以单一方法加以应对往往难以实现问题的有效解决。问题集构成的复杂化和运行的动态化决定了治理方法应以综合化和创新化的运行特点有效回应，而这就要求在公共治理中应针对治理问题实现对多学科、多维度治理方法的系统化整合以及各种新方法、新思想的动态化创造。在此过程中，智慧因素发挥着不可替代的核心作用。谁来做，即在聚焦问题、聚汇方法的基础上，针对不同治理问题和治理方法的要求，结合不同治理主体及其承载的资源、能力特点，有效整合多元治理主体及其行动，通过自治和共治的达成有效实现多元治理力量的优势互补和共振。在这一过程中，对资源特质的准确把握（如自然资源、技术资源、政治资源、社会资源以及人文资源等）是整合和发挥各类资源优势的前提，这要求智慧因素发挥其知识、信息和创新思维的优势；此外，资源不具有自动流动和整合的能力，其流动与整合往往是通过其承载体多元治理主体的合作得以实现的，这就进一步提出了对治理主体集体行动的治理要求。有效的集体行动要求多元治理主体具有认同、共识的价值趋同性，并在此基础上掌握如自律、协商、妥协等合作的基本技巧，这一方面要求智慧因素对多元治理主体持续化、多样化的知识、信息的输送以及价值观、认知图式的改良；另一方面要求智慧因素应发挥其创新化和动态化的桥梁和引导作用，从而帮助多元化治理主体获得合作途径，学会合作技能。这一过程我们也可以称为智慧因素作用下治理主体和社会的现代化过程，这一过程对于新治理力的生成和发展尤为关键。其原因在于："对任何一个现代政治体系而言，公民和社会构成政治发展的内源动力，因此，塑造具有自治能力的现代社会、培育具有民主品格的现代公民，是国家治理现代化的基础要件。"[①]

[①] 张文显：《良法善治》，法律出版社2015年版，第47页。

第二节 知识与思想的承载者：智库

"智治"的内在逻辑和运行机理要求以知识、信息和创新思想实现对公共治理的智力支持，进而推动"智"与"治"的良性互动和协同发展。然而，公共治理实践中的智力支持从何而来？这成为有效实现"智治"必须思考的问题。作为社会发展的瞭望者和观察者，作为专业领域的探索者和权威者，作为思想之库、知识之库和智慧之库，作为公共治理的重要思想源，智库在公共治理的"智治"实现过程中发挥着重要的智力支持作用，智库智力支持的优劣深刻影响着"智治"实现的程度。因此，源于智库在"智治"中的独特角色和功能，对于智库的充分认知和深刻理解便成为有效实现"智治"的关键。

一 智库的概念、定位和类型

智库对公共治理的智力支持源于智库与公共治理内在特质的契合，智库在公共治理中发挥功能的地方正是智库与公共治理内在特质契合之处。因此，准确把握智库在公共治理中的功能，需要以深刻理解智库本身为前提。只有在对智库深刻而全面的理解基础上，才能有效把握智库与公共治理的内在契合关系和互动机理，也才能实现对智库在公共治理中功能的准确锁定和动态追踪。

（一）智库的概念界定

"智库"（Think Tank）又称"思想库""脑库"或"智慧库"，其产生于19世纪与20世纪之交。在"智库"作为一个专业术语出现之前，另一个专业术语——智囊（brain trust）[①]一直是人们对咨询、顾问等类似于智库功能的团队或机构的称谓。对于"智库"这一术语

[①] 参见《韦伯斯特20世纪英语语言新词典》（Webster's New Twentieth Century Dictionary of English Language）。"brain trust"一词最早出现于1932年，特指"具有熟练的或特殊知识的顾问小组，最初被用来特指 F. D. 罗斯福总统身边的顾问们"。

的来历大致有三种说法：我国学者丁煌认为，智库是1964年美国总统哈里·杜鲁门在其80岁生日讲话中用"智库"替代"智囊"。李光认为"智库"一词是20世纪60年代H.德罗阿博士发明的。美国学者詹姆斯·麦甘认为，智库最早出现于第二次世界大战的美国，其作为军事术语用来指当时军事人员和文职专家聚集在一起制订战争计划及其他军事战略的安宁环境（think box）。第二次世界大战后，智库被用来特指军工企业的研究发展部（research and development sections），著名智库——兰德公司①（The RAND Corporation）正是这一时期的产物。从1960年开始，智库开始在美国广泛使用，到了1970年智库在世界广为传播，在德语、日语等语言中均出现了以"think tank"英语发音为基础的外来词汇②，"智库"一词成为西方政治生活中十分流行的概念。学者们对"智库"这一术语来源的分析反映出从"智囊"发展到"智库"或者说"智库"取代"智囊"既源于那个时代的需要，也源于人们对咨询研究机构的重新理解和再定义，是智囊在特定时代进化的高阶形态。

如何理解"智库"？这是一个长期困扰着相关专家且备受争议的问题，智库内涵的丰富性导致了其概念的模糊性，至今在学术界仍存在很大分歧，这一分歧集中反映在对智库多样化的界定上。例如《牛津现代高级英汉双解词典》的定义为"提供建议、思想和问题解决办法的组织或团体"。③《朗文当代高级英语辞典》的解释是"由一个组织或政府等建立，由在某一特殊学科有经验的人组成的一个委员会，这个委员会旨在开发思想并就有关该学科的问题提供建议"。④ 而

---

① 1945年，美国陆军航空队与道格拉斯飞机公司签订一项研究与发展计划的合同（又称"兰德计划"），1948年在福特基金会的支助下，兰德计划脱离道格拉斯飞机公司，兰德公司成立。而兰德（RAND）正是研究和发展（Research and Development）的缩写。
② 陶文钊：《美国思想库与冷战后美国对华政策》，中国社会科学出版社2014年版，第2页。
③ ［英］皮尔素：《新牛津英语词典（The New Oxford Dictionary of English）》，上海外语教育出版社2001年版。
④ ［英］艾迪生·维斯理：《朗文当代高级英语辞典英英—英汉双解》，朱原等译，商务印书馆1988年版，第1607页。

《简明政治学辞典》的定义是："一种特殊的研究咨询机构。"① 里奇（Andrew Rich）认为智库是："一种独立的、无利益倾向的非营利组织，其依靠专业知识和思想，并以此获得支持和影响决策。"② 麦甘（James G. Mcgann）认为智库是："针对国内外问题，开展政策导向的研究分析以及提供咨询服务的组织，以促进决策者和公众能够在充分了解情况的前提下，对公共政策问题进行决策。"③ 国内学者薛澜和朱旭峰在系统分析国外智库定义的基础上，认为必须从本体（政策研究机构）、目标（影响政策）、地位（独立）、状态（稳定）四个方面的特征对智库进行界定，才能准确把握智库内涵。他们将智库定义为："一种相对稳定的且独立运作的政策研究和咨询机构。"④

对于智库的不同界定反映出学者们对于智库基于不同侧面的不同理解，其反映出作为一个多元化组织，智库所具有的多元形态和功能特点。中西方学者对智库的理解虽各有侧重，但也存在许多不谋而合的共识：稳定性、独立性和非营利性等。因此，对于如何界定智库这样一个具有多元化形态和功能的组织，我们应以对其多元化表象的剥离和对其本质特征和共性的准确锁定为基本的思路和方法。具体而言，不同智库的共性主要表现在以下几个方面：首先，智库是从事政策研究的机构。对公共问题的密切关注和持续化研究是智库的核心特征，这使智库区别于其他从事学术研究机构，使智库研究的对策性、时效性和应用性的特点得以体现。其次，智库以影响和传播公共政策为主要任务。智库的主要任务在于通过对政策问题的研究，生产思想产品，从而为政策制定者输送思想理念，提供建议和方案。值得注意的是，随着智库的发展，智库的任务已不再仅仅局限于为政策制定者服务，其服务面向已扩展为整个社会，这使得传播政策思想，为社会

---

① 徐东彬主编：《简明政治学辞典》，河南人民出版社 1986 年版，第 492 页。
② Andrew Rich, *Think Tanks, Public Policy, and the Politics of Expertise*, Cambridge University Press, 2004: 11.
③ ［美］麦甘思、萨巴蒂尼：《全球智库：政策网络与治理》，韩雪、王小文译，上海交通大学出版社 2015 年版，第 14 页。
④ 薛澜、朱旭峰：《"中国思想库"：涵义、分类与研究展望》，《科学学研究》2006 年第 3 期。

提供多元智力支持也逐渐发展为智库的主要任务。再次，智库是非营利组织。智库运行的目标不是为了获取利润，而是为了获取影响力，这使智库区别于一般的咨询机构。最后，智库是一个具有独立性的研究机构。这里的独立性强调研究的独立和思想的实质独立，而非隶属关系和资金来源的形式独立。

基于上述对于智库核心特征的分析，我们将智库进行狭义和广义的定义，其目的是在充分聚焦智库核心性质及功能的基础上，对智库做系统化、完整化描述。狭义的智库是指：相对稳定的、独立的、非营利的政策研究咨询机构，其以公共利益为取向，通过提供政策建议实现政策影响。广义的智库是指：针对公共问题进行研究，发挥着多元功能的非营利性政策研究机构。这里的多元功能主要指随着社会发展及其产生的对多元化知识及思想产品的需要，智库功能从面向决策层的决策咨询功能发展为以决策咨询功能为核心，面向社会、面向公众的以社会问题和公民需求为导向，在国家层面、社会层面和公民层面直接或间接发挥的多元功能及其组成的智库功能体系。智库功能的演进犹如白光透过棱镜形成的光谱，使智库进入更为高阶的形态，成为全社会的"外脑"。

(二) 智库的角色定位

智库在公共治理中的角色是什么？这是有效实现智库在公共治理中的功能必须回答的又一问题。纵观西方国家公共治理进程，各国的智库有着不同的角色定位，并在公共治理的不同阶段以不同的方式发挥着不同作用，这使得对于智库在公共治理中的角色定位出现了不同的认识和观点，各种观点逐渐汇聚进而形成了以下几种典型视角。

1. 精英主义：智库是政策精英

米尔斯在《权力精英》一书中认为，美国的权力精英包括三类：政治精英、经济精英和军事精英，他们分别由政治、经济、军事三大领域的要职人物组成。之后托马斯·戴伊将新闻制造者、大律师、基金会组织负责人、智库以及美国名牌高校的校董事们纳入到权力精英中。"包括托马斯·戴伊、约瑟夫·佩谢克、威廉·多姆霍夫、约翰·萨洛马在内的一些学者认为，智库不但定期与政策精英相互沟通,而且他们还是整个国家权力结构的一个部分。"[①] 智库之所以能够成为政策精英,关键在于智库对公共政策的巨大影响力,而这种影响力得以实现则源于智库特有的知识优势和关系优势。知识优势主要指智库作为专门的政策研究机构在促成政策制定环境和重要政策制定方面具有其他组织无法比拟的专业优势。关系优势主要指智库与决策层、赞助者的"亲密纽带"。与决策层的亲密纽带,来源于如"旋转门"这样的特有人员流动机制,这使智库与决策层形成了包括官方和私人的持久、多元的网络关系,使智库形成了对公共政策的多阶段、多维度的立体化影响。与资助者亲密纽带主要源于二者的相互需要,智库需要资助者给予的经费以维持生存和发展,资助者一方面需要智库促成其政治议程,另一方面也需要借助智库的影响力和公信力以扩大其自身的影响力和公信力。

精英主义视角对于我们理解智库及其在公共治理中的定位与角色是助益颇多的。首先,将智库视为政策精英能够使我们看到智库凭借其专业优势在公共政策制定中的重要作用;其次,通过智库与决策层亲密纽带的分析,使我们发现智库是如何将自己的政策建议和主张输入到决策层,进而实现政策影响;并且通过分析智库成员,也使我们能够理解为什么一些智库在经费和影响力方面都远优于他者。最后,智库与资助者的亲密纽带,解释了智库在维持其自身研究的权威性、独立性与获得资金维持生存发展之间的动态平衡和博弈,使我们注意到智库目标中资助者目标的影子。

精英主义的缺陷在于:首先,虽然它使我们看到了智库在公共政策中的重要影响,但对于智库在公共政策的哪个阶段、采用什么方式、如何影响公共政策等问题其并没有给予回答。其次,精英主义将注意力完全锁定在如布鲁金斯学会、兰德公司等在资金、人员、关系网络、影响力等方面对于"精英"一词实至名归的大型智库上,然而我们看到,在智库共同体中更多的是在资金、规模、人员、影响力、

---

① [加拿大] 唐纳德·E. 埃布尔森:《智库能发挥作用吗》,上海社会科学院出版社2010年版,第49页。

关系网络等方面远不及著名智库的中小智库，它们可以纳入政策精英吗？再次，精英主义将亲密纽带视为智库影响公共政策的重要途径，但显然公共政策受到多元因素影响，智库只是其中之一。最后，在智库与决策层意见相左时，精英理论显然是缺乏解释力的。

2. 多元主义：智库是多元中的一元

根植于美国多元文化和开放政治体制的多元主义认为公共政策并非政府某项职能的直接反映，而是众多组织竞争的结果，是政府在权衡各方利益和要求后的平衡产物。作为政策研究机构的智库与利益集团、行业协会和其他非政府组织一样，是众多试图引起政策制定者注意，进而影响政策议题和进程的竞争者中的一员。在决策共同体中，智库虽然越发重要，但并不意味着其具有特殊地位。另外，多元主义较少关注政府在这一竞争过程中的作用，在他们看来政府在这一过程中仅仅充当着仲裁者和监督者的角色。

多元主义的优点在于有效解释了多元组织所构成的决策共同体对公共政策的多元影响，使人们注意到公共政策形成过程是一个多元力量的竞争和博弈的过程，进而反映出公共政策作为"斗争产物"或"平衡产物"的深刻蕴义。另外，多元主义否定了智库在决策共同体中的特殊性，认为智库与其他组织一样，运用类似的战略、途径、方法影响着公共政策。

多元主义的缺陷在于：首先，多元主义只看到了决策共同体中不同组织的共性，却忽视了不同组织所具有的特质及其导致的差异。仅仅将智库看作决策共同体中的一员，显然无法解释在政策共同体中不同组织对公共政策影响力的差异性，也无法解释智库在促成政府优先考虑事项上的独特优势。正如埃布尔森所认为的那样："智库可能确实是合唱队的一部分，但是他们有一种能够让他们脱颖而出的特质。"[①] 其次，多元主义忽视了智库与决策者的内在联系，其多元主义的观点显然不能解释智库与吉米·卡特、唐纳德·里根、比尔·克林

---

① [加拿大]唐纳德·E. 埃布尔森：《智库能发挥作用吗》，上海社会科学院出版社2010年版，第51页。

顿、乔治·W.布什以及巴拉克·奥巴马等美国历届总统的密切关系和他们在历届总统任期发挥的重要作用。最后，虽然多元主义不愿承认不同组织并不处于同一竞技水平，但智库的专业优势和影响力，使其在公共政策制定过程中，在决策者心目中无可替代。

3. 国家主义：智库的相对性

国家主义强调国家的相对自主性，认为"国家可以独立自主地制定自己的目标，并且可以不顾国际和国内演员的阻力实现既定的目标。"①"当公众可以真正对政府和官员行为施加某些限制时候，国家依旧保持着某种程度自主性，可以根据它自己的逻辑行事。"② 按照国家主义观点，国家本身就是一个重要的政策参与者和影响者，其不仅可以有效保持其自主性，在某种程度上还可以影响其他政策参与者的行为，进而控制或影响政策进程。国家的这一特质使作为国家机构体系重要构成的各国家机构及其首长成为公共政策核心影响者，以至于在国家主义看来，能够真正维护和服务于国家利益的并非利益集团、媒体或跨国公司，而是总统及其身边的人。按照国家主义的基本逻辑，智库是否能够影响政策主要取决于其与公共政策核心影响者的关系。如果智库能够与政策核心影响者保持密切联系，政策核心影响者能够经常向智库征询意见，我们就可以认为智库影响着政策。反之，如果智库与政策核心影响者联系较少，或很少被征询意见，那就说明智库的政策影响力较小。

国家主义有助于我们理解国家作为政策过程中一个"重要演员"在政策过程中的特殊地位和能力，进而使智库与核心影响者关系的重要性得以凸显。另外，国家主义也解释了智库专家在进入政府前后出现的政策观点大相径庭的"反常现象"，按照斯蒂尔曼的解释："虽然这些被任用到政府部门的前智库员工可以努力提升政府政策，同时也可以提升先前雇主在意识形态方面的核心利益。但是，这些前智库

---

① [加拿大] 唐纳德·E. 埃布尔森：《智库能发挥作用吗》，上海社会科学院出版社 2010 年版，第 51 页。

② 同上书，第 52 页。

骨干也可能抛开先前的信仰，而将国家的目标置于一切利益之上，更不要提他们自己在专业方面的利益。"①

国家主义的问题在于过分聚焦于国家这个政策过程中的重要成员，而忽视了其他同样对政策过程在不同维度、不同阶段产生着重要影响的多元力量以及国家本身与多元力量的关系。这使得该理论无法有效解释如吉米·卡特、唐纳德·里根、比尔·克林顿、乔治·W. 布什以及巴拉克·奥巴马等与智库的紧密联系以及智库在不断阶段、不同领域发挥的重要作用。正如传统基金会所撰写，被称为里根政府《圣经》的《领导人的职责》，以及被克林顿转化为具体公共政策，由进步政策研究所（PPI）提交的研究报告《变革的使命》等鲜活案例都证明了智库在公共政策过程中的巨大影响，而这些是国家主义难以解释的。

精英主义、多元主义和国家主义为我们提供了三种分析智库角色定位的视角，综合运用这些方法有助于我们从不同侧面认知智库在政策制定过程中的作用。然而，这些方法的共同问题是对于智库的分析过于单一、静态和笼统，它们不能告诉我们智库在政策周期各阶段发挥了怎样的功能，也没有清醒地认识到并非所有的智库都有足够的资源去影响政策的每一个阶段。约翰·金顿和丹尼斯·斯泰尔丝认为："并非所有组织都渴望或有足够的资源去参与政策周期的每一个阶段：提出问题、制定政策、执行政策。简单地说，当一些组织通过众多渠道表达他们关心的问题（提出问题），从而将这些问题放到政治议程上的时候，另外一些组织可能更倾向于在之后的某一个阶段（如制定政策或执行政策）进入政策制定过程，换句话说，与跟政策制定者密切合作一起制定或执行某个特定政策相比较，一些组织可能更愿意与公众分享他们的思想。"② 金顿和斯泰尔丝为智库功能研究提供了一种新的理论框架，即以智库在政策周期各阶段政策影响来重新审视智库

---

① ［加拿大］唐纳德·E. 埃布尔森：《智库能发挥作用吗》，上海社会科学院出版社2010年版，第53页。

② 同上书，第56页。

的角色和功能定位,这种理论框架有效克服了精英主义、多元主义和国家主义对智库角色和功能过于笼统和模糊的界定,使智库角色功能得到动态化的呈现。本书采用的正是这样一种动态化的研究方法,这是因为"智"与"治"的多元契合和动态互动决定了仅以静态、单一研究方法必然导致对智库功能认知的片面和局限性,政策问题的多样化、政策周期的多阶段以及智库类型和功能特点的多元化都要求我们应以动态化研究实现对智库在公共治理中不同领域、不同层面和不同阶段的功能的动态追踪和精确锁定,只有通过动态化的跟踪研究才能使智库在公共治理中的系统功能得到立体化和动态化的呈现。基于这样的思路,本书在综合精英主义、多元主义和国家主义各自优点的基础上,以动态化的研究方法展开对智库在公共治理中功能的研究。

(三) 智库的类型

与智库的概念界定一样,智库的类型在学术界也没有统一的划分标准。这一方面源于智库多元化的存在形式和功能特点,另一方面则源于学者对智库不同的研究目的和维度。其中主要的智库类型包括以下几类:

按照不同政治倾向对智库进行分类,将智库划分为保守派智库、激进派智库和中间派智库。第一,保守派智库在对内政策上主要强调自由市场经济、有限政府,反对政府管制经济,反对民权立法;主张个人自由、宗教情感和重视传统家庭价值观。在对外政策上,强调单边主义、实用主义、实力外交,支持推行强硬外交,建立军备优势,积极部署导弹防御体系。保守派智库的代表主要有胡佛研究所、美国企业研究所、传统基金会、新世纪计划等。第二,激进派智库在对内政策上主要强调法治、开放和政府的清廉;主张维护经济持续繁荣,"倡导民主、正义、人权和多样性,主张建立基于正义、非暴力、可持续发展和体面生活价值观看的负责任的多元社会。"[1] 在对外政策上,奉行更为温和的外交政策。主张加强国际交流与合作,改革军事

---

[1] 张春:《美国思想库对美国一个"中国政策"的影响》,博士学位论文,复旦大学,2006年。

体系，降低对核武器等军事力量的依赖。激进派智库的代表有经济政策研究所、世界观察研究所等。第三，中间派智库在对内政策上强调社会福利，主张政府干预、社会正义、环境保护和裁减军费。在对外政策上倾向于国际主义和多边主义，强调以国家谈判合作为外交主要形式，但保留有限的国际干预。主张加强发达国家对发展中国家的经济援助，强调大国在引导国际合作和共建国际秩序中的责任。中间派智库的代表有布鲁金斯学会、对外关系委员会、卡内基国际和平基金会等。

按照智库的隶属关系对智库进行分类，可将智库划分为官方智库、半官方智库、高校智库和民间智库。官方智库主要是指"通过立法或者行政组织条例组建的存在于政府体系内部，为各级政府部门领导层提供决策服务的智库机构"。[1] 半官方智库主要指独立于政府体系之外，不以政府为唯一服务对象，但与政府在资金、项目和信息等多方面有着紧密联系的智库。高校智库是指隶属于大学的政策研究机构。由于隶属于大学，这类智库对外不具备法人资格和独立财务核算权力，其经费主要来源于拨款和捐助。由于隶属于大学，这类智库在人才、信息和学科综合性方面独具优势。民间智库是指由民间（个人或团体）出资建立的政策研究机构。其功能特点主要表现为立足于民间，发出民间呼声，反映民间需求。与其他智库相比，民间智库规模多样、选题自由、面向更广、独立性更强，是智库体系不可或缺的重要组成部分。

按照智库运作特点对智库进行分类，可将智库划分为学术研究型智库、合同型智库和政策鼓吹型智库。学术研究型智库主要指对社会经济问题进行持续研究，通过提供专业知识、创新新思想以影响政策决策者的智库。由于该类智库注重专业研究，但较少进行教学工作，所以也被称为"没有学生的大学"。合同型智库是指通过承接政府委托合同，为政策决策者提供政策方案和项目评估的智库。这类智库的特点在于其与政府的紧密关系，使其对政策制定的影响力巨大。政策

---

[1] 李安方：《中国智库竞争力建设方略》，上海社会科学院出版社2010年版，第4页。

鼓吹型智库是指通过宣传游说以影响政策决策的智库。与前两种智库相比，该类智库的活动重心不在于研究，而在于观点和主张的推销和有利于达成目标的政治、社会环境的塑造。

对于智库的分类还有很多，如从智库规模将智库分为大型、中型、小型三种类型；从智库资金来源将智库分为独立的（合同型）和基于社会力量筹集型等。智库多样化的类型划分是智库形态、特点和功能的多元化表现，这些类型划分各有侧重地反映出智库某一方面的性质，因此同一智库可能同属多种类型划分中，而各种类型划分方法也可进行综合运用。本书将综合运用基于智库隶属关系和运作形式的分类方法，将二者综合运用的优点在于能够基于智库组织性质和运行方式系统探讨不同智库的功能及其实现途径。在类型划分的基础上，本书还将融合我国国务院智库研究组对智库结构的层次划分方法："在体系的最底层是基础研究层，在基础研究层之上是综合研究层，在综合研究层之上是对"五性"问题（全局性、综合性、战略性、长期性和前瞻性）提出'管用方案'的超前研究层，体系中最高层次是应急研究层。"[①] 层次划分的融合不仅有利于我们理解不同智库在公共治理过程中不同层次的功能，也有利于以系统思维理解智库的功能体系格局，其对于以合作交流实现智库间功能互补，以及以智库网络实现智库体系功能的全面实现尤为关键。

二 智库与公共治理的关系

智库与公共治理的关系源于"智"与"治"的内在联系，是"知识"与"权力"关系的表现。智库作为"知识"与"权力"之间的桥梁，能够有效地将二者融合，从而实现知识与权力之间的良性互动，并最终在这一循环互动中实现二者各自的发展。对于"智"与"治"的关系前文已作详细分析，这里不再赘述。这里我们主要讨论智库如何在公共治理实践中与公共治理产生互动，并在互动过程中实现自身的发展。

[①] 包月阳：《中国智库（3）》，中国发展出版社2013年版，第201页。

1. 智库对公共治理的作用

公共治理对于智库的需要既是时代课题和中国课题对智库的内在要求，也是以"智"启"治"，以"智"咨"治"，以"智"辅"治"，以"智"治"治"的"智"与"治"内在关系的体现。

（1）智库对合作治理的作用。公共治理一般被定义为："为了达到集体的秩序和共同目标，公共、私人部门和非营利组织共同参与其中，相互之间形成伙伴关系，通过谈判、协商和讨价还价等政策手段来供给公共产品与服务、管理公共资源的过程。"[①] 在公共治理过程中，多元主体、集体秩序、共同目标、伙伴关系既是关键词又是存在递进逻辑关系的公共治理实现过程，如何实现多元主体在共同目标指导下，形成集体秩序，结成伙伴关系有效合作，并最终实现公共服务，需要智库发挥关键作用。与传统的统治、管理单一主体不同，公共治理过程中必然涉及多元主体在多元领域的多元合作，这势必带来多元利益、多元思想以及由此引发的多元分歧和矛盾。如何有效协调多元利益和思想间的冲突，建立不同治理主体对共同目标的认同，进而达成共治与自治的共识，这就需要智库通过专业知识和创新思想为多元主体的合作搭建知识和思想平台。智库将通过科学知识普及促进公民文化素质和认知水平的提升，将通过对国家政策法律的解读和宣讲增进多元治理主体对国家发展方向和政策方针的理解和认同，将通过对社会边缘群体的利益代言反映民生、协调矛盾，将通过改变多元主体的认知图式为多元合作的公共治理建立良好的认同和共识基础从而实现多元治理主体间的互信与合作。在智库的作用下，不断增进的政治认同和社会认同将促进治理客体向治理主体的积极转化，进而催生新的治理资源和治理力，这将为公共治理的现代化发展注入新的动力。

（2）智库对科学治理的作用。智库对公共治理的作用除了表现在促进多元化治理主体合作以外，还表现为对公共治理问题多元化、复杂化、动态化的有效回应。复杂性时代下的公共治理跨越了时间和空

[①] 余军华、袁文艺：《公共治理概念与内涵》，《中国行政管理》2012年第12期。

间，使多种因素相互融合，相互酶化，这使得因果之间的联系不再那么紧密和直接，更多的情况是分不清什么是因，什么是果，或者说因果在很多时候就是一体的，这既使决策的难度大大增加，也使传统行政理念和模式深陷"功能性失调"的困境。另外，随着经济社会发展，公共治理问题的复杂化也同时表现为各种事务和问题的专业化，这也使公共治理中对专业知识的引入和综合运用成为必须。公共治理问题多元化、动态化和专业化的特质对公共治理提出了综合性治理、预见性治理和创新性治理的更高要求，而这使知识、信息和创新思想成为公共治理的核心资源，而作为智慧之库、知识之库与思想之库的智库也成为公共治理过程中不可或缺的重要主体。作为专业领域的前沿者、社会发展的瞭望者以及知识信息的重要载体，智库将通过对公共治理各层次、各阶段的多元化知识、信息、创新思想的持续输入，为公共治理的有效运行和持续发展提供持续而多元的智力支持，从而为公共治理的现代化发展提供持续动力。

（3）智库对动态治理的作用。在全球化、知识经济以及大数据的时代背景下，公共治理在社会经济的飞速发展中，在区域间、人与人间相互交流和影响日益频繁的背景下，越发呈现出动态性，这既使新问题的涌现成为必然，也使旧问题在新条件下提出了新解析的需要。如何积极回应"新常态"，智库发挥着不可替代的作用。智库的功能在纵向上具有体系化的特征，这决定了智库在公共治理的各层次、各领域和各阶段都持续发挥和扩展着各项功能；智库的功能在横向上也遵循着动态发展的逻辑，这使智库及其功能将随公共治理的发展而不断发展，即以新功能不断回应新问题、新情况。另外，对于公共治理问题的动态化涌现，智库也将以预见性的功能体系构建予以回应，从而实现对治理问题的预见性治理。作为专业领域的持续研究机构，智库能够通过基于长期研究而具备的知识、信息和经验对公共治理中出现的潜在情况和问题进行系统分析和有效预见。这使智库往往能够及时发现公共治理中可能发生的新问题和新情况，并进而提出预见性的、因地制宜的、有针对性的、科学的且行之有效的新思想、新理念、新方法和新技术。智库的这一特质对于实现公共治理的"动态治理"非常关键,其在公共治理中发挥着"预警器"和"稳定器"的作用,对于有效预见和回应全面深化改革阶段涌现的各种问题,进而推进"四个全面"和"国家治理体系和治理能力现代化"建设具有极为重大的意义。

2. 公共治理对智库的作用

公共治理对智库的作用正如环境对组织、实践对理论的作用一样,是多元化、多维度、持续而深远的。其作用范围之广、作用程度之深,不乏陈述,我们主要将其归纳为直接影响和间接影响两方面。

直接影响主要表现为公共治理在呼唤智库、引入知识和思想的同时,在客观上为智库的理论研究和实践运用提供了动力和机遇。随着公共治理的开展,新情况、新问题转化为一个个新课题要求智库不断分析研究,进而提出对策建议。这个过程既是一个分析问题、解决问题、预见问题的过程,也是一个思想碰撞、开拓创新、更新发展理论的过程,更是一个理论与实践相融合、知识与权力相作用、历史与现实相共振、思想与梦想相交织的过程。在这个过程中智库将逐渐被人们认识、认可和重视,智库与外界的交流将逐渐扩大,智库的信息、知识将在公共治理中不断得以丰富和发展,智库的布局、体系以及运作也将在公共治理的客观要求下不断走向规范、合理、科学,更重要的是智库在公共治理的影响下将不断提高思想产品的质量进而获得认可和声誉,扩大其影响力,这对于智库来说是生存之本。因此可以说,正是公共治理对智库的需要给予了智库生存和发展的平台和机遇,美国智库正是随着美国公共治理的发展而发展。

间接影响方面,智库作为一个非营利组织与其他组织一样,其生存和发展需要良好的外部环境,这种外部环境包括政治、经济、社会、文化以及生态等多方面的环境。民主的政治体制、发达的经济体制、健全的社会体制、活跃的文化体制、科学的生态体制是智库赖以生存和发展的大环境和基础。从智库作为"思想工厂"生产思想产品的整个过程来看,智库思想产品的原材料是知识、信息以及公共问题,对这些要素的获取以健全的情报系统、信息管理系统、物流系统、通信系统、交通运输系统、传媒系统等基础设施和系统为前提,而这些系统的有效运行和发展有赖于健全的公共治理作为保障。另外，在智库获得"原材料"进而生产出思想产品后，同样需要依赖上述系统实现产品的广泛传播、推销，以使产品被理解、认可和采纳进而获取影响力，其同样需要有效的公共治理作为保障。不难发现，在智库与外界发生关系的过程中，公共治理的多维度保障是必不可少的，公共治理对智库产生着间接的重要影响。

在"有形的硬件"保障以外，智库的生存和发展还需要"无形的软件"保障，这个"无形的软件"就是制度。制度一般被定义为："规范社会活动的社会规则和法律框架，也指旨在协调活动或执行规则的组织。"[1] 作为扩展人类选择的第三大要素，制度是至关重要的，其对社会的影响是全方位的，"不仅经济增长取决于制度安排，社会和谐以及政治稳定也取决于制度安排。……制度的基本功能就在于保证组织内部秩序，节约交易费用，降低社会运行成本。"[2] 智库的生存和发展同样依赖于健全、科学和高效的制度，正是通过有效的制度，智库才得以准确定位、有效运行、有序发展，进而发挥其功能，获取影响力。因此，从这个意义上来说，制度决定着智库的形态，有什么样的制度就会产生什么样的智库，智库亦是制度的产物。另外，我国国家管理的制度体系将随着我国公共治理的全面推进而不断完善和发展，其集中表现在我国国家治理体系和治理能力的现代化进程中，这使得公共治理及其现代化进程对智库产生了深刻而长远的影响。

综上所述，源于"智"与"治"的内在本质联系，智库与公共治理在实践中表现相互依存、相互作用、协同发展的亲密关系。公共治理在复杂性时代，在我国社会经济发展的新阶段发出了呼唤智库的最强音；而智库在公共治理实践中也找到了广阔生存、发展空间和用武之地。可以预见，社会经济越发展，越需要智库；而智库的发展将进一步助力社会经济的持续发展。这样，智库与公共治理的良性互动

---

[1] ［新加坡］梁文松、曾玉凤：《动态治理：新加坡政府的经验》，陈华、张世云译，中信出版社 2010 年版，第 38 页。

[2] 燕继荣：《社会资本与国家治理》，北京大学出版社 2015 年版，第 192 页。

得以形成，这一良性互动是多元化、多维度、多领域且是深刻而深远的，其决定了二者将随着时代的进步、社会经济的发展而越发紧密联系、越发有机融合、越发协同发展。

三 中国语境下的智库概念分析

现代意义上的智库始于西方，发展于西方，这使一般意义上的智库概念多是基于西方政治体制和社会文化的理解。我国国情与西方各国有着本质的不同，这就要求在把握智库一般概念的基础上，还应在中国的语境下对智库作进一步的理解。由于智库的产生源于知识与权力的内在关系，这使智库的雏形早在几千年前随着权力、知识以及其相互关系的产生便已出现。我国有着悠久的智囊文化传统，中国智库的雏形最早可以追溯到春秋时期的"士"以及战国时期中国最早的决策咨询机构"稷下学宫"，之后随着朝代的更迭和社会经济的发展，各朝代逐渐形成其特有的制度和特定官职。如秦代的御史制度、谏议制度、"博士官"制度、辟署制度；隋朝的谏官谏言制度和门下省；唐代的谏官制度和翰林院；宋代的谏官制度、台谏合一制度，谏院、学士院（翰林学士院）；元代的台谏合一；明代的殿阁大学士（后逐步形成内阁制度）；清代的幕府。在正式制度以外，古代的王侯们也十分重视智囊的作用，也正因如此，中国古代历史上出现了大量如家臣、门客、幕僚、幕宾、幕友、谋士、策士、师爷、军师等为王公贵族效力的智囊。为封建帝王或王公贵族出谋划策，提供决策咨询的智囊及其团体，在中国历史上发挥了至关重要的作用。智库的雏形在不同朝代虽称谓不同，但却发挥着提供知识和思想的相似作用，其产生与发展主要得益于中国古代的决策咨询制度和人才选拔制度的不断变革和发展。中国古代智库雏形与当代智库的本质区别在于其活动目标是封建君王或王公贵族的私利，而非广大公众的公共利益；这就决定了传统智囊与当代智库的本质不同。

区别于西方语境下的智库理解，也不同于中国古代智囊的基本概念，对当代中国智库如何进行合理阐释成为当代中国智库建设和发展必须思考的问题。为此，党中央提出了建设"中国特色新型智库"的目标，其为我们正确理解当代中国智库以及全面推进智库建设发展和功能实现指明了方向。习近平总书记在 2013 年 4 月首次提出建设"中国特色新型智库"的目标，将智库发展视为国家软实力的重要组成部分，并提升到国家战略的高度。党的十八届三中全会通过的《关于全面深化改革若干重大问题的决定》中提出，"加强中国特色新型智库建设，建立健全决策咨询制度"。中共中央办公厅、国务院办公厅于 2015 年 1 月印发了《关于加强中国特色新型智库建设的意见》。习近平总书记强调："我们进行治国理政，必须善于集中各方面智慧、凝聚最广泛力量。重点建设一批具有较大影响和国际影响力的高端智库，重视专业化智库建设。这既为中国智库的发展提出了挑战，也为各类智库发挥作用提供了广阔的空间。改革发展任务越是艰巨繁重，越需要强大的智力支持。要从推动科学决策、民主决策，推进国家治理体系和治理能力现代化、增强国家软实力的战略高度，把中国特色新型智库建设作为一项重大而紧迫的任务切实抓好。"[①] 在新的形势下，中国特色新型智库已成为国家软实力的重要组成部分，已成为国家治理体系的重要组成部分，已成为改革攻坚克难的利器。然而，如何理解"中国特色新型智库"？"中国特色"特在何处？"新型智库"新在哪里？对这些问题的系统分析和深刻理解显然是建设中国特色新型智库和发挥中国特色新型智库的公共治理功能的重要前提。

从"中国特色"来看，中国特色新型智库的"特"反映在我国智库与西方智库的本质不同。我国是中国共产党领导下的社会主义国家，这决定了我国智库虽然在形式、功能和运行机制等多方面与西方智库有相似之处，但在性质、目标和价值取向上与西方智库存在本质区别。中国特色新型智库是高举中国特色社会主义伟大旗帜，坚持以马克思列宁主义、毛泽东思想、邓小平理论、"三个代表"重要思想、科学发展观为指导，深入贯彻习近平总书记系列重要讲话精神，以实现公共利益为目标，以服务党和政府决策为宗旨，以政策研究咨询为主攻方向的社会主义国家新型智库。中国特色新型智库是在中国共产

---

① 《习近平谈建设新型智库：改革发展任务越重越需要智力支持》，http://cpc.people.com.cn/xuexi/n/2015/0121/c385475-26422432.html，2015-01-21。

党领导下,在中国特色社会主义理论的话语语境和话语系统中,在中国特色社会主义道路的既定方向上,在完善和发展中国特色社会主义制度,推进国家治理体系和治理能力现代化的过程中,采用中国视角,聚焦中国发展,为中国共产党领导下的治国理政献计献策的新型智库。因此,中国特色新型智库强调党对智库的领导,强调智库在路线方针上与党中央保持一致,强调智库"从维护国家根本利益出发,发出'中国声音'、提出'中国倡议'、提供'中国方案'。"[①] 另外,我国当前进入了全面建成小康社会决胜期、全面深化改革的攻坚期,中国特色新型智库应在助推"四个全面"以及国家治理体系和治理能力现代化过程中充分发挥其"智"的特点。中国特色新型智库应聚焦中国经济社会发展问题,积极提供高质量的智力产品,发挥智库作为知识和思想聚集地的"智"的特点,为我国经济社会发展中出现的重点、难点以及新问题献计献策,并以系统、科学、创新的智库体系及其功能体系内嵌于国家治理结构,为国家治理现代化进程提供智力支持,并最终筑基"中国梦"。

从"新型"来看,中国特色新型智库的"新"反映在当代智库与传统智库的不同。首先,中国特色新型智库是在复杂性时代背景下,在我国社会经济发展关键阶段,在党中央对智库及其功能的充分重视下,对我国智库的发展所确立的新目标和寄予的新期望。随着全球化、后工业化时代、大数据时代的到来,多元、复杂、动态成为时代特征,社会的不确定性增加,人类进入了风险社会。在这样的时代背景下,决策的难度加大,正确的决策往往必须以专业的知识、翔实的信息和科学的方法为基础和前提,这使得以科学咨询支撑科学决策,以科学决策引领科学发展成为必需。其次,我国当前进入了全面建成小康社会决胜期、全面深化改革的攻坚期,这决定了在推进"四个全面"的过程中,我们必然会遇到许多新情况、新问题和新矛盾,这就要求我们必须相应具备新思想、新智慧和新方法,从而为改革和

---

① 隆国强:《发出"中国声音"、提供"中国方案"》,http://politics.people.com.cn/n/2015/0121/c70731-26420887.html,2015-01-21。

发展中攻坚克难、开拓创新提供智力支持和保障。最后，我国国家治理与强调社会中心论的西方治理不同，我国的国家治理是"国家"与"治理"的有机结合，是中国在吸收西方治理理论内核的基础上与中国国情相结合的创新，这决定了我国的国家治理现代化必然是一条无先例可循、充满挑战和机遇的现代化道路。在这条道路上如何走好、走快、走稳需要智库做好瞭望者、引路人、分析家和监督者。时代特征和我国建设发展的需要对智库提出了新的要求，赋予了新的重任，寄予了新的期望，中国特色新型智库也必须以新的定位、新的机制、新的模式以及新的功能有效回应时代和国家对其的呼唤和重托。

新的定位。与以往智库不同，作为国家软实力的重要组成部分以及国家治理体系不可或缺的组成部分，中国特色新型智库是国家治理能力的重要体现，是党和政府科学民主决策的重要支撑。党中央高度重视中国特色新型智库的建设及其在治国理政中的重要作用，将智库发展上升到国家战略高度，将智库首次写入中共中央文件。中国特色新型智库将在党和政府的领导下，保持相对独立性，对社会经济发展中的重点难点问题进行研究，为我国的社会经济发展献计献策，提供强大的智力支持。

新的机制。传统智库中大部分是官方智库，其经费主要来源于政府拨款，这种运行机制类似于计划经济体制，不利于智库的健康发展。智库不是国家机关，应去行政和计划经济色彩，积极引入市场经济体制和竞争机制。建立一个完善和有效的思想市场，既有利于培育社会对思想产品的消费习惯，也有利于像智库这样的思想主体通过自由、开放和多元化的竞争，以及通过高质量思想产品获取的智库影响力，实现思想市场的良性运行，最终促进中国特色新型智库的发展和壮大。在这一过程中，要充分发挥政府对思想市场的"培育"和"规制"功能。

新的模式。对于中国特色新型智库而言，"服务决策"是根本，"适度超前"是关键。这就要求中国特色新型智库应改变以往智库运行模式，以"社会问题"为导向，以"服务决策"为宗旨，坚持求真务实的科学精神，"不唯书、不唯上、只唯实"。在问题研究中应注重整体与局部，现实与长远，多元与特色的有机结合；在方法上应积极利用各领域科学的先进成果，实现定性研究与定量分析的有机融合；在研究成果的质量上，应注重成果的理论深度与实践操作性，应注重研究成果的科学性、有效性和可操作性；在智库对外交流方面，应探索多种渠道实现与外界的交流，不断在多元化的交流中传播思想、交流思想、扩大影响力，进而实现信息、资金、社会关系的多元化，为智库的良性运行打下良好的基础。

新的功能。源于智库作为社会中"智"的代表和重要来源这一特点，中国特色新型智库在复杂性时代背景下，在我国社会经济发展的新阶段中，被社会各界寄予了前所未有的期望，而这些期望在智库运行中转化为新的功能共同组成了中国特色新型智库的功能体系。新的功能体系中，决策咨询功能是智库的核心功能，智库的核心功能仍是从事政策研究，为决策者提供政策建议，资政辅政。在核心功能以外，智库的功能还应包括：国家层面的促进民主协商、促进公民参政议政、人才培养、生产政策思想、二轨外交、"旋转门"机制等多元功能；社会层面的社会思潮的引领，国家政策方针的宣传和解读、社会舆论的引导、社会矛盾的平衡、构建良好的社会资本、社会问题的预警等；公民层面的公民的教育、公民利益的代言等。智库不同层次的功能相互联系、相互作用，共同构成一个整体——智库功能体系，这一体系使智库在公共治理中的功能以体系的形式得以展开。

立足于中国语境、中国元素、中国特色的智库定位，遵循智库在新时期、新阶段和新形势下新定位、新机制、新模式和新功能的发展指向，我们将中国特色新型智库定义为：应时代和社会经济发展的需要，基于中国政治、经济、社会、文化等基本国情而建设和发展的具有多元功能的非营利性政策研究机构。中国特色新型智库是国家软实力的重要组成部分，是国家治理体系不可或缺的组成部分，是国家治理能力的重要体现。中国特色新型智库坚持党对智库的领导，坚持"服务决策，适度超前"的基本原则，坚持求真务实的科研精神，以"社会问题"为导向，以市场竞争为运营机制，在知识与权力之间搭建桥梁，服务国家、服务社会、服务公民，最终促进公共利益和公共福祉的有效实现。

第三节　智库与智治的关系：内在契合与耦合共进

作为公共治理高阶形态，智治内含的"智"与"治"的契合关系与共振机理决定了智治必然是一种以"智"为前提和中轴的治理形态和过程。智治中"智"的来源是多元化的，在公共治理中不同治理主体在不同领域、不同层面和不同阶段对公共治理提供着持续化、系统化和动态化的智力支持和智慧动能。随着公共治理的发展和对智力支持要求的系统化、专业化和动态化，作为知识和思想承载者、创造者和传播者的智库凭借其在知识、信息、人才以及研究等多方面的特质和优势逐渐在众多智力支持主体中脱颖而出，成为"智治"中"智"的重要来源。正如埃布尔森所说："智库可能确实是合唱队的一部分，但是他们有一种能够让他们脱颖而出的特质。"[①] 智库在智治中的功能来源于"智"与"治"的内在契合关系，其运行遵循"智"与"治"的共振机理，其结果是"智"与"治"良性互动后的协同发展，反映在现实中即所谓智库的发展程度与该地区经济社会发展和公共治理的现代化程度的高度正相关。智库与智治的内在联系决定了我们对二者关系分析的必要性，遵循智库与智治关系在不同发展阶段的特点，我们将其二者的关系划分为内在契合、耦合共进两个阶段。

一　智库与智治的内在契合

智库与智治的关系首先表现为二者内在特质的天然契合。如前所述，作为一种以"智"为中轴治理形态，"智治"既强调以知识、信息和创新思想有效回应公共治理问题的复杂化、专业化和动态化，也强调通过对治理主体认知图式以及价值体系的改造促进公共治理多元

[①] [加拿大] 唐纳德·E. 埃布尔森：《智库能发挥作用吗》，上海社会科学院出版社2010年版，第51页。

主体共识与合作的达成,从而实现新治理资源和治理力的发现和塑造。"智治"以"智"为治理轴心,以知识、信息、创新思想为治理基础和动能的特质决定了"智治"对包括专业化、综合化知识,全面而准确的信息,以及新思想、新观念和新方法的必然要求,这使得持续、高效的智力支持和智慧供给成为智治的前提和基础。以"智治"视角审视当前我国公共治理的智慧来源我们会发现,我国公共治理中智慧来源是广泛而多元的,其既表现在党中央对完善和发展中国特色社会主义制度,推进国家治理体系和治理能力现代化的方向引领,也表现在政府主导下各治理主体为我国治理现代化贡献的新技术、新方法和新思维。在众多智慧之源中,作为思想之库、知识之库和人才之库的智库,以其持续化、深入化和综合化研究所形成的专业知识、权威信息和创新思想成为"智治"中不可替代的智慧来源。在公共治理中智库特质与智治要求的天然契合,使智库从众多智慧来源中脱颖而出,成为推进创新化、知识化、动态化和科学化治理的"智治"重要智源和推动者。具体而言,智库与智治的天然契合主要表现在四个方面:

第一,智库以专业化、深入化研究契合了公共治理问题多样化发展对专业知识和权威信息的要求。全球化和后工业化时代的到来,使公共治理问题日益呈现出多样化的发展趋势,其主要表现为伴随经济社会发展和科技进步,公共治理问题日益呈现出向多元分化和在特定领域的深化、细化发展的趋势,这使得对特定公共治理问题的理解和判断必然以特定领域的专业知识和权威信息为基础和前提。对于公共治理问题多样化的发展趋势,多元治理主体受自身知识和理性局限难以有效回应多样化公共治理问题对专业化治理的要求,这使得决策失误和非理性行为的发生成为可能,其结果必然是治理失败。公共治理问题的多样化以及多元治理主体理性的有限性使作为知识和信息聚集地的智库成为二者的共同指向。凭借多元化、持续化的专业研究,智库能够全面、及时、高效地为公共治理提供专业知识、权威信息和思想理念,从而为公共治理问题的有效解决奠定了知识基础、信息基础和思想基础。

第二，智库以持续化和前沿化研究契合了公共治理问题动态化发展对源头治理和预见治理的双向要求。公共治理问题的出现并非一种偶然现象，其产生或爆发是多种因素长期综合作用的结果，也将在多种因素的持续作用下不断向复杂化和不确定化发展。因此，对于公共治理问题的分析和判断不能仅仅基于公共治理的问题情境，而应以问题情境为中心，实现对问题的后向回溯（对问题产生、发展的过程和致因回溯分析）和前向追踪（对问题可能的发展趋势和影响范围进行模拟和判断）才能真正理解问题进而解决问题。这一过程一方面需要专业知识和信息作为基础，另一方面更需要长期持续的专业化、前沿化研究作为前提。多元治理主体由于自身工作性质所限显然无法完成这一要求，而对公共治理问题进行着长期持续化研究的智库无疑成为公共治理问题分析的最优选择。依托专业化的知识和信息，凭借科学高效的研究方法和技术，智库将公共治理问题的发展轨迹清晰呈现，使公共治理问题的源头治理和预见治理成为可能。

第三，智库以综合化和系统化研究契合了公共治理复杂化发展对系统治理和综合治理的要求。与多样化不同，公共治理问题的复杂化强调问题与问题之间，以及问题与诱因之间在不同情境下相互作用而产生的复杂化关系。在公共治理中一个问题情境的出现，往往源于多个致因，且致因与致因之间以及致因与问题之间往往存在着千丝万缕的作用关系；而某一治理问题也将作为另外一些治理问题的致因对其产生多种影响，从而诱发多种衍生性治理问题的产生。因此，在公共治理中的问题往往以问题集的形式出现，在问题集中各种跨越时间和领域的问题交织在一起，呈现出一种混沌状态，分不清哪个是因，哪个是果。公共治理问题关系的复杂化使综合各类学科及知识对治理问题的综合化研究以及以系统思维分析公共治理问题之间相互作用的系统化研究成为必需。只有通过综合化研究，公共治理问题的特质才能得以全面呈现；只有通过系统化分析，公共治理问题间的关系才能得以厘清。作为长期研究公共治理问题的综合性机构，智库及其组成的智网内含其他组织所不具备的多学科知识、信息和人才，这使其对公共治理问题的分析往往具有综合化和系统化的特点，这为公共治理问题的综合治理和系统治理奠定了坚实的知识基础和人才基础。

第四，以创新化和动态化研究契合了公共治理问题涌现对创新治理和动态治理的要求。公共治理问题的动态化发展在使新问题不断涌现的同时，也使原有问题在新的环境变量下发生着变异，这不仅使原有治理策略和方法面临功能性障碍，也使对新思维、新方法和新技术的要求成为必然。然而，由于受多种因素影响（知识、理念、身份和思维惯性等），多元治理主体往往难以跳出原有治理习惯和治理思维，而表现出"以一把锤子敲所有钉子"的治理倾向，忽视了问题和环境变量新特征的治理，往往受制于新因素、新特征影响而收效甚微。作为思想之库的智库具有其他组织无可比拟的创新优势，其主要表现为：与其他组织相比智库具有更为丰富的知识、信息和人才储备，具有更为稳定和专业的研究条件，具有更为独立和客观的角色身份和研究视角；且作为专门的公共治理问题研究机构，智库对公共治理问题持续保持着监控和追踪，这使得智库能够对公共治理问题的变化和发展给予准确锁定和快速反应。智库与众不同的特质使其往往能够以新思维、新方法和新技术有效回应公共治理问题的动态化发展，从而为创新治理和动态治理的实现提供持续而强大的智慧动能。

二　智库与智治的耦合共进

智库与智治的关系源于二者内在特质的天然契合，但二者关系并不仅仅停留于智力需求和被动供给的静态契合关系，而是在契合关系之上发展为相互影响、相互作用和协同共进的动态耦合关系。智库与智治的耦合关系一方面表现为智库在对智治提供智力支持的同时，发挥着改善治理环境、发现治理资源以及提升治理能力等促使智治向高阶发展的改良和推进作用；另一方面表现为智治实践对智库及其功能发展的实践引领、丰富、检验和促进。正是在二者相互影响和复合共振下，智库与智治的发展才呈现出一种良性互动下的协同共进，而这也使二者的契合关系在动态耦合中得以进一步拓展和深化。西方各国公共治理发展与智库发展的高度正相关正是智库与智治动态耦合作用下协同共进的现实表现。遵循智库与智治的动态耦合轨迹，我们将智库与智治的动态耦合关系划分为智库对智治的改善与推进以及智治对智库的丰富与发展两个方面。

1. 智库对智治的改善与推进

智库与智治的耦合关系首先以智库对智治的改善和推进得以实现。智库对智治的改善和推进主要表现为智库在公共治理中发挥的以"智"启"治"，以"智"咨"治"，以"智"辅"治"，以"智"治"治"的四种类型的功能。

（1）以"智"启"治"强调通过智库为公共治理提供的知识、信息和创新思想使公共治理得以超前化、创新化发展。在超前化方面，理想的公共治理是在公共治理问题发生之前的预见性治理，这种预见性治理能够使治理问题带来的影响和损失最小化，也将大大降低解决治理问题投入的成本。然而，处于萌芽状态的治理问题具有较强的隐蔽性，仅仅通过观察难以察觉。而当它经过一定时间演化，以一定危机事件爆发时，影响和损失也已形成。所以公共危机管理特别强调："危机往往是以具体事件诱发的，但危机并非仅是某一触发的事件，它有一个演化的过程，它的存在是一种持续的状态。"[①] 对于公共治理问题的这样一种持续而隐蔽的状态应当如何实现动态追踪和精确锁定，作为社会观察者和分析家的智库往往能够凭借其持续而专业的研究加以实现。通过智库对社会问题的缜密观察和系统分析，其往往能够准确把握特定社会问题的发展趋势并有效预见其将产生的影响，进而以多种形式向决策者和社会公众发出预警，引发决策者和社会的关注和行动。这一过程使智库在公共治理中扮演着"瞭望者"和"预警器"的作用，也使公共治理实现了由"问题倒逼"向预见性治理的转变。在创新化方面，公共治理问题的复杂性对治理策略、治理技术和治理方法提出了急迫的创新要求，多元治理主体并未像想象的那样顺利地走向合作共治，使共治和自治的创新化设计和实施成为亟待解决的现实课题。面对新情况、新问题和新矛盾，智库对解决治理问题提供的创新思想，对全社会的价值指引，以及对公共理性的培育

---

① 夏志强：《公共危机治理多元主体的功能耦合机制探析》，《中国行政管理》2009年第5期。

已成为公共治理的又一资源和力量,其已在公共治理各领域、各层面和各阶段凸显出"隐性力量"对当代公共治理中的重要价值。

(2)以"智"咨"治"是智库在公共治理中的核心功能,其强调智库在公共治理过程中通过对决策者的知识、信息、方案和思想的提供发挥其决策咨询功能。在公共治理过程中,决策者时刻要面对涉及经济社会发展、城乡建设、环境恶化、贫富差距、食品安全等大大小小的各类决策,而复杂性时代和全球化时代的到来对决策所需要的知识、信息和技术手段提出了更高的要求,这使决策的风险和难度不断增大。如何在短时间内获得决策所需要的系统知识,如何从海量的信息海洋中发现有价值的信息,如何在众多备选方案中完成优选,仅凭决策者个人的有限理性显然无法胜任。作为公共政策研究的专门机构,智库凭借其机构特征和研究优势发挥着不可替代的建言献策作用。凭借其在专业领域对特定问题进行持续、深入研究,智库往往能够为决策者及时提供决策所需要的综合专业知识、全面而权威的信息以及对相关决策问题演化的脉络梳理和发展预见。需要指出的是,不同于一般建议与咨询,智库的决策咨询具有系统性、动态性。系统性主要表现为智库的决策咨询多基于融合多方专家的专业团队,智库的专家团队往往能够从多个专业角度对公共治理问题进行联合会诊,这使得智库的分析和建议比其他咨询主体更具系统性和客观性。这一特点正如费孝通的发现:"为了不使决策陷入片面性,在决策和科研之间应当有一个中间环节。这个环节就是综合各个学科对某一事物的认识,进行'会诊',然后才向决策机构提出若干建议及论证。"[1] 动态性主要表现在智库对某一治理问题的研究和政策建议具有持续性。智库及其专家一般都有着自身的研究方向和特长,在长年对特定治理问题的研究中,智库及其专家往往能够在对问题的动态追踪中,针对问题的发展演变和外部环境变量的变化对决策者适时提出一系列的政策建议,这使得政策决策以动态运行与治理问题动态发展保持着动态平衡,从而使决策更具针对性和有效性。

---

[1] 费孝通:《论小城镇及其他》,天津人民出版社1985年版,第17页。

（3）以"智"辅"治"强调智库在公共治理中通过对治理环境的改善、治理资源的发现和创造，为公共治理的高效运行和治理能力提升提供支持和辅助。其主要表现在智库对政治合法性的增进、社会资本的催生及对公民素质和治理技能的培养。在政治合法性方面，通过智库对国家政策方针和政策绩效的解读和分析，对政治理论和知识的输入和宣传，能够增进公民对现实政治的认受性，从而使政治合法性得以增进。政治合法性的增进有利于公共治理的有效展开，其对于治理能力的形成也尤为关键。在社会资本方面，智库通过对个人身份认同、共同目标认同的增进以及理性的公共运用，能够有效催生互信互利、交流合作的优良社会资本，从而使公共治理赖以形成和开展的认同和共识基础得以形成。其对于以多中心、网络化和合作化为核心的公共治理的有效形成和有机运行承担着"黏合剂"和"润滑剂"的作用。在公民素质和治理技能的培养方面，治理的现代化以现代化的公民为基础和前提。公共治理的有效开展有赖于作为治理基本单位的公民，公民素质和治理技能的高低直接决定了治理的运行和绩效。通过智库对公民在专业知识、先进理论以及社会核心价值观方面的传播和输送，能够引导和促进公民实现现代化转化。现代化的公民将作为一种新的治理资源和能力回归公共治理，并作为公共治理的新动能推动公共治理的高效运行和发展。因此，智库对于公民素养和能力的培育对整体治理资源的拓展和治理能力的提升具有决定性意义。

（4）以"智"治"治"强调智库通过评估监督、代言协调等作用对公共治理本身发挥的元治理作用。与市场失灵、政府失败一样，公共治理也面临着由于利益矛盾、信任危机、责任模糊等原因导致的治理失败，如何有效克服治理困境则需要运用新制度、新工具和新理念。在政府治理方面，公共治理强调多元治理主体所形成的网络化合作共治，在共治中发挥元治理功能的政府治理是否能够有效实现对自身的治理、市场的治理和社会的治理，事关公共治理的成败，这一特点在以"政府主导"为特色的中国治理模式下尤为明显。然而，政府并非总能处理好三种治理及其关系，政府运行的低效、政府对于市场运行的破坏以及政府对于社会资源的高度吸附和对社会事务的高度介入，总使政府的领跑偏离了社会的需要。作为社会的观察者，智库也观察着政府，并且与其他的观察者不同，智库持续的追踪和专业的判断总使其对政府的监督更具持续性和多样性，评估也更具客观性和科学性。作为监督和评估的完成形式，智库将通过研究报告、政策建议直接向政府提交意见观点，其可以通过公开发表评论、出版著作和发表文章等多种形式，引发政府和社会关注，以发挥其监督和评估功能。在社会治理方面，社会治理是多元治理主体对社会实施的共同治理，这是一个社会事务社会化和社会治理民主化的过程。"所谓社会事务社会化，是指政府从社会事务中合理退出，将社会事务还给社会本身。但是，谁来治理社会事务？如果社会主体间不能自然实现平等参与、合作共治，那么，就不可能实现民主化。"① 治理主体间地位、能力和资源的不对等，往往诱发利益冲突、责任归属模糊等问题，并且主体间的差异也容易导致优势方主导治理过程或参与意愿不强，劣势方利益得不到表达和缺乏参与途径等问题，这些都将在公共治理中导致"可治理"难题。"在多元利益背景下的所谓'可治理'难题，核心的问题是'是否可以协商'？可协商与不可协商的关键在于公共政策对利益主体的利益分歧是否找到平衡点。"对于这一难题的解决，智库的设计改造和协调代言作用不可或缺。首先，作为多元治理主体中的一员，智库能够以"政策企业家"的身份通过政策设计辅助政府实现对多元治理主体合作的诱导和激励；其次，作为社会组织的一员，智库能够凭借其独立的身份和客观、科学的特质获得多元治理主体的认可和信任，并进而通过知识和理念的传播促进多元治理主体认同和共识的形成；再次，智库在改变多元治理主体认知图式和价值体系的同时，也能够凭借其广泛的社会关系网络为治理主体的参政议政与沟通协调发挥桥梁作用，这使得各方利益和意见得以表达和交流，协商得以实现；最后，智库能够将边缘群体的利益诉求向政府和社会有效表达并引起广泛关注，从而以边缘群体的利益代言人的角色对公共治理的利益均衡实施动态调节。

---

① 池忠军、亓光：《国家治理途径的社会治理》，《理论学刊》2015 年第 7 期。

2. 智治对智库的丰富与发展

在智库对智治的改善与推进作用以外,智库与智治的耦合关系也表现为智治实践对智库丰富和发展的反作用。智治对智库的丰富与发展主要表现为智治实践为智库提供的发展机遇、发展空间和发展导向。

在发展机遇方面,智治以"智"为中轴的治理形态和以知识、信息和创新思想等智慧因素为治理动能的运行方式,使智慧因素及其功能在公共治理中受到广泛关注和充分重视,并进而引发了对智慧因素的大量需求。对智慧因素各层各类的大量需求使智慧因素的供给问题备受关注,公共治理中的专业知识、权威信息以及创新思想从何而来?如何将智慧因素有效地融入公共治理,从而实现治理向知识之治、理性之治、科学之治乃至智慧之治的转变?对这些问题的思考和解决成为当代公共治理的重要课题。作为知识、信息和创新思想承载者和创造者的智库,以其知识之库、思想之库和人才之库的特质成为公共治理中智慧因素的重要来源和智力支持的核心主体。在智治的发展过程中,智治以智为前提,以智为动能的特点和对智慧因素多元化、持续化和动态化的需求将为智库的发展提供持续化的多元机遇。智库将伴随智治的运行发展以及智慧因素功能和需求的扩大,不断被认知、认同、信任和依赖,其在公共治理中的角色地位将显著提升,建言献策的渠道将得以拓展,社会关系网络将得以丰富,汲取社会资源的渠道和能力将得以扩大,影响力也将得以增强。更为重要的是,智治将为作为"思想工厂"的智库带来不断扩大的思想产品市场和产品需求,这将为智库的持续、高效运行和发展提供广阔的市场基础和强劲的需求动能。西方各国智库的快速发展印证了持续化、多元化和动态化智慧需求对智库发展的强劲推动作用,当前中国国家治理现代化的发展也正为我国智库的特色化、科学化发展带来多元机遇。正如学者王荣华所说:"需求是智库发展的最大机遇。中国智库发展进入了春天,从中央到地方,都把建设高水平、合格、一流的智库放在一个非常重要的位置上。我们大家有了一个共识:是不是拥有一个好的智库,是国家、城市、地区软实力的重要体现。"

在发展空间方面，智治的产生和发展源于复杂性时代和知识经济时代对智慧因素的多元需要，又在自身的发展中通过智与治的耦合过程中进一步诱发了公共治理对智慧因素更为宽广和深入的智慧需要，这使得智库获得了广阔和多元的发展空间。在各国的公共治理实践中存在一个普遍的现象：越是内部咨询体系发达的部门，越强调外部咨询引入；越是内部咨询体系落后的部门，反而对于外部咨询的引入却越少。这一表面难以理解的悖论，实则蕴含了智治发展的要求和规律。智治以智为治的前提和基础，这一前提和基础不仅要求知识、信息和创新思想的发展和储备，更需要多元治理主体对智慧因素及其功能和重要性的认知、认同、理解和重视基础上产生的智慧需求。当智慧因素不被社会所接受和重视时，智慧因素将因缺乏功能实现平台和发展空间而被束之高阁，而智治也只能流于美好愿望了。智治的困境在我国传统的社会管理中有着极为多元和显著的表现，受传统"专制""人治"等思想影响，我国的公共治理中普遍存在官本位、家长式管理以及经验治理等倾向，这使智慧因素往往被不重视，甚至被看作对权力的一种威胁而被敌视和排斥。伴随智慧因素在公共治理中的运用和发展低迷状态，智库（特别是市县级智库）在公共治理中的处境也变得十分艰难。知识经济时代和复杂性时代的到来，使智慧因素在公共治理中的作用和重要性日益凸显，智库也伴随智治的发展逐渐成为公共治理中炙手可热的智慧供给方，来自不同领域、不同层面和不同地区的智慧需要使智库获得了空前的实践平台和发展空间。智库境遇的转变反映出智治对智库的深刻影响，可以说，没有多元治理主体对智治的深刻理解和共识，没有智治的运行和发展，智库便难以获得运行和发展的空间。也正因如此，傅莹曾强调：智库的发展"既离不开国家和各级政府的关心和扶持，也需要培育社会对智库思想产品的重视和尊重，对智库争论的宽容和鼓励"。[①]

在发展导向方面，智治在为智库提供运行平台和发展空间的同时，也为智库的发展指明了方向。智治对智库的方向指引内生于

---

① 傅莹：《智库发展大有空间潜力》，《人民日报》2013年6月20日。

"智"与"治"的互动机理,又发展于智治实践对智库及其功能在广度和深度的推进。在方向确定方面,智库功能的产生和发展源于"智"与"治"的内在契合关系和互动机理。换句话说,"智"与"治"的契合点和动态相交处正是智库功能产生与发展之处。因此,智库在公共治理中的功能及其发展并非预设,而是基于公共治理的治理支持需要和智慧因素对公共治理的有效回应,这在客观上明确了智库功能的发展方向,也使稀缺的智慧资源集中于公共治理实践关键点。基于我国国情和治理现状,中国特色新型智库在公共治理中的发展方向为在我国国家治理现代化中的咨政建言、理论创新、舆论引导、社会服务等功能。在方向推进方面,智治实践为智库的发展和功能实现提供了实践平台和发展空间,这使智库能够在智治所确定的大方向上得以不断向公共治理的前沿和深处发展,并能够通过智治实践的效果反馈不断修正和丰富智库功能指向、构成和实现路径。表现在实践中即为智库在不同领域、不同地域和不同层面的智力支持实践中新的探索和新的发现。

第三章 智库在公共治理中功能的运行机理

智库在公共治理中的功能是"智治"内在特质和运行机理的多元化外现。"智"与"治"相互契合、相互影响的内在机理决定了智库与公共治理相互依赖、协同发展的动态关系,而智库在公共治理中的功能正是这一关系的集中体现。遵循智库与公共治理的动态关系和发展逻辑,本章将智库在公共治理中的功能按照智库在公共治理不同场域、不同阶段和不同层面所发挥的作用及其产生的效应划分为:"聚焦问题""聚汇方法""聚集资源"的"聚效应",以及在"聚效应"产生后,在智库的持续作用下,治理力及其能量外放的三阶扩散效应:"空心Y域"的扩散效应、"Y域"的扩散效应、治理场域及其能量的外扩。通过"聚散效应"对智库在公共治理中功能的系统分析和动态追踪,不仅使智库与公共治理相互作用、相互依赖的关系得以系统化、动态化反映,也使作为这一关系表现的智库在公共治理中多元化、关联化和体系化的功能结构和运行状态得以逻辑化、立体化和动态化呈现。

第一节 公共治理中的三个场域

"治理是各种公共的或私人的个人和机构管理其共同事务的诸多方式的总和。"[①] "从政治学理论看,统治与治理主要有五个方面的区别。其一,权力主体不同,统治的主体是单一的,就是政府或其他国

---

① 俞可平:《治理与善治》,社会科学文献出版社2000年版,第4页。

家公共权力;治理的主体则是多元的,除了政府外,还包括企业组织、社会组织和居民自治组织等。其二,权力的性质不同,统治是强制性的;治理可以是强制的,但更多的是协商的。其三,权力的来源不同,统治的来源就是强制性的国家法律;治理的来源除了法律外,还包括各种非国家强制的契约。其四,权力运行的向度不同,统治的权力运行是自上而下的,治理的权力运行可以是自上而下的,但更多的是平行的。其五,两者作用所及的范围不同,统治所及的范围以政府权力所及领域为边界,而治理所及的范围则以公共领域为边界,后者比前者要宽广得多。"[1] 治理的内涵及其特质反映出公共治理是一个涉及多领域、多层次和多阶段公共事务和公共问题的活动过程,这决定了以多中心、网络化和合作化为核心的公共治理自行动之初就涉及三个场域:问题域(P)、方法域(M)和资源域(R)。

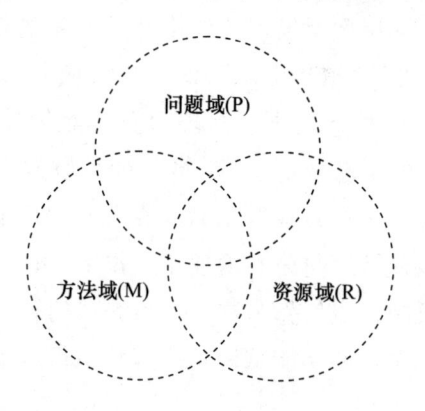

图 3-1 公共治理的三个场域

问题域(P)主要是指在公共治理过程中所面对的多元、复杂、动态的问题集。在问题域中问题往往是辩证统一的,存在真问题也存在伪问题,存在能解决的问题也存在当时无法解决的问题,存在单一问题也存在复合问题,等等。如何在庞大的问题域中选取应当且能够解决的真问题,并找到隐藏在问题背后的元问题是公共治理在问题域

---

[1] 俞可平:《推进国家治理体系和治理能力现代化》,当代中国出版社 2014 年版,第 5 页。

必须面对的，而这个阶段容易出现"第三类错误"。

方法域（M）即基于理论研究和实践总结而形成的可选择的既有战略、规划、政策和方法等以及基于创新思想而可能形成的新战略、新规划、新政策和新方法等。与问题域一样，在方法域中也存在无效低效方法，并同时大量存在方法与问题不匹配的方法错误问题。

资源域（R）主要是指在公共治理中使治理得以有效实现的多元资源，其既包括如人、财、物等有形资源，也包括如信息、知识、价值观、道德观、行动力等无形资源。我们也可以按资源主体进行划分，即政府资源、市场资源、社会资源和公民资源。遗憾的是，资源域的各种资源是散布于各处，并未有效整合转化为治理能力。

治理构想区（P+M）：该区域是问题域和方法域两个圈相交的部分（不包括治理核心区）。这个区域反映出问题与方法的交织，但问题与方法的交织过程是良莠不齐的过程，其中既有完美契合者，也不乏鱼目混珠者。问题主要表现为："错误的问题+错误的方法"、"错误的问题+正确的方法"、"正确的问题+错误的方法"。另外，该区域由于缺乏资源的支持，导致其无论正确与否将始终停留在构想阶段，而无法付诸实施，因此，我们将该区域称为治理构想区。

治理混沌区（P+R）：该区域是问题域和资源域两圈相交的部分（不包括治理核心区）。由于缺乏正确的方法，因此该区域呈现出问题与资源的混乱交织，在治理过程中也将表现出"不得其法"的显著特征。其结果是问题的持续甚至恶化与资源的限制和浪费共存，乱治后的混乱和迷茫共同呈现出一种混沌局面。

治理盲区（R+M）：该区域是方法域和资源域两圈相交的部分（不包括治理核心区）。该区的出现反映出治理过程中对问题缺乏敏感性，未能锁定公共治理中应解决的问题，导致方法和资源的闲置或被移作他用，这种情况在公共治理实践中时常出现，其往往表现为稳定有序背后深层次的隐患。反映在实践中，主要表现为地方政府在公共治理中出于各种原因对如生态环保领域隐患、公共安全领域隐患、民族宗教领域隐患等问题的忽视。治理的盲区应成为治理的关注区。

治理中心区（P+M+R）：该区域是问题域、方法域、资源域三圈相交的部分。其反映出问题、方法和资源的有机融合，是产生治理能力和治理成效的关键区域。然而，该区域我们也可将其称为"一切皆有可能的区域"，因为这个区域并未解决三个域中的各自问题：问题域中的真问题，方法域中的匹配好方法，资源域中的匹配优良整合资源，而仍然是一个良莠不齐、鱼目混珠的组合域而非融合域。因此，"一切皆有可能"正是对这种非优化组织的最好概括：好与坏的结果都可能发生，一切由神去安排。

公共治理的三个场域及其相交所形成的"T"域（三域相交部分）折射出公共治理中普遍存在的核心问题及其发展逻辑，而这也正是公共治理实践中治理失败或低效的症结所在。正如图3-1中所示的，公共治理在第一个阶段如果不能有效完成各自领域的"核心圈"优化锁定，那么后续发生的三域交汇必然是无效或低效的。而初始的致命缺陷也直接导致了第二阶段三域交汇后出现的"Y域"并非公共治理中的真"Y域"而是一个伪"Y域"，伪"Y域"中心的治理中心区（P+M+R）也因初始阶段的"差之毫厘"而"谬以千里"，最终未能实现真问题、真方法和整合资源的有机融合进而形成治理能力实现有效治理。因此，不难看到，有效实现公共治理的第一步必然是对各个场域"核心圈"（真问题、真方法和整合资源）的锁定，我们把这个过程称为从大圆到小圆的"内聚"过程。

第二节 智库在公共治理中的"内聚"功能效应

公共治理问题域、方法域和资源域内部"内聚"的过程中是一个分析、研判、锁定、适配和整合的过程，这既是一个理论与实践相结合的过程，也是一个动态创新的过程。特别是在知识经济时代，复杂化、专业化、动态化的时代特征，对公共治理中"智"的要素提出了更多和更高的要求，这使得公共治理三个场域的"内聚"过程必然需要依托知识和创新思想的智慧要素。然而，创新思想不会自动产生，正如知识不会自动传播，其需要一定的载体，并通过载体实现其有效应用和动态创新。智库作为专业知识和创新思想的重要载体，基于智库与公共治理的内在联系，必然在公共治理三个场域内部的"内聚"过程中发挥重要的功能，我们将智库在公共治理三个场域有效实现"内聚"过程中发挥的功能称为智库的"内聚"功能，把智库在这一过程中的功能效应称为"内聚"效应。

一　问题域的"内聚"功能

公共治理的问题域是一个极其庞大和复杂的场域，这一特点源于"问题"的基本属性。一般我们将问题定义为：现状与期望之间的差距及其导致的紧张、困惑、苦恼和不幸等状态。这种差距既发生于个人也发生于社会，这就进而引发了个人问题和社会问题；这种差距既源于客观存在（现状）也源于主观感知（期望），因此就出现了主观问题（主观性）和客观问题（客观性）；这种差距也发生在不同领域，这导致了政治、经济、社会、文化、生态等多种类型问题的出现；这种差距还体现在不同层次，这也使问题表现为问题情境、元问题、实质问题和正式问题等多个层面，这样的例子不胜枚举，这里不再赘述。同时，我们必须看到，"差距"与"差距"之间，以及"问题"与"问题"之间并非孤立，而是有着千丝万缕的密切联系。一个"差距"可能源于多个"差距"且亦会引发多个"差距"，在实践中，其表现为一个问题情境的背后，往往有着多元且关系复杂的致因系统存在，而一个问题情境往往又会引发多个问题（见图3-2）。

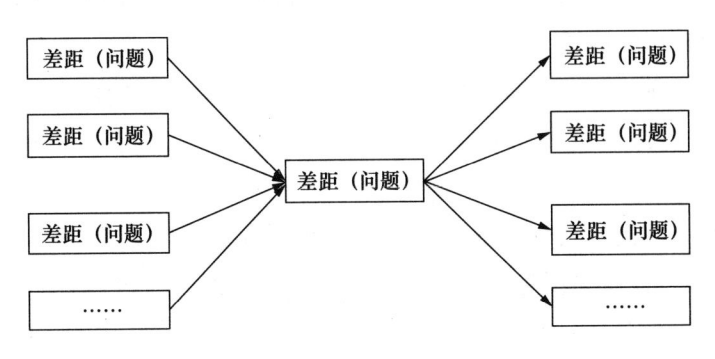

图3-2　问题的逻辑关联

我们以"贫困问题"为例说明这一问题的生成和发展逻辑：首先，贫困的致因是多个方面的：客观致因如政治、经济、社会、历史、文化、生态等，主观致因如知识、价值观、性格、能力等，各种因素相互作用共同导致了"贫困"这一个人和社会问题；而"贫困"这一问题又进而会引发如社会治安、社会矛盾、经济发展、政治稳定、生态文化破坏等多元问题，"贫困是万恶之源"正是对这一贫困演化逻辑的最好概括。综上所述，在公共治理问题域中，"差距"的多元化导致问题的多元化，而多元化的问题聚合在一起形成了一个问题集，众多问题集相互作用，相互酶化，最终形成了我们现在看到的公共治理问题域。

公共治理问题域的另一个关键问题是：伪问题掩盖真问题。锁定真问题是解决问题的关键和前提。罗素·艾可夫（Russell L. Ackoff）认为："要想成功解决问题，就必须对正确的问题找出正确的答案。我们经历失败常常更多的是因为解决了错误的问题，而不是因为我们为正确的问题找到了错误的答案。"① 罗素·艾可夫所指出的我们经常犯的致命错误往往是第三类错误：当应该解决正确的问题时，却解决了错误的问题。其致使对错误问题提出的正确方法偏离了问题的症结所在，致使治理失效（这一过程在公共政策学中被称为"政策病理"）。源于第三类错误发生的经常性和后果的严重性，公共管理学家和政策科学家历来都十分重视问题的界定和分析。威廉·N. 邓恩将公共政策称为"问题分析之学"。政策科学家们也"宁愿将三分之二的精力花在问题的分析上，因为一旦找到了问题的症结，政策方案就很容易浮现。"② 在理解了锁定真问题重要意义之后，我们还必须明确伪问题掩盖真问题的多种类型。第一种错误：问题的错误锁定，即锁定了一些本身没有意义的问题。如"党大还是法大"，实质上党的领导是中国特色社会主义法治之魂，真正的问题是"权大"还是"法大"；第二种错误：避重就轻，即应解决一些重要的问题未能及时有

---

① 陈庆云：《公共政策分析》，北京大学出版社 2011 年版，第 93 页。
② 同上。

效解决,却将主要资源和精力投入到次要问题上,如贫困县的街心广场建设替代了建立希望小学;第三种错误:张冠李戴,正确的问题放在不适宜的背景下解决,如西方市场失灵和政府失灵催生治理,然而"在中国,人们面临的问题不是工业民主国家式的市场失灵和政府失灵,而是社会转型中市场机制的不成熟和政府监管责任的缺失。"[①] 因此,西方的治理路径和方法显然不适用于中国的国家治理现代化道路,简单的范式移植显然是不可取的。伪问题掩盖真问题的形式是多元化和动态化的,在公共治理实践中伪问题掩盖真问题的形式还有很多,这里不再一一列举。需要指出的是,长期以来正是由于这种"掩盖"(决策失误)的存在导致公共治理失效,大量方法和资源被浪费,社会为之付出了巨大的成本。

通过上述分析我们可以看到,如何有效地识别和过滤伪问题,锁定真问题,并且厘清真问题的致因(元问题)以及发展,研判并预测问题的相互作用和异变,是公共治理问题域的关键所在,在图3-3中表示即为P向p的聚拢过程,而这一过程的有效实现,智库及其功能的发挥尤为关键,我们称之为智库在问题域的"内聚"功能。

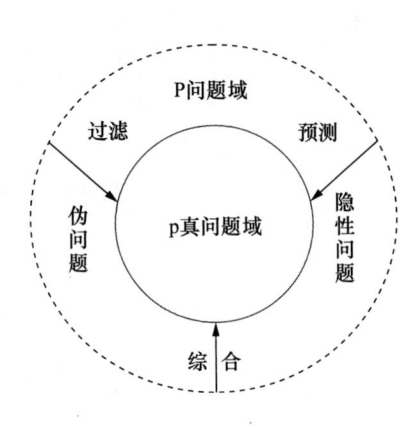

图 3-3 问题域的"聚效应"

---

① 人民论坛编:《大国治理:国家治理体系和治理能力现代化》,中国经济出版社2014年版,第34页。

智库在问题域的"内聚"功能主要表现在三个方面：问题的过滤、问题的综合和问题的预见。

（一）问题的过滤

作为专业领域的研究者，智库在公共治理过程中能够凭借其扎实的专业知识和丰富的实践经验对公共治理问题域中的众多问题进行多维度、多方法的深度分析，这一过程在公共治理中尤为重要，它能够使公共治理问题域中的核心问题域得以凸显，从而使公共治理中需要解决、应该解决、能够解决的问题域呈现在人们眼前。我们将智库在公共治理中的过滤效应的实现分为三个方面：伪问题到真问题的过滤、多问题到单问题的过滤和原问题到新问题的过滤。

伪问题到真问题的过滤，是智库在识别公共治理问题的过程中，将自身承载的知识和经验运用于公共治理实践，将理论与实践结合从而实现公共治理问题域去伪存真的动态过程。其逻辑过程如图3-4所示。

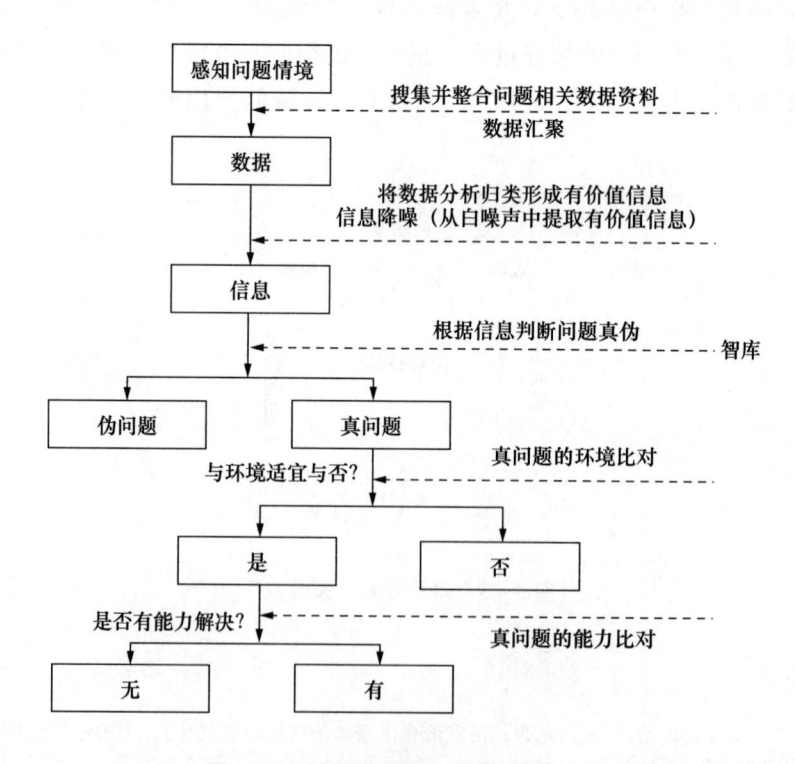

图3-4　伪问题到真问题的逻辑过程

多问题到单问题的过滤，是智库在一定条件下，在综合多种适时因素后，对众多问题按轻重缓急进行的筛选、归类和排序，其有利于政策决策者以及公众明晰当前的治理重点和长远的治理规划，从而保证了公共治理在突出重点的同时得以分阶段的计划开展。其逻辑过程如图3-5所示。

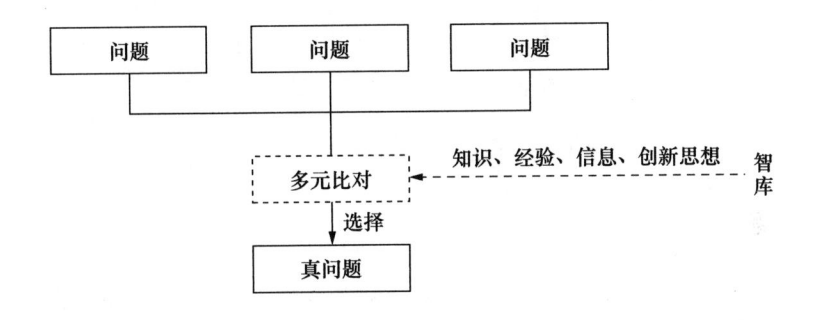

图3-5 多问题到单问题的逻辑过程

原问题到新问题的过滤，是指在公共治理实践中许多原有问题会随着社会经济的发展而发展成具有新性质和新形式的新问题。在新的环境下，甚至原问题的对策方案也会随着时代的发展、环境的变化演变为新问题。然而，这一演变过程是悄然发生的，且在问题形成和演变过程中没有一定专业知识和经验是难以察觉的，而当问题已经可以感知时，问题造成的不良后果也已经形成。作为专业领域特定问题的研究机构，智库通过在公共治理中对问题的持续深度研究以及动态追踪能够敏感地察觉问题的发展和变异，从而为公共治理的有效开展提供警示和指引。其逻辑过程如图3-6所示。

（二）问题的综合

公共治理问题域中的问题是多元而复杂的，且多为结构不良问题，这使得公共治理的难度大大增加，也使智库在对公共治理问题的系统分析和综合研判功能至关重要。智库对治理问题的综合主要表现为两方面：问题发展逻辑的综合（前后综合）、问题域与环境交互作用的综合（内外综合）。

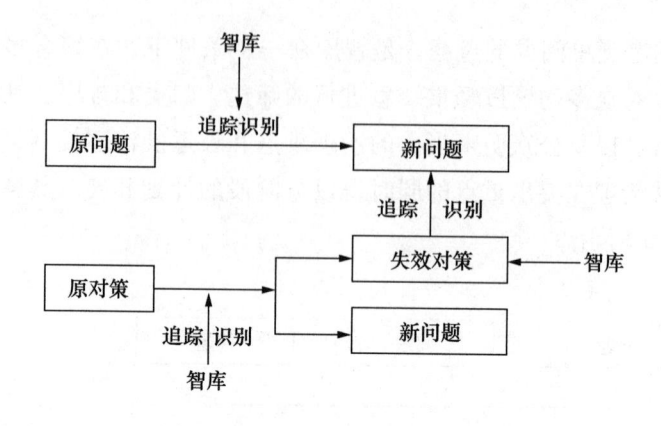

图 3-6　原问题到新问题的逻辑过程

1. 问题发展逻辑的综合（前后综合）

在公共治理过程中面对的治理问题往往并非人们感知到的单一问题情境，而是一个以问题情境为中心和表征，内部包含多种致因（致因本身也是一个问题集）和随机涌现新问题的问题集。这一过程表现为多种致因共同导致了一个问题情境的出现，而这个问题情境也将诱发多种衍生问题的逻辑过程。对某一问题发展逻辑的有效分析是以多元知识为前提的，这决定了治理问题的前端和后端的综合过程既是一个问题的综合研判的一体化过程，也是一个多领域知识和思想的综合过程。图 3-7 和图 3-8 是在公共治理过程中问题情境前端常出现的情况，图 3-9 是智库在公共治理中通过专业知识和经验对两种效应的修正，这一过程我们称为前向一体化。图 3-10 和图 3-11 是在公共治理过程中问题情境后端易出现的情况，图 3-12 是智库在公共治理中通过专业分析和研判对问题情境可能引发的多元问题的预判过程，我们称之为后向一体化。

（1）前向一体化过程

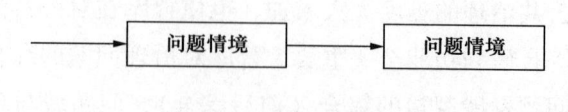

图 3-7　前向直视效应

直视效应：只看到问题表征却看不到问题背后的本质和诱因，这种情况一般发生在公众和部分职能人员中。

近视效应：能看到问题情境背后某方面或某几个方面的诱因，但并未完成对问题情境较为全面的观察和分析。这种情况一般发生在专业人员和职能人员中，他们能够凭借某一领域的专业知识和经验对问题情境进行某一或某几个方面的剖析。

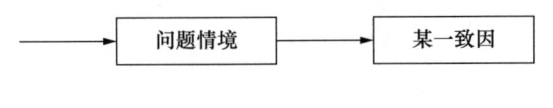

```
→ 问题情境 → 某一致因
```

图 3-8　前向近视效应

透视效应：能够从不同专业视角对问题情境背后的多种诱因进行多视角分析，并能够通过综合分析（多领域专家会诊）厘清各种诱因之间的关系，因而较好地实现了对问题情境及其多元诱因的透视。这种情况必须由多领域的智库及其专家通过联合行动或依托多个智库组成的智网才能得以有效实现。

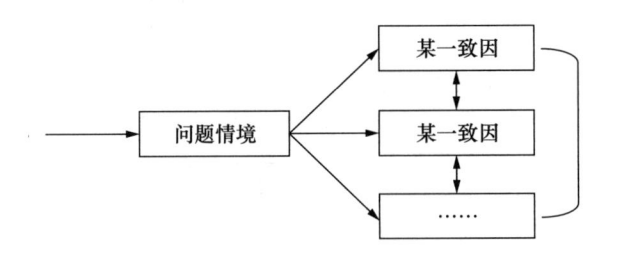

```
            ┌→ 某一致因 ┐
→ 问题情境 ─┼→ 某一致因 ┤
            └→ ……      ┘
```

图 3-9　前向透视效应

（2）后向一体化过程

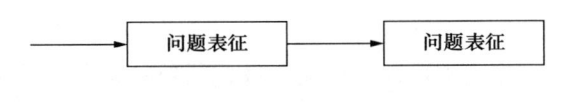

```
→ 问题表征 → 问题表征
```

图 3-10　后向直视效应

直视效应：只看到问题表征却看不到某一问题情境会引发的问题，这种情况一般发生在公众和部分职能人员中。

近视效应：能看到问题情境可能诱发的某方面或某几个方面的衍生问题，但未能对可能诱发的衍生问题及其相互影响进行系统分析和判断。这种情况一般发生在专业人员和职能人员中，他们能够凭借某一领域的专业知识和经验对问题情境可能诱发的衍生问题加以判断，但这种判断缺乏多视角的系统性和随环境变化而变化的动态性。

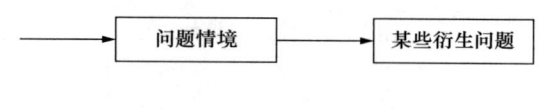

图 3-11　后向近视效应

透视效应：能够从不同专业视角对问题情境可能导致的多种衍生问题进行多视角分析，这种分析是跨领域、跨时代的综合性、预见性研判，这一过程将使问题情景可能会引发的多种衍生问题及其相互关系得以清晰呈现，其对于公共治理具有重要的指导意义。

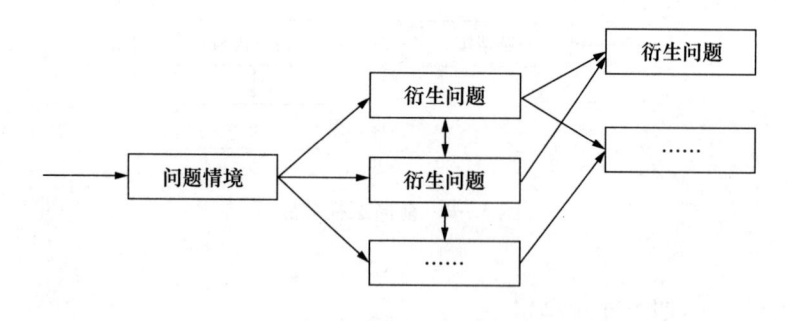

图 3-12　后向透视效应

通过前向一体化和后向一体化，我们最终能够得到完整的公共治理问题发展逻辑的过程。

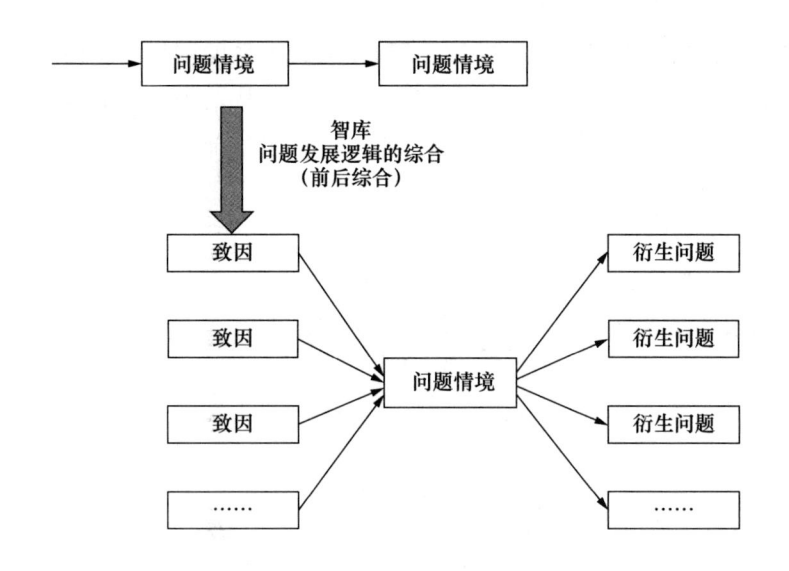

第三章 智库在公共治理中功能的运行机理 / 93

图 3 – 13 公共治理问题的发展逻辑

2. 问题域与环境交互作用的综合（内外综合）

公共治理问题域中的许多问题及其形成的问题集处于相互作用的动态过程中，且各种问题将随着外部环境的变化而日趋复杂甚至变异。这就要求在对问题进行持续追踪的同时，还要注意各问题（集）之间的动力关系，并由此形成对问题的动态、综合分析机制。智库及其专家作为专业领域的从业者和前沿者，具有其他组织或部门所不具备的持续研究、综合研究和动态研究等专业优势，在公共治理过程中智库及其形成的智网能够对问题、问题集以及环境的各自变化与他们之间的动力关系进行长期性、综合性的动态研究，这使公共治理问题域发生的诸种动态和变化能够得以适时监测和及时反馈。图 3 – 14 中实线箭头均为需要智库持续观测、研判和预警的环节。而对于圆心三角和大圆的发生，智库也需要在问题域与环境交互作用的综合（内外综合）的基础上对这一情况的发生进行诱因和衍生问题的问题发展逻辑综合（前后综合）。智库以系统、动态和综合的视角看待治理问题，通过对问题、问题集、问题域的前后和内外综合将使公共治理中的问题域中的发展动态及其逻辑得以清晰呈现，其解决了公共治理中的一个核心问题：对治理问题本身及其相互动力关系的剖析。这使得对治理问题的控制、解决和预测更为有效和准确，从治理问题的科学、系统、动态界定的角度优化了治理过程，提升了治理能力，推动了治理能力现代化。

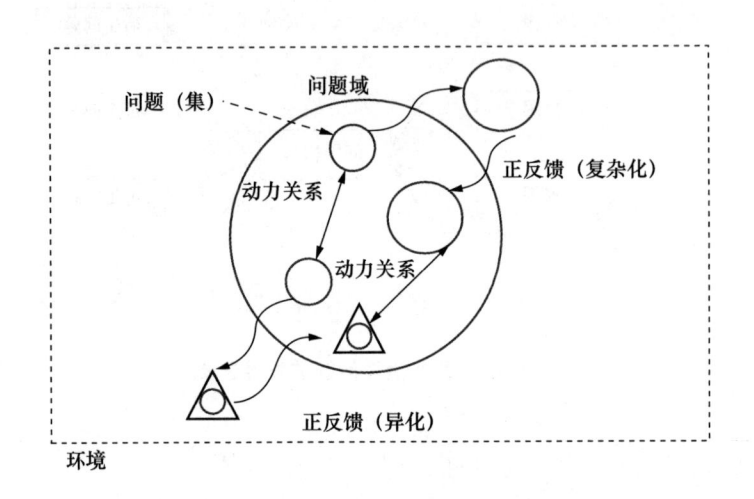

图 3－14　问题域与环境交互作用的综合

（三）问题的预见

智库在公共治理中的"内聚"功能既表现为上述对于显性问题的直接作用，也表现在对公共治理问题域中大量隐性问题的预见。智库的这一功能一方面源于复杂性时代的现代性特征："在发达的现代性中，财富的社会生产系统地伴随着风险的社会生产。"[1] 另一方面，更根源于公共治理中问题（风险）的非现实性、非直接感知性及其导致的对知识的依赖性。德国社会学家乌尔里希·贝克对此做过重要的论述："与财富的具体可感相比，风险具有某种非现实性，……风险对社会的刺激在于未来预期的风险。……风险意识的核心不在于现在，而在于未来。"[2] "……风险和危机的存在和分配主要是通过论证来传

---

[1] ［德］乌尔里希·贝克：《风险社会》，何博闻译，译林出版社 2004 年版，第 15 页。

[2] 同上书，第 35 页。

递的。那些损害健康、破坏自然的东西是不为人的眼睛和感觉所认识的,甚至那些表面上正确明显无误的观点,仍旧需要有资格的专家来评判其客观性。"[1] 风险的不可见性和对知识的依赖性越发凸显出作为专业知识载体的智库在公共治理中问题预见功能的重要性。正如煤矿中的金丝雀一样,智库在公共治理过程中能够凭借专业知识和经验,在对某一领域的长期持续研究过程中敏锐地发现未来公共治理中可能会出现的问题和危机,并通过系统分析及时地将隐性问题及其可能的危害全面地呈现在决策者和公众眼前,使全社会聚焦于潜在隐患,及时采取对策加以预防。智库在公共治理中的预见功能是一个识别隐性问题的过程,也是一个"无中生有"的预警过程。该功能是智库作为专业领域前沿者和瞭望者特质的重要体现,正是丰富的知识和经验使智库成为公共治理隐性问题的"放大镜"和"望远镜"。隐性问题在萌芽状态的显性化使社会免于隐性问题爆发之后所带来的巨大损失和成本,也实现了跨越时间和空间的未来治理。在今后的公共治理中依托大数据和智库实现的预见性治理将成为治理的重要内容,而对未来可能发生问题的预见性治理也将成为治理能力现代化的重要体现,在这一过程中智库的预见功能实现与否尤为关键。在问题域中智库的预见功能依然表现为一个"内聚"过程,如图3-15所示。

图3-15 问题域中智库的预见功能

---

[1] [德]乌尔里希·贝克:《风险社会》,何博闻译,译林出版社2004年版,第26页。

综上所述，通过智库在问题域的"内聚"功能（问题的过滤、问题的综合、问题的预见），公共治理问题域将呈现出向真问题域集合的效应。这一过程既是政策问题的集合，也是公众认识的集合；既是知识的集合，更是创新思想的集合；既是价值的集合，也将成为方法和资源的集合。一言以蔽之，这一过程是治理能力在问题域的集合。

二 方法域的"内聚"效应

公共治理的方法域是一个既拥挤又空洞的场域。"拥挤"源于公共治理过程中各种相关治理策略、治理技术、治理方法层出不穷，以及各种新理念、新思维、新技术在公共治理实践的广泛应用，它们共同构成了拥挤的公共治理方法域。公共治理的方法域被人们看作一本关于治理问题的百科全书或者工具箱，浓缩了人类在公共治理实践中的努力与智慧。不幸的是，公共治理方法域在大多数时间仅仅能称得上拥挤而非丰富，这是因为在公共治理现有的方法域中各种方法之间缺乏有效的衔接和融合，新旧方法、各领域方法甚至单一方法自身都存在相互排斥、冲突和矛盾，这种二律悖反的情况使方法本身演变为问题，导致了公共治理问题域中的拥挤和混乱。方法域中拥挤和混乱的情况在我国当前的公共治理中较为突出，学者陈明明认为，"一些解决中国问题的建议和方案是冲突的，它们反过来又成为中国问题的一部分，加剧了问题中国的困境"。[①] 在公共治理方法域中呈现出这样一个逻辑演化过程：拥挤的方法致使方法到问题的异化，而方法的异化又导致了治理的混乱，严重阻碍了治理能力的形成。

"空洞"源于方法与问题的对比。虽然在公共治理过程中人们创造发明了许多针对各种治理问题的策略、方法和技术，但与庞大的问题域相比，方法域的空洞和渺小显而易见。在我们的实践生活中常有一句话"方法总比问题多"，需要强调的是这里的问题是指单一问题，而非问题总量与方法总量的对比。在公共治理实践中的实际情况是问题大大多于方法（现有方法）。正如很多疾病我们现在还难以治愈一

[①] 人民论坛编：《大国治理：国家治理体系和治理能力现代化》，中国经济出版社2014年版，第35页。

样，在公共治理的现阶段还存在大量难以根除的问题，如贫困、疫情、自然灾害等。另外，随着全球化和知识经济时代的到来，社会呈现出的高度复杂性和高度不确定性催生了大量新问题、新矛盾和新冲突，且这些问题具有综合性、动态性和系统性，非短时期用单一手段能够加以解决。而原有方法在新的条件下也不再卓有成效，与新环境的再次调配成为必需。新旧问题的大量出现，与新方法时滞甚至空白形成了鲜明的反差，这一反差导致了公共治理的困境，治理方法在面对庞大、动态和综合的公共治理问题时表现出无所适从。

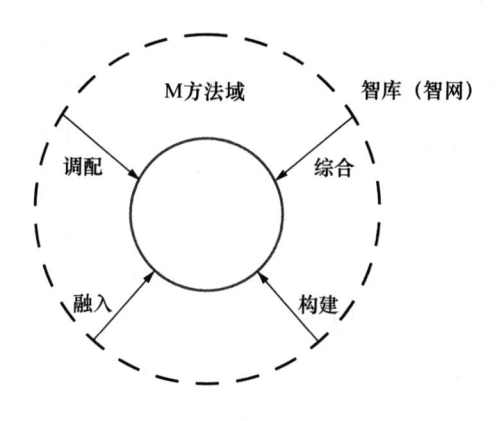

图 3-16 方法域的"聚效应"

如何有效实现公共治理方法域中方法的构建、选择、综合、调配以及评估？智库作用至关重要。这种重要作用表现在：首先，在后工业时代，随着社会分工向深度和广度扩展，公共治理问题越发呈现出专业化趋势，这对构建治理方法所需要的专业知识在广度和深度方面提出了更高要求；其次，网络化和一体化的共时性格局使公共治理问题高度复杂化，其往往并非单一方法能够有效解决，而需要依靠不同领域专业知识和方法相融合后的综合治理方法；最后，复杂性时代，新问题不断涌现，原有问题也会随着环境的变化而呈现出高度的动态性，这要求对新问题需迅速准确研判进而构建新的方法，而对原有问题应持续跟踪研究，及时评估调整，实现方法与问题的动态调配。治理问题的专业化、综合化以及动态化共同决定了唯有对公共治理问题进行深度持续研究的智库及其合作组成的智库网络才能有效对问题加以分析、研判进而实现公共治理方法域中方法的构建、选择、综合、调配以及评估。我们将上述智库在公共治理方法域中的多元功能的发挥称为智库在公共治理方法域的"内聚"效应。

智库对公共治理的影响是全方位的，这种全方位的影响源于智库在公共治理中多领域、多层次的深度参与。正如学者王辉耀所言："在社会体制域社会运行机制较为健全的西方发达国家，大到国家安全、对外关系和发展战略，小到退休金、社区卫生乃至儿童午餐等问题，都能听到智库的声音，都有智库参与或影响的决策。"[①] 智库多元化的声音正是智库在公共治理中针对治理问题而构建的多元方法表达，其表现为不同层次和类型的智库针对不同层次和类型治理问题展开研究并根据研究提出对策建议的过程。按照 B. 盖伊·彼得斯对治理划分的三个层面：战略层面、战术层面和操作层面，我们对智库在公共治理中不同层次的方法构建进行区别分析。

（一）智库对公共治理发展战略的构建

智库在公共治理方法域战略层面的"内聚"效应主要表现在对公共治理的发展方向、目标等宏观战略的决策以及在此过程中价值的引入，进而实现工具理性与价值理性的有机融合。这使得智库在战略层面的功能区别于战术层面和操作层面，不涉及具体方法或工具的构建，而是引入了价值观、治理理念和思维方法的公共治理发展战略方法的整体性构建。

1. "外聚效应"：知识、方法和思想

公共治理战略层面决策是一个复杂性的过程，这一复杂性过程表现在决策的各个阶段。

首先，公共治理战略层面的决策具有整体性、综合性、长期性等特点，这决定了决策过程中涉及众多因素及其动态发展和相互作用，而这也在决策初期对海量信息搜集、获取、整理、分析、加工和利用

[①] 王辉耀、苗绿：《大国智库》，人民出版社2014年版，第3页。

提出了较高要求。而忙于日常事务的政府部门显然无法较好完成这一工作，而兼具专业性和创新性的智库则成为不二选择。智库乃至智网的专业性、综合性和稳定性有效对应了公共治理决策层面的特性，作为专业研究机构，智库能够有效地从海量信息中发现有价值的信息，并能够以专业视角对这些信息加以分析、转化进而利用，从而为公共治理决策奠定了良好的信息基础。

其次，公共治理战略层面的决策往往涉及长远性、全局性和结构不良问题的决策，面对这类复杂性决策，寻求智库的智力支持往往成为必然。智库通过在决策过程中对决策者和决策机构提供专业知识和创新方法，发挥着辅助决策、资政辅政的功能。有效地弥补了决策者个人知识和经验的不足，保障了决策的科学性和有效性。需要指出的是，随着公共治理的日益复杂化和智库的发展和壮大，智库在公共治理战略层面决策过程中的功能已不再局限于知识和方法的提供，而发展为系统方案和研究报告的提交，其不仅为决策者提供了思路和方向，还为系统构建了实现目标的有效路径，其对于公共治理战略层面的决策无疑是助益颇多的，也将成为智库在公共治理战略层中聚知识、聚思想、聚方法的更有效形式和发展趋势。

最后，公共治理战略层面的决策并非一劳永逸，而是一个不断跟踪观察、研判和调整的动态评估过程。智库的专业化、持续化和综合化动态研究成为决策评估的必要支撑。通过专业化的分析，智库能够对决策的成效给予权威的评估；通过持续化的研究，智库能够发现决策在不同发展时期可能发生的偏离、异化和副作用；通过综合化的研究，智库能够从不同视角对决策及其效果展开立体扫描，及时发现决策对不同领域产生的不同影响；通过及时动态的分析，决策在执行过程中出现的问题能够及时得到反馈，引起决策者的关注，从而予以及时修正。总之，正是通过智库专业化、持续化、综合化和动态化的研究才实现了对决策的系统、客观、动态的科学评价。

2."内聚效应"：工具理性和价值理性

"治理是工具性概念，治理体制和治理行为主要体现国家的工具理性。"① 工具理性强调方法到目标的有效解，即以最有效的手段实现目标，并把手段的有效化作为理性的最高要求。这是一种以工具崇拜和技术主义为生存目标的价值观，因此工具理性也被称为"效率理性"。工具理性源于近代科学技术的发展，"近代科学的数值化、定量化、规范化、精确化不仅是作为一种方法论原则而被广泛接受的，而且是作为一种理性精神而贯穿于社会生活的一切方面，是一种理性的社会模式。"② 工具理性在近代的蓬勃发展，一方面促进了社会经济的发展，并通过"祛除巫魅"实现了人性从神学和宗教中的解放，带来了社会生活的世俗化。另一方面也致使价值理性衰落，导致理性的工具化即工具理性成为理性本身。其结果是"价值理性交出了它作为伦理道德和宗教洞见的代理权。正义、平等、幸福等所有先前几个世纪以来被认为是理性所固有的概念都失去了它的知识根源。"③ 价值理性被工具理性掩盖，以及理性的工具化使它从神学和宗教解放出来的人沦为工具的奴隶，导致了人类的生存和发展危机。我国在公共治理中也时常会出现工具理性极端化的倾向，整个社会也曾经为此付出过巨大的代价。如以资源耗竭和生态破坏换取经济增长，官僚主义下的腐败滋生等。因此，在公共治理中引入价值理性，实现工具理性与价值理性的有机融合便成为公共治理战略决策的关键，而智库在此过程中发挥着特殊而重要的作用。作为"思想工厂"，智库旨在为决策者和全社会提供思想、理念和导向。其本质是一种元治理，意在通过价值融入使公共治理提供正确导向，并通过建立优良的治理目标、理念，调整治理结构为战术层面和操作层面带来更多机会。战略层面的方法构建反映出智库在公共治理中所具有的前瞻性、战略性、全局性和综合性等特质，而这些特质在公共治理的战略层面尤为关键。在战略层面，智库的思想产品主要表现为世界观产品、思想方法产品、文化产品、战略产品等。智库既从经济、技术角度分析治理问题并提出方法

---

① 俞可平：《现代国家治理即是民主治理》，http://www.21ccom.net/articles/china/ggcx/20150408123247.html，2015-04-08。

② 张康之：《公共行政——超越工具理性》，《浙江社会科学》2002年第4期。

③ 同上。

和对策，也从道德、伦理等价值层面对治理问题及其方法和对策进行着判断。自由、平等、公正以及公共精神、公共利益、公共性等价值因素一直是智库重点关注的价值要素。与其他治理主体对价值理性关注不同，作为长期进行理论和价值研究的主体，智库对价值理性有着更为深刻的认识和理解。其对于价值理性的关注也是基于丰富的知识和深刻的理解基础之上的专业分析和综合判断，这使智库对公共治理中价值因素的分析和判断更为准确和全面。另外，对于工具理性和价值理性的综合研究，使智库比其他治理主体更能够理解二者融合的重要性，并能够找到二者在不同治理环境和背景下的契合点，从而提出行之有效的融合途径。最后，智库在将价值理性引入公共治理战略层面的决策过程中具有独一无二的优势。作为决策者进行决策的智力支持或称为智慧来源，智库能够直接地、迅速地、持续地将某些价值带入决策者视野和整个公共治理体系中，从而使某些价值因素能够迅速地引起决策者乃至公共治理的其他主体的关注和重视，从而使这些价值因素成为贯穿治理体系各层级各领域的基本价值导向和理念，在公共治理中发挥持续的影响。智库在公共治理过程中的价值引入，以及工具理性与价值理性内聚功能的实现能够有效防止马克斯·韦伯所谓"工具理性与价值无涉的尴尬境地"在公共治理过程中的重现，进而避免公共治理中因工具理性与价值理性冲突所带来的生态危机和人文危机。通过智库对工具理性和价值理性的整合，工具理性将在价值理性的指引下得以发展和升华，其对于公共治理活动的有效、科学开展乃至对于国家治理体系和能力的现代化的实现意义重大。

（二）智库对公共治理方法的分析与整合

智库在公共治理战术层面方法的"内聚"效应主要表现为对各种治理方法及其相互关系的分析和整合，从而释放联合治理的潜在效应和总体效应。复杂性时代公共治理问题的多元化、复杂化和动态化决定了公共治理必然是一种复杂性治理。复杂性治理的特点在于多主体和多方法对问题情景及其前向和后向一体化所汇聚的多元致因和衍生问题的联合会诊和系统、持续、动态处理。Ashby定律认为：系统的复杂性必须与其运转于其中的环境的复杂性对等，系统才能够在其环境中生存。按照这一思路，对复杂性问题的解决必须以高于问题复杂性的综合方法为前提。不幸的是，在公共治理的实践中方法的有效综合面临多个障碍，这使得公共治理中多种方法有机融合实现潜在和联合效应的构想往往难以实现。首先，在面对公共治理问题时，治理主体往往受个体知识、经验等影响，表现出应对治理问题时的"思维惯性"及其促发的"行为惯性"。这种情况正如心理学家马斯洛所说："当你唯一的工具是锤子时，每个问题看起来都像是一颗钉子。"彼得斯（Peters）也发现，"一些政策制定者对特定的政策工具情有独钟，使用相同的政策工具去处理几乎所有的政策问题"。在公共治理中，思维和行为的惯性会导致治理主体对多元工具的无视和排斥，致使单一工具对复杂问题的困境。其次，即使公共治理主体能够克服"思维惯性"，他们仍面临缺乏多元专业知识和融合方法的障碍。以贫困治理为例，对贫困的系统治理往往涉及政治、经济、历史、文化、心理等多个领域的专业分析和治理方法构建，而这是单一治理主体（如政府）所不具备的。更进一步，在各专业领域的分析和方法构建的基础上，对各种方法进行有效结合，对知识和方法的熟识、兼具和灵活运用提出了更高要求。这一过程必须依托各类知识主体及其组成的智慧网络支持才能有效完成。例如在运用电子政务对贫困的治理过程中，没有计算机、信息技术以及公共治理和贫困治理等相关知识的综合运用是难以完成的。最后，在各种治理方法有效综合的基础上，灵活运用各种治理战术也是当代复杂性治理所需要的，这正解释了为什么同样的系统扶贫方法在不同地区产生着完全不同的效果。B.盖伊·彼得斯将其解释为治理战术对治理工具机会的扩大："政策工具在战术层面上应用的方式是很重要的，因为一种政策工具可以被以不同的方式加以采用。"①彼得斯进而提出了双边和多边的治理、直接与间接的治理、一般治理与微调和慢与快的治理等治理战术，他甚至认为"沉默"的战术也是可能的，各种治理战术可能会带来治理机会的增加。

---

① [美] B.盖伊·彼得斯：《公共政策工具：对公共管理工具的评价》，顾建光译，中国人民大学出版社2007年版，第77页。

公共治理的治理方法的有效选择、有效综合和灵活运用对智库在公共治理战术层面的智力支持提出了迫切需求。这种需求也形成了智库在公共治理方法域战术层面的多元功能。

首先，作为知识产品、文化产品和思想产品的生产者，智库能够通过决策咨询、建言献策等活动为公共治理主体提供多元的治理方法和治理理念。通过智库对治理主体理论知识和经验的输送，能够使治理主体的治理方法域视野得以扩展，以多元方法对治理主体的武装，无疑对克服思维惯性实现综合、动态治理有着积极作用；更进一步，通过智库对治理具体形式的分析和判断，能够为治理主体勾勒出一个关于治理现状的现实图景，从而使治理主体意识到思维惯性与治理现状的动态矛盾。这对于有效避免治理主体对新方法和新战术的排斥甚至抵制有着较好的警示和启发作用。这是一个以智启治的动态过程。

其次，从传统公共行政到公共管理再到公共治理，伴随公共政策学科的快速发展，我们的治理工具箱中已包含了大量用于解决治理问题的治理工具（又称政策工具）。如自愿性工具（市场、志愿者、家庭与社区）、强制性工具（管制、公共企业、直接提供）、混合性工具（信息与规劝、补贴、产权拍卖、税收与使用者付费）等。如何针对复杂的治理问题建立多种工具有机融合的系统治理方法，同样需要智库乃至其组成的智网提供智力支持。智库对各种治理方法的有机融合一般是通过关于治理问题召开的研讨会、听证会、咨询会、网络问政会议等形式加以实现。通过多种形式的会议，各领域的专家学者能够针对治理问题从不同专业提出方法和建议，并在类似头脑风暴法的各抒己见、意见交换甚至思想碰撞中实现对问题的会诊和方法的有机融合。需要特别强调的是，在会议中各类智库及其专家不仅带来了知识、方法和思想的综合，更实现了针对治理问题的价值判断的交锋与思考，这在公共治理方法域战术层面是极为重要的。如安乐死问题、同性恋问题、摊贩生计与城市环境卫生以及贫困问题等都涉及方法综合与价值判断的联合研判，这显然是其他治理主体难以单独完成的任务。

最后，治理是一门艺术。公共治理不等于治理方法与治理问题的简单匹配，治理的有效性取决于如环境、时机、资源、问题之间的相互关系等多种因素。因此，能根据治理背景实现因地制宜、因时制宜的动态治理成为当代治理的必然要求。作为治理创新重要来源的智库能够凭借其知识优势、信息优势和经验优势有效判断治理方法有效实施的方式、时机和方法之间的联动效应，并通过治理方案的可行性评估和实施方案规划的适时调整，实现治理方法的分阶段、合理化、综合化运用。这个过程就像一名厨师（智库辅助下的政府）能够有效辨别各种调料（治理方法）的特点，并能够熟练掌握投放顺序和火候（方案实施的方式和时机），最终做出一道与众不同的佳肴（治理效果和社会营养）。另外，作为独立的、非营利的政策研究机构，智库能够通过书籍、报刊、新闻媒体和网络对各种治理问题发表观点并提出建议，可以通过对社会反响的观察了解某些方案的可行性和时机，这一过程类似于释放"政策气球"。智库在公共治理中的奇异效果不仅表现在被动的观察和建议，还表现在能够通过对政策环境的塑造和政策舆论的引导，为公共治理方法的有效实现营造良好的软环境。通过对各治理主体治理共识、治理关系和治理目标等治理文化的构建，治理的环境将得以优化，治理时机也将被创造，融入智库智慧的治理奇效即将发生。

（三）智库对公共治理方法的创造、选择和运用

智库在操作层面的作用主要表现为针对公共治理中涌现出的新问题、新情况和新矛盾进行的治理方法创造、选择和运用。这是一个具体治理方法与问题的偶发性的动态适应过程。

治理方法的创新。公共治理的复杂性和动态性决定了公共治理过程中治理问题往往存在不可预期的异变性和涌现性特征。而面对公共治理过程中突发的新问题，传统治理结构及方法往往表现出一定程度的滞后性和刚性，这致使公共治理过程中出现了方法与问题在数量、适配性和针对性上的严重不对称，其结果必然是低效、无效的治理失败。这一过程本质上是治理问题的自变性与治理方法的他变性之间的矛盾，即治理问题将随着社会经济发展以及外部环境的变化而不断发展变化，而治理方法的发展演变则不是一个随环境或问题变化而变化

的自变过程，而是一个以知识和经验为基础的思维创新过程，是一个他变过程。因此，针对涌现的特定治理问题，往往需要知识与创新思想兼具的智库支持。这种支持表现在，专业领域长期的深度研究使智库对相对应的治理问题具有广泛而深刻的了解，他们往往能够站在该领域的最前沿，根据多地治理方法的经验和教训，并结合当地的特点和环境，进行兼具综合性和创造性的方法构建。这一特点对于具有动态性和特殊性的治理问题来说极为关键：问题的动态性决定了新问题必须与新方法实现动态契合，问题的特殊性决定了特殊方法与特殊问题在某个空间和时间点上的静态契合。需要指出的是，有效的契合建立在大量知识、信息、经验以及在此基础上的思想的运动和碰撞从而形成的智慧结晶——创新方法上，这一过程中智库的智力支持和持续动态研究极为关键，智库可通过直接创新和提供治理方法，以及为政府等治理主体提供智力支持，帮助其实现治理方法创新的间接作用，有效解决问题自变性与方法他变性的矛盾，为公共治理的有效开展以及国家治理体系和能力的现代化提供强大的方法创新支持。

智库对治理方法的创新还体现在对原问题的再思考，对方法的再创造。在公共治理中新问题的内容不仅包括新时期涌现的新生问题，还包括过去曾从政策议程中掉下来，在人们视野中消失的问题和在过去已经得到解决但在当前已经发生变异的问题。对于这类情况约翰·W. 金登曾发出这样的疑问：问题为什么消失了？通过研究他得出的结论为："政府内部的人觉得他们已经解决了某一问题，即使人们对政府官员是否已经解决了某一问题还有疑问；不能解决或处理某一问题就像成功解决或处理了某一问题一样，也可能导致该问题失去重要议程项目的地位；短期的乐观让位于对行动之财政成本和社会成本的认识；一个主题新颖时常常引起人们的关注。当它不再新颖时，即便是它仍然可能具有有效性或重要性，人们的注意力也可能会从该主题上转移，因为它已经令人生厌了。"[1] 被人们遗忘的治理问题或已

---

[1] ［美］金登：《议程、备选方案与公共政策》，丁煌、方兴译，中国人民大学出版社2004年版，第130—132页。

经发生了变异的治理问题都需要我们对问题的再思考，而这一过程我们往往不能仅仅依靠政府，因为政府忙于各种公共事务，显然已无暇顾及"已经解决的或过时的问题"。而其他治理主体尚不具备系统分析和再思考的能力和资源。作为治理体系重要组成部分的智库及其组成的智网凭借其专业研究、持续研究、动态研究和综合研究的主体特性成为了公共治理中再思考的重要主体。这种再思考能够使治理中被人们忽略的重要问题及其影响被再次预警，从而实现问题的再聚焦和方法的再创造。智库对于公共治理的回溯分析，有利于公共治理中"过时问题"的"时尚化"。而对于再次成为焦点的问题，智库亦能够通过新环境下的方法再造实现对问题的系统治理。更为重要的是，智库对治理问题的方法再造不是一个阶段性活动，而是一个持续性、动态性过程。换句话说，问题发展到哪，智库的跟踪与再造就出现在哪。

三 资源域的"内聚"效应

资源的互补与整合是治理活动产生的重要原因，戈德史密斯和埃格斯认为治理的首要问题是"如何能够把尽可能充分完成任务所需要的各种资源集结在一起"。[1] 公共管理向公共治理的衍化过程正反映了治理产生的资源背景：公共治理的多中心、网络化和合作管理是对公共管理中资源局限性的回应。公共治理资源场域中治理资源存在于不同载体，任何组织和个人都不具备能解决多元问题的多元资源，而用单一资源应对多元问题或单一问题对资源的多元需求显然是杯水车薪。公共治理的多中心既是治理主体的多中心，更是多元化治理主体所带来的治理资源的多元化，多元化的主体和资源以"合作"为策略，构成了网络化的治理结构，这使许多有限的资源有机汇聚在一起，共同构成了资源共同体，为公共治理的有效开展以及公共价值的实现提供了资源基础和动力。

---

[1] [美]斯蒂芬·戈德史密斯、威廉·D. 埃格斯：《网络化治理——公共部门的新形态》，北京大学出版社2008年版，第55页。

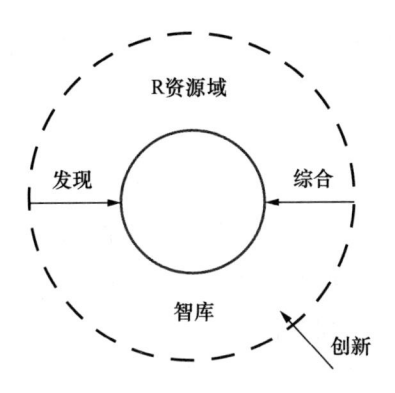

图 3-17 资源域的"聚效应"

公共治理对治理资源互补与整合的回应揭示了公共治理资源域中资源发现、资源整合和资源再造的必要性和重要性，这一过程既是资源有机聚合的过程，也是治理力得以形成的过程。需要注意的是，资源自身无法实现集合，资源集合的实现只能依靠其拥有者、管理者、发现者和研究者。换句话说，资源的集合本质上是知识的集合（发现并创新）、思想的集合（共识与互信）所引发的行动整合（集体行动）。公共治理资源域的特质使兼具导向协调性和专业创新性功能的智库在公共治理资源域中的重要作用得以凸显，智库及其专家凭借其专业优势（专业领域的前沿者和创新思想的生产者）、地位优势（独立的非营利研究机构）、身份优势（政府与公众的桥梁，各社会组织之间的桥梁、政策企业家和利益代言人）、资源优势（智库的社会资本、人力资本和智力资本）等实现了治理资源的发现、整合和创新，我们将智库在公共治理资源域多元功能的实现过程称为智库在公共治理资源域中的"内聚"效应。

（一）智库对公共治理资源的发现

智库在公共治理资源的发现包括两层含义：新治理资源的发现（针对需要治理的问题而搜索发现有效治理资源，问题到资源的思维逻辑），治理资源的新发现（对资源多用途的发现和运用，资源到问题的思维逻辑）。

新治理资源的发现是指在公共治理过程中智库能够凭借其专业

性、敏感性和创新性等特质发现公共治理中被忽视的重要资源，并向决策者和相关治理主体提供建议和方案，以实现治理资源的有效开发与投入。智库对治理资源的发现有助于公共治理活动的有效开展和治理能力的形成，是对公共治理问题多元与治理资源稀缺之间内在矛盾的积极回应。公共治理的复杂性和不确定性要求在公共治理中应改变原有对治理资源的静态观念，转而动态地探索和发现新治理资源。这是由于新治理资源的发现和投入不仅能够有效缓解公共治理资源域的资源稀缺问题，还能够为公共治理带来意想不到的奇效，进而推动公共治理活动的有效开展并保障治理目标的实现。我们以贫困治理为例分析治理资源的发现对于公共治理的重要性和智库在这一过程中的重要作用。在贫困治理过程中，经常出现的情况是贫困人口守着"金饭碗"等救济。其原因在于：当地政府对贫困的扶持思路较为落后，扶贫方法较为单一，还停留在贫困经济诱发经济贫困的循环逻辑中。看不到其实他们拥有巨大的隐性财富（如自然资源和文化资源等）。同样受知识、意识和观念所限，许多贫困人口也无法认识到当地丰富的资源，更无法实现资源向资本的有效转变。即使有部分外出打工人员带来市场经济和商品经济思想，在商品经济思想萌芽的地区，人们选择的脱贫方式往往也只是采取无规划、小规模甚至是破坏性的"资源开发"，其结果是"公地悲剧"的反复出现和贫困状况的持续和恶化。贫困的持续和恶化反映出知识匮乏和观念狭隘所导致的资源闲置或破坏的恶性循环，揭示出治理资源的发现和开发必须建立在以知识和经验为基础的科学性、长效性和系统性上。这决定了智库及其专家在治理资源发现中的核心地位。智库及其专家长期专业研究所形成的知识储备和经验储备将作为治理资源发现的基础和前提，而智库的专业敏感性和思维创新性对于隐性、动态和多元的治理资源来说尤为关键。作为专业领域的专业前沿者和瞭望者，智库具有其他治理主体所不具有的多元特质，这决定了丰富的知识和经验、动态的分析和创新在治理资源发现和利用过程中的引领作用。

治理资源的新发现是指智库在公共治理过程中能够敏锐地发现同一治理资源在多元治理领域中的运用，并以政策建议等形式提供给决策者和其他治理主体,从而赋予治理资源以新生,为治理活动注入活力。我们可以通过监控摄像的多元利用为例说明这一思路。"监控摄像如果仅用于安全保卫,就是一项纯粹的成本支出。通过大数据技术,数据能够投入不同领域,实现'一分钱两份货',监控摄像甚至被视为一项可增加收入的投资。从视频中挖掘人流数据、车流数据、分析其身份特征、行走路径、停留模式和聚集热点,对城市的规划和管理都极有价值。结合时间线,从无数摄像头搜集到的信息,还可以看出一个区域、一个城市的变化,比如,是更多的店铺在装修开张,还是更多的在歇业,新出现了更多的饭店,还是更多的服装店等。这些变化汇集起来,我们可以看到经济趋势、自然环境的变化甚至人们快乐和紧张的程度。"[1] 与监控摄像的新发现类似,在公共治理中还有许多已被发现和尚待发现的大量治理资源。治理资源的发现过程是一个治理资源再次运用和整合的过程,这一过程使公共治理资源域的内生机制得以形成,从而有效缓解了治理资源稀缺的困境。智库在治理资源发现中的功能主要源于对治理资源多元分析视角的提供。这种多元分析视角来源于智库多元的知识背景和创新思想。作为知识共同体,智库由各个专业领域的专家学者组成,这使得智库兼具知识的深度和广度,这为智库对治理资源的多视角(实质是多元知识视角)分析提供了可能。智库往往能够通过知识的融合,创新地发现治理资源的新用途。例如"宾夕法尼亚大学生物学家马塞尔·萨拉特和软件工程师沙先克·康德沃通过分析推特上的内容发现,人们对于疫苗的态度与他们实际注射预防流感药物的可能性呈正相关性。他们利用推特用户中谁和谁相关的元数据进行了更进一步的调查,发现未接种疫苗的子人群,进而评估流感爆发的风险。"[2] 不难看到,治理资源的新发现,是以对治理资源、治理问题以及二者关系的深入分析为前提和基础的。这对知识的深度、广度以及灵活运用提出了较高要求。智库通过知识、经验、信息的有效融合,能够敏锐地发现治理资源,并通过

---

[1] 徐继华、冯启娜、陈贞汝:《智慧政府》,中信出版社2014年版,第71页。
[2] 同上书,第73页。

对政府的决策咨询和对其他相关治理主体的建言献策（如以研究报告的形式论证资源的有效性，以规划方案的形式分析运用资源的可行性），最终实现新型治理资源的发现和开发。在当今公共治理中，智库的资源发现功能已逐渐显现，在公共治理中通过智库对治理资源的发现，为公共治理提供动力，实现公共治理目标的例子层出不穷。如在贫困治理中对于自然资源和人文资源的开发和运用；在社会公共安全治理中对网络资源和社区资源的发现和运用；在公共危机管理中对于信息资源（大数据）的发现和运用以及在城市脏乱治理中对于传统文化资源和道德资源的发现与运用；等等。

治理资源的发现过程是"问题到资源"和"资源到问题"的双向发现过程，这一过程既是知识和思想的融合过程，也是理论与实践的融合过程。任何一次的资源发现往往都以多元知识所形成的多元视角为基础，而任何一次资源发现后的有效运用则都以多元创新思想为前提。因此，治理资源的发现过程其本质是多元知识和创新思想的运用过程，而这一本质决定了兼具多元知识和创新思想的智库在治理资源发现中的关键作用。智库将凭借其多元知识所形成的多元视角在治理资源发现和运用过程中扮演"发现者"和"引领者"的角色。在智库的作用下，发现新治理资源和治理资源的新发现所组成的"资源发现"理念将替代原有资源被动消耗的静态资源观而成为公共治理的新资源观重要组成部分，资源发现理念将为公共治理的有效开展提供多元路径和持续的动力，其将成为治理能力的重要组成部分，助推我国国家治理能力现代化的发展。

（二）智库对公共治理资源的整合

智库对公共治理资源的整合包括两层含义：基于不同治理资源特点和公共治理需要，智库对公共治理资源进行选择和融合的直接整合；源于资源不会自发流动和融合的特点，智库对公共治理资源整合往往表现为对资源拥有主体的思想和行为的整合，这使智库的整合作用进一步表现为对集体行动影响的间接整合，即对"合作治理"的实现。

1. 智库对公共治理资源的直接整合

公共治理资源域中治理的复杂性表现为三方面：公共治理对多元治理资源及其整合的需要；社会经济发展所带来的公共治理资源场域化、多样化和混合化；公共治理中资源供给与需要的动态平衡。在需求方面，公共治理的复杂性、多元性和动态性决定了公共治理对治理资源的多元化和创新化需求。正如公共治理问题域中分析的情况，当代的许多治理问题往往来源于多个致因，又会引发多元问题，而这些致因和引发问题往往又存在于不同领域，这就使得对某一治理问题的解决涉及多领域资源的投入和融合。而多领域的资源需求，隐喻了多领域资源信息和知识的获取、运用需求。在供给方面，源于现代社会的高度场域化，公共治理资源散布于社会各场域中，而治理资源的散布决定了各种治理资源不同的特质和运行规律。正如布尔迪厄所说："在高度分化的现代社会，社会世界是由大量具有相对自主性的社会小世界构成的，这些社会小世界就是一个个的场域，不同的'小世界场域'有不同的法则。"[①] 治理资源的场域化决定了治理资源的多样化，场域间的相互作用也决定了治理资源的混合化。如何从混沌的资源域中发现与治理问题相适应的有用资源，并将多元的治理资源有机融合，发挥其整体效应，这些都对治理资源分析的广度和深度提出了较高要求。在供需平衡方面，复杂的公共治理问题与同样复杂的公共资源之间并非一种静态对接，而是随着外部环境和场域转换而变化的动态平衡。治理资源的动态平衡既要求对治理问题的深刻理解，也要求对治理资源的全面把握。动态平衡过程以多元治理主体（资源主体）的联合行动为表现，但其本质是在联合行动之前的另一个联合行动：信息、知识和思想的联合行动，而智库毫无疑问在这一行动中发挥着关键性作用。首先，智库能够对治理问题进行持续、深度的分析研究，这使得对治理问题所需的资源能够得到系统分析和清晰呈现。其次，智库能够凭借其拥有信息和知识的专业化和多元化，对治理资源作多维度分析，从而发现和利用有助于解决问题的资源。最后，治

---

① 孔繁斌：《公共性的再生产》，江苏人民出版社2012年版，第173页。

理问题和治理资源的动态平衡受治理地域、治理时间、治理能力等多方面因素影响，这使智库在公共治理中基于具体问题的调查研究和因地制宜的创新动态思想成为实现动态平衡的关键。不难发现，治理问题的复杂性、治理资源的复杂性以及二者关系的复杂性决定了智库在公共治理资源的有效利用过程中的重要作用。这种重要作用源于动态平衡对准确、丰富的信息，专业化、多元化的知识以及动态的创新思想的内在要求，而智库作为多元信息、知识和思想的集合体正适应了治理资源有效利用的内在要求，这使智库成为公共治理资源域资源发现、选择和融合过程中的关键角色。

2. 智库对公共治理资源的间接整合

公共治理资源域中资源有效整合的本质在于各资源主体（资源的拥有者或实际控制者）的集体行动，这使公共治理资源的整合包含治理主体集体行动实现的隐喻。与所有集体行动相似，公共治理资源域中各治理主体的集体行动面临着集体行动的根本难题：集体行动如何发生？更准确地说，这一问题在公共治理中表现为"共治"如何实现？集体行动的难点在于理性个人行为受自我利益引导，行为由成本与收益权衡结果决定，"个人的理性自利会引导他们以损害集体利益的方式行动。"[1]"公地悲剧""搭便车"行为以及"囚徒困境"都反映出个人理性自利所诱发的集体行动困境，而集体行动困境的直接结果是治理资源整合的困境进而导致的公共治理困境。对于集体行动困境的解决，在不同社会采取了不同的方式。在统治型社会（农业社会）中，往往采用命令服从的强制方式实现集体行动；在管理型社会（工业社会）中，一般通过采取法律契约的强制方式实现集体行动；在服务型社会（知识经济社会）中，基于对传统方式诸多弊端的反思，更多通过协商合作的自愿形式实现集体行动。在这样的背景下，对实现集体行动的思考就发展为对公共治理中合作治理的理解和思考。多中心网络化的公共治理依赖多元治理主体合作形成的治理合

---

[1] [美]乔恩·埃尔斯特：《社会黏合剂》，高鹏程译，中国人民大学出版社2009年版，第18页。

力，而合作的实现依赖治理主体之间的相互信任。正如什托姆普卡所说:"信任是合作的润滑剂，信任是合作的情感基础。与此相反，不信任破坏合作；如果完全不信任，在自由行动者之间的合作治理将会失败。"① 信任是多元治理主体集体行动的黏合剂，这使它成为一种治理资源，一种非常稀缺的治理资源，如何生成这种稀缺资源需要发挥智库的特有作用。治理资源的生成需要智库的培育和催化。智库对信任的培育源于信任的内在构成：信心和承诺。在公共治理过程中，这一内容表现为公共治理中多元治理主体对共同目标的认同、对共同原则的尊重及协商基础上的承诺，而智库的培育催化功能正发挥于此。智库对集体行动的促进主要表现为智库知识和信息的传输、智库对公共理性的培育和智库对集体行动的引导。

第一，智库对知识和信息的传输。丹尼斯·贝尔认为："一个社会的创伤，就是指不能掌握个人所需要的全部知识。"② 知识的局限是集体行动的第一个障碍。在知识经济时代，随着专业化分工的扩展和深化，人们的知识局限性越发深刻。这导致现代人呈现出某种"无知"的状态。由于缺乏某一集体行动的必要知识和信息，人们往往囿于个人的理性自利，无法形成对某一集体行动目标的理解和共识，表现出对集体行动及其目标的实现缺乏信心，致使集体行动终止于构想阶段。知识与信息缺乏所导致的集体行动失败需要作为知识、信息和创新思想集合体的智库加以引导和整合。智库能够通过对集体行动所需相关知识的普及和信息的传播，实现对各治理主体的启智和培育，使各治理主体能够具备理解集体行动的基本知识和信息，进而形成托克维尔所说的"恰当理解的自我利益"，即超越自身狭隘的个人利益观和局部视野，看到公共利益、长远利益及其对个人利益的意义所在。从而实现各治理主体从理解集体行动、认同集体行动、参与集体行动到倡导集体行动的思想和行为转变，在这一转变过程中集体行动

---

① 孔繁斌：《公共性的再生产》，江苏人民出版社 2012 年版，第 154 页。
② 转引自［美］丹尼尔·贝斯《后工业社会的来临》，高铦等译，新华出版社 1997 年版，第 191 页。

得以实现。需要强调的是，上述从知识信息到观念意识再到集体行动的发展过程是一种较为理性的状况。在智库对各治理主体培育和启智过程中，知识和信息是集体行动共识形成的基础，价值观和观念意识是集体行动共识形成的核心，唯有形成价值观和观念意识的共识，集体行动才可能发生。然而，知识信息并非观念意识的充要条件，对公共利益的理解并不会必然导致对公共利益的认同和个人利益的轻视。即使某一个集体行动所带来的公共利益远大于个人贡献所导致的损失，并且公共利益最终为个人带来更多个人利益，一些人仍然还是会选择个人利益牺牲公共利益。更何况在公共治理中存在大量如参与社区工作、支持博物馆或公共广播站、义务献血等具有较少甚至没有个人利益的活动。正如乔恩·埃尔斯特所说："这些现象的典型特征是，任何单个人的贡献都会对多数人产生少许利益，但却给单个人——贡献者，带来巨大成本。尽管总体利益通常会超过成本，可以这么说，这些贡献中存在集体利益，但仅就贡献者个人而言，成本却超过利益，因此，从事这些活动没有个人利益。"① 如何实现治理主体对个人利益的超越，建立对集体行动的信心？这就涉及智库对价值观、世界观和公民意识等的培育。

第二，智库对公共理性的培育。智库对公共理性的培育主要表现为对公民政治素质和道德素质的培育。在政治素质方面，党和国家的政策方针是在一定社会经济发展背景下，对国家和社会的整体布局和未来发展的宏观设计和方向指向，其具有高度的精练性和概括性。如何全面、有效和正确地理解，需要智库发挥宣传解读功能。首先，通过智库对国家政策方针的解读和传播，能够实现对公民的政策教育，使公民能够正确理解国家政策方针的深刻内涵和指引方向，从而保障了公民的知情权、参与权、表达权和监督权，进而激发公众的主人翁意识和参与热情，积极投入到政治生活和公共治理活动中。这一过程既是智库对公众进行的解疑释惑过程，也是对公众政治知识的再教育

---

① ［美］乔恩·埃尔斯特：《社会黏合剂》，高鹏程译，中国人民大学出版社2009年版，第19页。

过程。其次，智库能够通过撰写文章、出版专著、时事评论、举办研讨会、网络问政等多种形式激发公众对某一社会问题的关注和热议，使人们的注意力集结到某一问题或观点上来，并为公众表达意见、交换思想、献计献策的参政议政活动提供平台，这一平台是社会中各种涌流治理资源的汇聚平台。最后，通过智库对公民政治知识的传播，有助于对公民参政议政技能的提高，以及对公民参政议政的引导，有效地保障了公民参政议政的质量。正如托克维尔认为政治结社是一所免费大学，公民在那里学到结社的一般原理。公民的参政议政过程，是公民政治生活的过程，更是公共精神的发育和成长的过程。

在公民品德素质的培养方面。公共精神的培育不仅需要良好的政治素质，还需要公民品德的全面提升。公民品德包括权利意识、责任意识、法治意识和平等精神等，其既是公共治理的环境，也是公共治理的内驱力。在公共治理过程中许多集体行动的失败往往来源于治理主体品德的失范（背叛的出现），这种品德的失范不仅导致集体行动的失败，还会引发怀疑、猜忌等心理产生和逆向社会道德选择风险，进而造成对社会资本的侵蚀。智库在培育公民优良品格方面具有关键作用，这种作用表现为智库作为"公共教授"的独特角色。智库通过对公民科学知识的普及、健康心理和优良行为的倡导，以及公共领域（如网络社区、论坛、贴吧等）的去伪存真和对主流价值观的倡导，成为公共领域中的普法者、维权者、主流价值观的倡导者、公众的精神营养师和卫士以及公众顾问。在智库的作用下，公民独立的人格精神和以权利、责任为核心的公民意识，乃至参与公共治理，实现公共利益的行为能力，将得到有效培育和发展。在这一过程中，智库将逐渐发挥其以知识和思想催生社会凝聚力和优良社会风气的关键作用，其对于公共精神的生成意义重大。

第三，智库对集体行动的引导。公共精神的产生不仅需要知识和理念的输送，还需要公共治理的参与实践。公民参与公共治理主要有两种形式："一是参与公权力主导的治理行动（包括参与公共政策的制定过程、参与公共政策的执行过程），二是自主进行的公共治理行动（包括参与社区或局部公共事务的集体治理、提供国家无力和市场不愿意提供的部分公共服务，为抵制市场扩张和公权力的不当使用对社会和公民造成的伤害而采取的社会保护运动）。"① 公民通过公共治理的参与能够有效实现情感、需要和能力的全面投入和有机融合，进而实现了观念的转变（个人与社会的关系的理解）、技能的提高（维权、组织、协调、合作、监督等）乃至更高品格的生成（公共精神）。智库在公民参与公共治理的过程中发挥着引导者、支持者的作用。公民的参与对于公共治理的积极作用以正确参与、有序参与和科学参与为前提。智库对于公民和社会组织的知识技术以及思想支持，能够使公民的参与和社会组织的有效运行和发展得到有力保障。这种保障既表现在智库对公民参与的引导和为社会组织改革发展提供智力和人才支持。如深圳社会组织研究院就是深圳社会组织的民间智库；也表现在智库对公民和社会组织的不当参与行为或被敌对势力利用的违法行为的预防。由于缺乏基本的知识和观念，少数公众往往以错误甚至违法的方式实现所谓的"参与"（如堵路、静坐、自杀等）。而一些以社会组织为名，实为国外敌对分子或邪教的组织，利用多种手段对公众进行诱骗、洗脑、胁迫并从事大量破坏国家安定团结的活动，给人民生命财产安全带来巨大威胁。这些不当和违法活动的出现充分反映出在公共参与公共治理过程中科学的价值观、正确的观念意识以及基本参与知识和技能普及的重要性和紧迫性。智库作为"全社会大学"和"公共教授"应发挥其社会教育和引导作用，发挥智库对公民和社会组织参与公共治理过程中知识普及、价值引导和思想武装的功能也成为公共治理过程中公共精神得以形成的必要条件。

（三）智库对公共治理资源的创新

智库在公共治理资源域的聚合作用不仅表现为对资源的发现和整合，更重要的是对众多治理资源的创新和创造。这种创新既表现为多元治理资源的组合创新，也表现为从无到有的资源创造。资源创造过程主要表现为智库增进政治认同和增进社会认同。

---

① 陈天祥：《刍议公共治理中的公民参与》，《人民论坛》2014年第6期。

1. 智库增进政治认同，催生政治合法性资源

智库对政治认同的促进作用源于智库功能与政治认同特点和形成要件的契合。政治认同一般是指："人们在社会政治生活中产生一种感情和意识上的归属感。它与人们的心理活动有密切的关系。人们在一定社会中生活，总要在一定的社会联系中确定自己的身份，如把自己看作某一政党的党员，某一阶级的成员、某一政治过程的参与者或某一政治信念的追求者等等，并自觉地以组织及过程的规范来规范自己的政治行为。这种现象就是政治认同。"[1] 政治认同一般包括两阶段的活动过程："认"和"同"。"认"是指对政治的认识、辨明；"同"则指在认识、辨明共同之处而产生的认可和归属感。智库对于政治认同的促进作用正表现在政治认同的两阶段活动过程中。在"认"的阶段，政治认同首先要求公民具有认识政治的基本信息、知识和技能，这既是政治认同的静态基础，也是政治认同的动态保障。然而，源于社会的专业化分工以及公民个人的时间、精力、能力等限制，公民往往并不具备全面深刻理解政治所需要的信息、知识和技能，致使公民对于政治认识和理解往往囿于表面。肤浅的政治知识和认识将导致公民缺乏政治理解力和归属感，加之可能出现的西方意识形态渗透，极易导致政治认同危机。例如，《2011年中国社会心态研究报告》也指出："当前中国民众对公共权力机构和管理部门的社会信任评价水平并不算高，仅接近'中度信任水平'，对中央政府的信任程度高于地方政府，反映出地方政府的公信力较低。"[2] 这反映出我国已出现了一定程度的政治认同危机。如何实现公民政治知识的普及和政治素养的提升？智库发挥着关键作用。智库能够对包括党的先进理论、国家的政治体制、国家的政策方针和法律法规以及经济社会发展成就、目标和规划等涉及政治认同的基本政治知识和信息进行宣传和解读，并能够通过多元互动平台为公众解疑释惑。这一过程能够使

---

[1] 中国大百科全书总编辑委员会：《大百科全书·政治学》，中国大百科全书出版社1992年版，第501页。

[2] 王俊秀、杨宜音：《2011年中国社会心态研究报告》，社会科学文献出版社2011年版，第6页。

公民获得政治知识,理解政策方针,加强政治参与和沟通,感受社会公平,并构建起我国特有的政治话语体系。因此,通过智库对公民政治知识和先进理论的传输,以及对相关政策方针深刻内涵的解读,公民的政治素质和意识将逐渐得以提高,原有误解和疑惑也将得以有效解答和化解,政治认同也将逐渐增强。不断增强的政治认同将以意识形态合法性资源的形式,不断供给合法性,从而有力保障政治合法化。而作为一种治理资源,政治认同也将为公共治理的有效开展带来全方位的持续动力。正如阿尔蒙德所说:"如果在大多数公民都确信权威的合法性,法律就能比较容易地和有效地实施,而且为实施法律所需的人力和物力耗费就将减少。"[①]

2. 智库增进社会认同,催生优良社会资本

在政治认同以外,智库的治理资源创新功能还表现在促进社会认同进而引起的集体行动和社会资本形成上。社会认同是指"个人的行为思想与社会规范或社会期待趋一致。"[②] 社会认同理论认为:"个体对群体的认同是群体行为的基础。"[③] "对群体成员身份的意识是产生群体行为的最低条件。即使是把人分配到一个简单、无意义的类别中去,也足以产生群体取向的知觉和行为"[④];"如果群体目标是一致的,所有群体都朝同一目标努力,那么他们彼此之间更易于建立共同的、友好的、合作的关系"[⑤]。因此,公共治理中有效的集体行动既源于个体对自身身份的基本认同,也源于不同群体对其共同目标的广泛认同,而在两个方面智库均发挥着特有的促进作用。

在个人身份认同方面,智库能够通过对相关治理知识的普及和理念的传输,使个人认识到其在公共治理中的角色和地位,明确自身的权利、责任和义务,从而产生集体行动(公共治理)的知觉和行为;

[①] [美]加布里埃尔·A. 阿尔蒙德等:《比较政治学:体系、过程和政策》,上海译文出版社1987年版,第36页。

[②] 张春兴:《青年的认同与过失》,台湾东华书局、世界图书出版社1993年版,第27—28页。

[③] 张莹瑞:《社会认同理论及其发展》,《心理科学进展》2006年第3期。

[④] 同上。

[⑤] 同上。

另外，通过智库对个体的培育，公民能够获得治理的基本知识和技能，形成对公共治理制度规范、价值理念以及道德伦理等的理解和认同，进而实现从自觉遵守到积极参与的治理客体到治理主体的有效转变。例如，在城市环卫过程中，由于缺乏主体意识、良好的行为规范等，部分地区公民多为城市脏乱治理的客体。这种客体性表现在公民意识不到自身在城市环境中的主体地位，将自己定位为城市环境的局外人。在这种思想的影响下，局外人逐渐发展为破坏者，公共治理的旁观者逐渐沦落为公共治理的对象，其结果是大大增加了公共治理的难度和成本，治理效果往往也不尽如人意。这种不尽如人意的根本原因在于治理主客体位置的颠倒，而这也使得治理的关键发展为如何将治理客体转变为治理主体的活动过程。通过智库的再教育，公民能够认识到自己在公共治理中的主体地位和价值，认识到环境卫生对于他人、社会乃至国家的价值和意义，认识到良好的行为规范对个人的社会形象、外部认同以及社会资本等的多重意义和价值所在，从而自觉实现破坏者到维护者的转变，以治理主体的角色和身份积极投身到公共治理中。需要强调的是，与普遍意义上的宣传和号召不同，不同层级、不同类型的智库对个体所进行的理念传输和再教育更具有知识性、系统性、持续性、针对性、互动性和亲民性，因而更易被公民理解和认同，其效用更为广泛和深刻，如何有效发挥智库作为"公共教授"的功能应是公共治理中一个需要深入研究的课题。

不同群体对其共同目标的广泛认同方面。社会认同理论认为："个体通过社会分类，对自己的群体产生认同，并产生内群体偏好和外群体偏见。"[1] 偏好和偏见的直接结果是与"他在"的矛盾和冲突，而矛盾和冲突将导致集体行动的失败和对社会资本的侵蚀。在公共治理中存在多元化的群体，群体的多元化带来了利益和价值观的多元化，各种利益和价值观汇聚在一起必然引发矛盾和冲突，这些矛盾和冲突如不能及时发现和化解后果十分严重。智库能够凭借其专业性、客观性和公正性等特质，对群体间的矛盾进行有效分析并提出建设性

---

[1] 张莹瑞：《社会认同理论及其发展》，《心理科学进展》2006年第3期。

建议。通过智库对不同群体的再教育,能够帮助群体及其成员超越个人理性自利或狭隘的内群体偏好,逐渐形成"以公正的理念,自由而平等的身份,在政治社会这样一个持久存在的合作体系之中,对公共事务进行充分合作,以产生公共的、可以预期的共治效果的能力。"[①]即公共理性。而智库对公共理性培育的结果正如康德在《什么是启蒙》一文中所提出的,是"理性的公共运用"。[②] 另外,矛盾和冲突源于缺乏沟通所导致的误解,矛盾和冲突也将止于沟通、信任和宽容。由于各种原因,各群体间存在多元的阻隔和鸿沟(即帕特南所说的社会裂缝),在这种状况下,智库的桥梁作用显得尤为重要。智库能够通过搭建知识平台、交流平台和参与平台,实现各群体之间的直接或间接交流,促进多元群体之间的交流与合作;并能够为群体诉求、多元利益和价值观提供表达的渠道和平台,实现民情、民意、民生的上传。在此过程中,智库在纵向上扮演着"政策企业家"和"利益代言人"的角色,在横向上扮演着"教育者""协调者""咨询者"等角色。通过智库多元角色及其功能的发挥,公共治理中的多元矛盾和冲突能够得以有效预防和化解。

第三节 公共治理的"空心 Y 域"

智库在公共治理不同场域中作用的发挥,有效实现了各子场域能量的内聚,这使得公共治理各子场域发生了如图 3–18 所示的内聚效应。然而,内聚后的各子场域并未实现趋于理想化的同心重叠(即问题、方法和资源的有效整合,进而形成治理力),而是延续了内聚前的部分相交,并形成了与内聚前相对应的各相交区域。这种情况的出现,使我们看到有效的公共治理不仅仅止步于真问题、真方法和整合

---

① [美]约翰·罗尔斯:《政治自由主义》,万俊人译,译林出版社 2000 年版,第 225—226 页。

② 转引自谭安奎《公共理性》,浙江大学出版社 2010 年版,第 38—44 页。

第三章　智库在公共治理中功能的运行机理 / 121

资源的内聚上，而需要对推动三圆趋于同心（问题、方法和资源的有机融合）的进一步努力。这种状况引发了公共治理的二阶问题，即如何有效实现公共治理各子场域趋于同心的整合问题。对于该问题的回答，我们试图通过对各相交区域产生的原因分析找到线索。

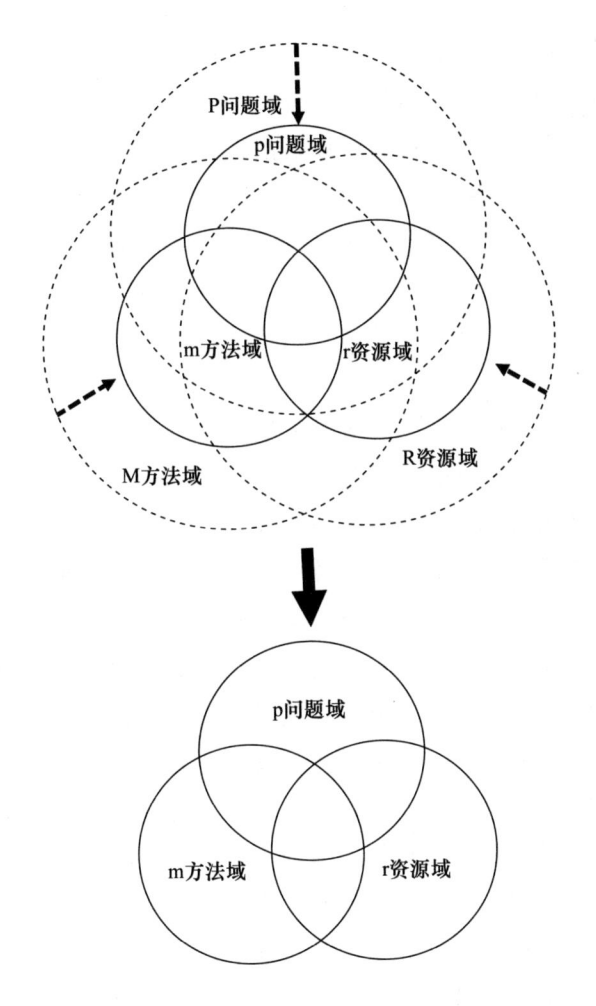

图 3-18　"聚效应"和"空心 Y 域"

治理规划区（p+m）：该区域是内聚问题域和内聚方法域两个圈相交的部分（不包括智治区）。该区域是真问题与真方法有机结合的区域，即已完成对某一公共问题的锁定和治理方法的构建，实现了"真问题＋真方法"的有机融合，但却缺乏有效实现的治理资源，永远停留在理想阶段，所以我们称之为"治理规划区"。规划区的出现主要源于治理资源未能有效与规划衔接。排除确因自然条件、社会经济发展、科学技术等限制所导致的资源绝对不足情况，这种衔接失败主要源于资源的调动不足、使用不利所导致的相对不足。在治理过程中主要表现为上有政策，下有对策；国家动而社会不动等不作为情况。

治理准备区（p＋r）：该区域是内聚问题域和内聚资源域两圈相交的部分（不包括智治区）。该区域是真问题与整合资源融合的区域。该区域的问题在于缺乏有效利用资源解决问题的真方法。这种缺乏并非没有，而可能是不用。反映在现实中常常表现为行政部门的官僚性格和行为惯性（路径依赖）所导致的对新方法、新思维和新理念的排斥和无视。

治理盲区（r＋m）：该区域是内聚方法域和内聚资源域两圈相交的部分（不包括智治区）。该区域是真方法和整合资源融合的区域。该区域的问题在于缺乏真问题。这里出现了一种我们希望看到又难以出现的理想状况，即资源和方法多于问题。真是这样吗？答案显然是否定的。聚合后治理盲区的"盲"已不同于聚合前因知识和信息缺乏而导致的"无知之盲"，其发展为决策者或决策群体因私利、理念、利益群体影响等所引发的对问题视而不见的"无视之盲"。

智治区（p＋m＋r）：该区域是内聚问题域、内聚方法域、内聚资源域三圈相交的部分。该区域体现了公共治理过程中，在党和政府的领导下，在智库的智力支持下，治理力得以形成的动态过程。三域相交的过程反映了多中心、网络化和合作化的动态治理过程。通过智库在知识与权力之间，在工具与价值之间，以及在政府、市场、社会和公民间桥梁功能的实现，各治理主体的优势资源得以发挥和整合，治理能力得以形成。各治理主体聚焦公共治理中的核心问题，运用科学、系统的方法，并通过有机自治和合作共治有效实现了公共治理问题的解决和治理能力的现代化发展。该区域是公共治理的理想区域，也是以智为中轴的治理模式的实现区域，其反映了以智库为重要载体的多元知识和创新思想在当代公共治理中的元治理功能,这是一种与政府显性元治理功能相对应的隐性元治理功能。

综上所述,聚合后的公共治理各子域由于受到主客观因素的影响,并未实现"三圆同心"的理想状态。这反映出三域的重合并非内聚后的水到渠成,在现实治理过程中往往会出现三域"衔而不接"(二圆相交部分)甚至各自独立(不相交部分)的状况。在这样的状况下,实现有效公共治理进而推动公共治理现代化发展的需求就由原有公共治理各子域"内聚"的问题发展为推动各内聚子域趋于同心,也即智治区($p+m+r$)不断向外扩展直至等同于各子区域的过程。我们把这一过程称为智治区的"扩散"过程,把智库在智治区扩散过程中的功能称为智库在公共治理中"扩散"的功能。

第四节　智库在公共治理中的"扩散"功能效应

公共治理三个域趋于同心的汇聚过程(即各子域发生内聚过程后,各子域的外聚过程,我们可以称之为二阶聚过程),也即智治区向外扩散的过程。理想状态下,智治区将扩散到等同于三域重合(问题域、方法域和资源域)的面积为止。通过观察图3-19中三圆汇聚的过程不难发现,三域的外聚过程也即智治区扩散过程。子域的"内聚"和智治区的"扩散"的对应关系,反映出随着问题、方法和资源有机融合,治理力不断形成和扩展的内在关系和运行逻辑。因此,如何有效实现治理力的发展和扩散(三圆同心或智治区外扩)便成为亟待解决的公共治理"二阶问题"。公共治理的"二阶问题"引发了智库在公共治理中的"二阶功能",我们称这一"二阶功能"为智库在公共治理中"扩散"的功能。智库的"扩散"功能主要表现在三个阶段:"空心Y域"的扩散阶段,治理力扩散效应的实现阶段,以"智"为中轴的治理扩散阶段。三个阶段既是治理力不断形成和发展的过程,也是智库功能及其效应逐渐显现和扩展的过程。

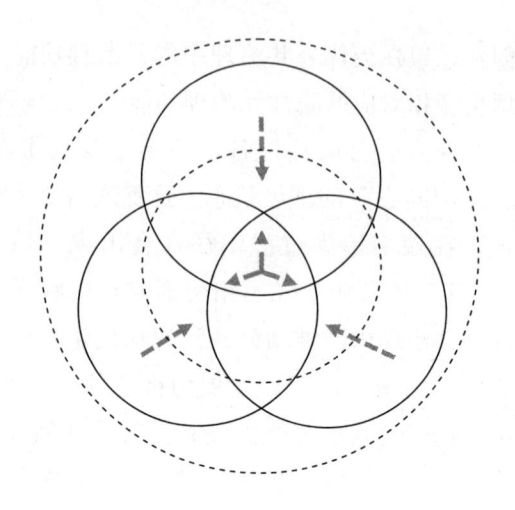

图 3-19　智库在公共治理中的"扩散效应"

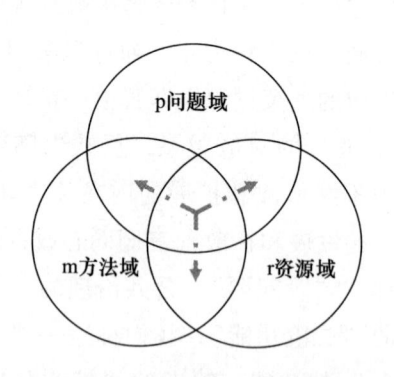

一　"空心 Y 域"的扩散效应

"空心 Y 域"的扩散效应如图 3-20 所示，智治区（p+m+r）向治理规划区（p+m）、治理准备区（p+r）、治理盲区（r+m）的扩散，这一过程也是三个区域向智治区汇聚的过程，其结果是智治区（治理力）的扩展。智库在该阶段的"扩散"功能也对应地表现为推动智治区向三个区域扩散的过程。

图 3-20　"空心 Y 域"的扩散效应

智治区（p+m+r）向治理规划区（p+m）的外散。治理规划区与智治区的区别主要在于资源的充分调动和有效利用上。在公共政策的执行过程中,时常出现的情况是职能部门出于地方或个人利益考虑,或受到利益相关者的影响,对于中央和上级政府出台的政策,采取拖延执行、部分执行、扭曲执行甚至不执行的应付态度;而对于中央和上级政府明令禁止的活动,由于利益诱惑,往往采取暗地执行、边取缔边作业等方式予以应对。两种情况的出现致使公共政策成为一纸空文,不能实现从政策规划到政策绩效的有效转变。这不仅导致大量治理资源闲置,也导致大量治理资源被破坏。这种破坏不仅包括物质资本的破坏,更包含因政策执行不利所带来的政府公信力缺失、社会风气的败坏和民怨的积聚等问题,这些严重后果将严重侵蚀原有社会资本,破坏政治合法性。智库对于该问题的功能主要表现为凭借专业知识和智库自身具有的社会资本对政策执行的系统评估和监督,以及随即进行的意见反馈和评论曝光。智库能够通过研究报告、评估报告或公开评论等形式,一方面向涉及部门及其上级部门的提交意见建议,另一方面可以借助媒体向社会公众公开研究成果,而这两个途径能够形成来自于内部和外部的强大压力,其将致使相关部门迫于压力有效执行相关政策。

智治区($p+m+r$)向治理准备区($p+r$)的外散。治理准备区和智治区的区别主要在于缺乏行之有效的方法上。这种缺乏在公共治理实践中表现为:决策者和行政人员对新方法、新理念和新思想往往采取排斥态度,对公共问题往往更倾向于采取基于经验和惯例的传统处理方式。究其原因主要有四个方面:第一,长期以来形成的思维惯性和行为惯性所导致的"路径依赖"致使决策者和行政人员更愿意采纳"轻车熟路"的治理方法和方式;第二,新方法、新思维、新理念可能会带来利益格局和体制机制的改变,这是利益相关者不愿看到的;第三,新方法的采用结果具有"不确定性",也就意味着一定程度上的风险,这对于"不求有功,但求无过"的官僚是难以接受的,第四,当决策者面对某一问题的众多方案和选择时,如何有效基于每种方案的收益和成本进行对比选择,便成为有效决策的巨大障碍。对于新方法、新理念和新思维的排斥和闲置,其本质是治理资源的闲置和浪费。如何转变固有思维模式和行为模式，增进决策者和行政人员的创新思维和担当意识，需要智库发挥作用。智库的作用主要表现在：首先，智库能够通过建立在知识和经验上的系统分析和预测，使决策者和相关人员的新方法带来巨大效益；能够通过对国内外成功案例的分析，帮助决策者和相关人员建立起对新方法的信心和担当意识。其次，智库可借助媒体将自己的研究成果和意见建议向外公布，从而形成社会焦点和舆论压力，使新方法迅速引起相关人员的重视。最后，智库能够帮助决策者和相关人员对各种备选方案进行有效对比分析，从而实现方案的最满意化。

智治区（p+m+r）向治理盲区（r+m）的外散。治理盲区和智治区的区别主要在于缺乏治理问题上。如前所述，这里对于问题的缺乏源于决策者和相关人员基于主客观原因对于问题的隐藏和无视。相关部门往往利用信息不对称，实现对相关问题的隐藏。智库在这一区域的作用表现在三个方面：首先，作为相关领域的研究者，智库能够敏锐地发现问题，并向相关部门及其上级部门直接提交研究报告和政策建议。其次，智库能够对相关部门的不作为，借助媒体进行曝光和公开评论，从而形成舆论焦点对相关部门形成强大外部压力。最后，智库甚至可以通过运用"'专家社会运动'策略"[①]，即以公民的身份参加社会运动，以激进的方式对相关部门施加外部压力，迫使其正视问题，采取有效措施解决问题。

通过智库在三个区域评估、监督和决策咨询等功能的实现，三个区域的"缺乏"能够得到有效"缓解"。这一"缓解"过程表现为三个区域向智治区的融合过程，也使智治区得以向三个区域扩散。智库在公共治理第一阶段的"扩散"功能随着智治区的扩展逐渐得以显现。

二 "Y域"的扩散效应

在"空心Y域"实现有效融合后，所形成的治理力将产生增长极带来的扩散效应，"空心Y域"将作为公共治理场域中的增长极不断

---

① 朱旭峰：《政策变迁中的专家参与》，中国人民大学出版社2012年版，第37页。

对外扩散并释放其能量,这种扩散效应类似于经济领域"扩散效应"。① 我们可以通过引入华尔特·惠特曼·罗斯托②对扩散效应的划分来对公共治理中扩散效应的实现过程加以分析,并看到智库在"扩散效应"中的重要作用。罗斯托将扩散效应细分为:回顾效应、旁侧效应和前向效应。

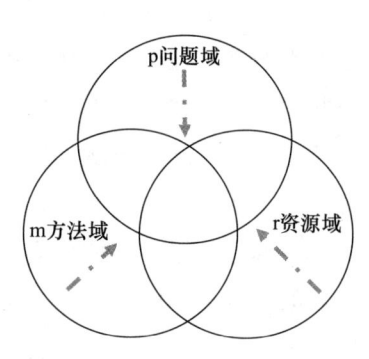

图 3-21 "Y 域"的扩散效应

回顾效应是指新产业的发展会产生对物资、人力和制度等新投入的需求,这些新投入又将要求新的设计理念和方法的发展。与此相类似,公共治理场域中的扩散效应不仅会带来治理体系的完善、治理能力发展以及治理环境优化等多元效应,也将在更高的治理层面提出更高的要求并发现更多新问题(高阶问题),并由此引发针对更高治理要求和高阶多元问题的再次锁定分析、方案设计和更多、更新的资源投入。公共治理场域中的回顾效应将引发智库在新的治理阶段再次实现对问题、方法和资源三个子域的"内聚"过程。与之前有所不同的是,新阶段的"内聚"功能较之以前更为复杂、困难和更具挑战性。正如随着改革进入了"深水区",一些问题越来越具有深刻的结构性

---

① 冈纳·缪尔达尔(Gurmar Myrdal)提出扩散效应,认为所有位于经济扩张中心的周围地区,都会随着与扩张中心地区的基础设施的改善等情况,从中心地区获得资本、人才等,并被刺激促进本地区的发展,逐步赶上中心地区。

② 美国经济史学家华尔特·惠特曼·罗斯托在《从起飞进入持续增长的经济学》中首次提出产业扩散效应,并将扩散效应分解为:回顾效应、旁侧效应和前向效应。

或体制性特征,正所谓"剩下的都是难啃的骨头。"① 新的要求、新的问题和新的投入都需要智库站在新的治理层面,以新的思维、新的方法和新的知识有效回应。这一回应过程既是治理能力持续发展的过程,也是智库能量对治理力的再次注入。

旁侧效应是指以起飞期间的城市化的加速为标志——扩大了现代人在总人口中的比例,并且强化了关于生产过程的现代观念,引发了周边一系列的变化,这种影响远远超出了新活动本身和投入直接引起的较狭窄的影响。在公共治理中类似的旁侧效应也十分显著,这种效应表现为已有治理力对其他公共治理子场域的影响和渗透。例如新构建的法律制度及其系统所产生的效应在于:"法律系统为各种行动者提供了便捷的环境、工具、程序等平台,使他们可以追求其目标、解决其争端、控制其组织中的和由组织所进行的越轨与犯罪行为。"② 又如,一个地区公共治安能力的提高,将产生公民对政府认同、政府合法性增加、外来投资增加、社会稳定、公民行为规范等一系列旁侧效应。旁侧效应的发生过程也是智治区向外扩展的过程(也即三圆趋于同心的过程)。智库在智治区向外扩展过程中发挥着"发生器"和"增效器"的关键作用。这种作用表现在智库能够有效引导业已形成的治理力在不同场域的有效引入和巧妙运用。例如,智库将国外先进的治理理念和经验引入到我国的治理实践中,将某一地区或城市先进的治理思想和方法在不同城市进行推广和运用,将治理知识和精神深植于决策者、行政人员和公民的灵魂深处,从而有效克服了治理力效应扩散的地域、区域、思想、观念等多方面的有形和无形阻隔,搭建了治理力扩散的通路和桥梁,有效实现了治理力旁侧效应发生器的功能。另外,智库通过巧妙地运用治理力,实现了治理力旁侧效应的扩大化(或称增效化)。

前向效应是指主导产业能够诱发新的经济活动或派生新的产业部

---

① 人民论坛编:《大国治理》,中国经济出版社 2014 年版,第 34 页。
② [美] 斯科特·斯科特:《国家的视角——那些试图改善人类状况的项目是如何失败》,王晓毅译,社会科学文献出版社 2012 年版,第 202 页。

门,甚至为下一个重要的主导产业建立起新的平台。公共治理中的前向效应主要表现为已有治理力作为新治理力的基础和诱因所引发的新治理力的产生。智库在此过程中发挥的扩散作用主要表现为对已有治理力在新领域的创新运用,以及由此而引发的新治理力的产生与投入。例如大数据技术的开发原本是源于信息量的庞大(几十 TB 到几千 TB)已经超出了一般计算机在处理数据时所能使用的内存量,因此必须改进处理数据的工具和模式。而在大数据技术的发展过程中,原本对于数据的治理,演变为治理可以利用的数据。在"一切皆可量化"[1]"让数据'说话'"[2]等理念的指引下,大数据技术被众多不同领域和不同层次的智库和专家运用到公共治理中,形成了新的数据治理力。当前,大数据技术作为一种新的治理力已被智库及其专家广泛运用于公共安全、公共交通、社会管理、公共卫生与医疗、环境保护等多个领域,数据治理也成为国家治理的重要形式,其带来的不仅是一场技术革命,更是一场公共管理的变革乃至社会的整体革命。如同数据治理一样,伴随着公共治理场域中治理力的不断发展,新治理力的产生和发展的契机将不断涌现,这迫切需要智库以其长期持续的研究所具有的敏锐眼光和创造性睿智,为新治理能力的形成和运用实施精准导航。

三 以智库为中轴结构的治理场域及其能量扩散

开放的场域,流动的治理。通过智库在公共治理场域中"扩散"功能的有效发挥,公共治理场域有效实现了"空心 Y 域"的"一阶扩散效应"和三域(问题域、方法域和资源域)趋于同心的"二阶扩散效应",这种扩散的本质是智库"扩散"功能作用下,治理力的不断形成和扩大过程。这一过程反映出以知识、思想等为组成部分的"智"的因素已逐渐发展为公共治理场域中能量源泉(治理力)的中

---

[1] 斯蒂芬·贝克在《当我们变成一堆数字》一书中向人们展示了一个鲜活的量化世界。

[2] IBM 资深大数据专家杰夫·乔纳斯提出让数据"说话",意在强调挖掘数据价值的认知和利用。

轴原理①，以及作为公共治理中轴结构的智库在当代公共治理中对中轴原理的有效实现。这一过程正如贝尔对所说："发展日益依赖于理论工作的优先性，它汇集整理已知的东西，同时为经验验证指出方向。实际上，理论知识正日益发展成一个社会的战略源泉，即中轴原理。同时，整理和充实理论知识的场所——大学、研究组织及学术机构则成了未来社会的中轴结构。"② 知识和思想在后工业社会的核心地位（中轴原理）决定了作为知识与思想重要载体的智库成为当代公共治理中的中轴结构。作为公共治理中轴结构的智库对治理力及其能量的扩散绝不仅限于上述公共治理场域中的"一阶扩散效应"和"二阶扩散效应"，其在公共治理中隐性而核心的作用恰在于其在公共治理场域中第三阶段的"三阶扩散效应"——治理力的现代化发展上。智库对治理力的现代化发展主要是通过智库对多元治理主体认知图式③的转变得以实现。这种转变的必要源于瑞士著名心理学家皮亚杰所提出的"同化—顺应"理论。所谓同化，就是把外界的信息纳入到原有图式中来，使原有图式不断巩固和扩大的过程；所谓顺应，就是当环境发生变化时，原有图式再不能同化新的信息，而必须经过调整建立新的图式的过程。用皮亚杰的话来说，"刺激输入的过滤或改变叫同化，内部图式的改变以适应现实叫做顺应。"在传统公共行政过程中，重复出现的情况是：以固有图式不断"同化"外部环境变化所引发的"刺激"，这种同化过程表现为治理过程中缺乏对于新情况、

---

① "中轴原理"由贝尔1973年在《后工业社会的来临》中提出，贝尔将社会进程划分为三个阶段：前工业社会（农业社会）、工业社会与后工业社会。前工业社会主要是依靠原始的劳动力并从自然界提取初级资源。整个工业社会的轴心是"生产与机器"。那么，后工业社会的中轴原理将定位于什么？贝尔的答案是："理论知识"，即理论知识将成为社会革新与制定政策的源泉的中心。贝尔认为：知识对于任何社会的运转都是必不可少的，知识可分为经验知识和理论知识，在前工业社会中，经验知识必不可少，理论知识可有可无。到了工业社会，理论知识的成分和比重在增加。理论知识的地位越来越重要。而到了未来的后工业社会，理论知识居于核心的地位。

② [美]丹尼斯·贝尔：《后工业社会的来临》，高铦译，新华出版社1997年版，第131页。

③ 图式就是存在于记忆中的认知结构或知识结构。每个人头脑中都存在大量的对外在事物的结构性认识，即图式。瑞士著名心理学家皮亚杰则认为"认知图式是动作的结构或组织"。换言之，即人们对于外部刺激物基于原有图式的认知方式。

新要求的理解和思考，而以固有认知图式对不同治理情况做类似处理，在现实治理过程中主要表现为经验治理、工具化治理和外部治理等治理模式和倾向，其结果是治理模式与治理需求之间张力所导致的治理效果不佳甚至治理失败。而在社会和公民方面，由于受历史文化和长期封建集权体制的影响，在我国公民认知图式中对于公共治理中所需要的参与、信任、合作等核心要素依然是以固有认知图式进行同化的过程，其表现为社会组织和公民对于公共治理中自治和共治要求和发展趋势缺乏有效理解和行为动力，仍表现出依赖政府的"他治"倾向，而这将导致治理内在动力的缺失。因此，智库在公共治理中的功能不仅表现为"器"和"技"层面的局部问题解决和方案的提供，更重要的表现为对多元治理主体认知图式的转变即"顺应"。这一转变是公共治理模式的根本性转变，是公共治理力最终得以扩大并实现现代化的根本原动力。这一转变是通过对各类公共治理主体认知图式的转变，使公共治理主体具备有效的公共治理认知图式，从而正确理解公共利益、理解公共治理、理解自身的需求、动机和行为，最终实现以"智"为"无形的手"对公共治理运行和发展的维系，以"智"为中轴对公共治理的现代化推进。"三阶扩散效应"主要表现为智库作用下公共治理实现的四方面转变："经验化治理向知识化治理的转变""工具化治理向价值化治理的转变""他治向自治和共治的转变"以及最终实现的以法治、德治和智治为基础的治理向善治的转变。

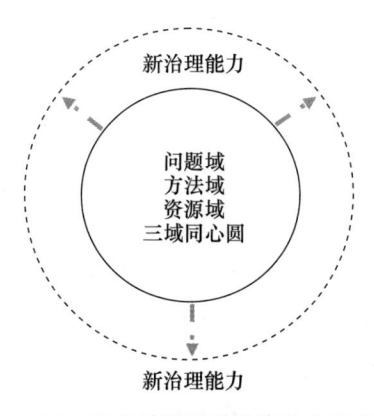

图 3-22　治理场域及其能量的扩散效应

经验化治理向知识化治理的转变。智库对公共治理的"三阶扩散效应"首先表现在对决策者和相关行政人员认知图式的转变上，即将经验化治理转化为知识化治理。长期以来，受我国历史文化和集权体制的影响，政府及相关部门在公共治理过程中往往以经验化治理为主要形式，其表现为政府及相关治理部门较多以过去的治理经验或类似案例为依据对公共问题进行解决和处理，缺乏相关问题的理论知识和系统研究。经验化治理的形成主要来源于行政人员的认知图式，传统官僚的图式包含大量如传统治理知识、治理方式以及官僚主义、经验主义、形式主义等知识结构和认知结构，其导致既有认知图式成为行政人员的过滤网，不仅过滤着认知，更限制了决策者和行政人员的视野。换句话说，即认知图式决定了他们能看到什么并做出何种反应。行政人员固有认知图式使得传统的治理中缺乏对创新知识和思想的基本理解，他们往往认为那是"纸上谈兵"，缺乏可操作性和实用性。这导致创新知识和思想在公共治理中被边缘化，而经验化治理大行其道。其结果是：治标不治本、运动式治理、缺乏预见性的被动化治理等情况的出现及其所带来的治理效果不佳甚至治理失败。因此，有效实现治理能力的现代化发展，必须实现经验化治理向知识化治理的对公共治理的认知图式转变，智库在这一"顺应"过程中发挥着关键作用。通过智库与政府及相关职能部门如"旋转门"机制、专题讲座、座谈会、参与调研规划等直接影响和发表评论、动员和参与社会运动等间接影响等形式得以实现。这些方式往往能够帮助智库实现对决策者和行政人员的知识和思想的输送，观念与作风的转变，内在危机感与社会压力的施加；并能够展示出智库所拥有的深厚理论知识与丰富的创新思想，有效的预见预警能力，完善的策划规划实力，巨大的社会影响力，丰富的社会资本等，这些都将使决策者和行政人员重新审视"智"的因素在公共治理中的定位与角色。通过智库对决策者和行政人员原有认知图式的改变，将使决策者和行政人员认识到知识和创新思想在公共治理中的重要性和必要性，树立"凡重大决策必咨询专家"的理念，完善重大决策专家咨询制度，最终实现由排斥理论知识与创新思想的经验化治理向尊重依靠理论知识与创新思想的知识化治理转变。智库对决策者及行政人员实现的"顺应"效应,将有效实现转变决策者及行政人员对理论知识、创新思想以及公共利益、公共治理等多方面的认识及其观念,这种转变的结果正如库恩所说:"两组科学家在不同的世界里实践着,当他们从相同的问题出发按相同的方向看时,看到的是不同的东西。"[1] 而智库正是将决策者和行政人员带入不同世界的引导者。

工具化治理向价值化治理的转变。当代公共治理中"工具实用主义"依然占据主流,其表现为治理过程中过度倾向于科学主义和技术层面,以理性分析实现效率,以专业性偏见将问题技术化。工具化治理所带来的影响是:"官僚机构内部的管理者和行政人员成为道德上中立的技术人员,公共性被忽视,官僚机构与公民接触甚少,公民和公民组织被认为是'被动团体'甚至是绊脚石。"[2] "这使得官僚机构不仅出现功能性障碍,同时也使其实践活动失去人性。"[3] 公共治理的目的不是控制或治理本身,其最终的目标是实现公共利益。在公共治理中,公平、正义、自由、平等、责任、宽容、合作等是其核心价值,离开这些核心价值的公共治理必然是没有灵魂的公共治理。而对于官僚机构及其人员,其应具有勇气、节制、正义、责任等美德,形成正确的公共服务动机。正如弗里斯所说:"公务人员必须勇于奉献、认真负责。他们的愿望和骄傲就是奉献社会。他们坚持专业价值和精湛技能。他们的职责并非仅仅是实现组织目标,他们也为公共利益做出贡献。"[4] 因此,实现有效的治理应以价值和美德的回归为前提,而如何实现价值的有效回归以及对公共治理的重新理解进而形成价值为导向的价值化治理,则需要智库发挥教育和导向作用。智库的核心作用源于其特殊角色,作为专业领域理论与价值的研究者、探索者和前沿者,智库能够从多角度审视公共治理,并能够有效发现公共治理所

---

[1] [美]库恩:《科学革命的结构》,上海科学技术出版社1980年版,第13页。
[2] [荷]米歇尔·S. 德·弗里斯等:《公共行政中的价值观与美德:比较研究视角》,熊缨等译,中国人民大学出版社2014年版,第25页。
[3] 同上书,第26页。
[4] 同上书,第27页。

应内含的价值。正如亚里士多德所说:"有些人更为杰出,他们比其他人形成了更好的判断力,就像有音乐天赋的学生能够辨别艺术大师的卓越之处一样。"凭借这种独特的判断力,智库成为公共价值和美德的守护者与建构人。智库将能够通过改变官僚机构管理人员和行政人员认知图式的方式重塑行政文化,实现工具化治理向价值化治理的有效转变。智库能够通过其资政辅政的功能,以政策建议和评估反馈等形式实现对相关价值理念的输入。通过这种输入,相关价值观得以在官僚机构内部呈现,对相关政策建议和评估反馈的阅读过程,其实质为智库对某一价值观相关知识和内涵的分析过程,其也可以看作是对管理者或行政人员的再教育过程和认知图式的顺应过程(改变其知识结构和认知结构);智库及其专家还可以通过座谈会、培训会、听证会和咨询会等多种会议形式,直接将相关价值理念和知识传授于官僚机构的管理人员和行政人员,使他们在充分理解的基础上引发共鸣和重视;智库还可以通过在新闻媒体发表公开评论、撰写著作等多种形式,提出社会倡议和呼吁,使公共治理中的相关价值理念引起广泛关注,形成社会舆论焦点。社会舆论焦点将引起官僚机构对相关价值的注意,并在一定程度上削弱管制文化的舆论和心理基础,进而引发治理主体对相关知识的需求和相关价值的思考。另外,智库在改变官僚机构行政人员认知图式进而形成美德方面也发挥教育者和监督者等多重角色。爱因斯坦认为,"理论决定着我们所能观察到的问题",是否具有认知公共治理的知识结构和认知结构,决定着官僚机构的管理者和行政人员是否能够正确地认识自身角色及其权力义务责任并进而形成美德。智库作为理论研究者能够通过知识的传授、典型案例的讲解、先进经验的引入等多种直接方式,以及反馈评估意见、公开发表评论、发动社会运动等间接方式对官僚机构的管理者和行政人员进行多种方式的教育,施加多方面的影响,从而改变其知识结构和认知结构,使其随着知识的增加和认知的改变,树立以公共利益和福祉为中心的"公仆意识""服务意识",不断发现自身问题并加以改正,最终在这一动态过程中形成公共治理中应具备的美德。需要强调的是,与一般宣传教育不同,智库对价值观和美德的培育和引导,是以知识为核心，以思想为对象。更强调从改变知识结构到改变认知结构进而改变认知图式的逻辑过程。而这一逻辑过程将从根本上有效实现工具化治理到价值化治理的转变。

他治向自治和共治的转变。自治和共治已成为当代治理的必然要求和发展趋势，这种要求和趋势主要源于公共治理多元化、复杂化和动态化的特点，"政府已无法成为唯一的治理者，它必须与非政府组织、社区、民众和私人部门一起来治理，推行公共服务的社会化和市场化。"① 另外，"中国的最大特点是超大规模，中国文明与政治共同体从一开始就是超大规模的，在这样超大规模政治体中维护健全秩序的唯一有效模式是社会与政府分开、合作的多中心治理。"② 多中心治理既强调社会组织与公民对于自身能解决问题的分散化自治，也强调对于个体无法解决问题的多主体复合化共治。然而，在公共治理实践中，基于社会（公民和社会组织）视角而言的"他治"（政府治理）却仍然是公共治理中的主要形式。"他治"延续的原因是多方面的，但固有认知图式与治理需要之间的张力是其根源，其表现在政府与社会两方面：政府方面，地方政府及其职能部门还未转变思维模式，仍以原有官本位或权力本位等认知图式理解自治和共治。这使得权力依然集中于政府，决策中心也未能实现下移，自治和共治的实现缺乏基本平台，社会组织和公民的自治能力得不到有效发展。社会方面，由于受到长达两千多年封建专制统治的影响，中国社会形成了无形的等级观念和弱势观念。公民缺乏自我认知，缺乏自治意识，缺乏合作素养，缺乏理解自治和共治的基本认知图式。知识和素养的缺乏使公民在遭遇问题时，普遍表现出对政府及相关职能部门出于本能的依赖。自治能力的缺乏不但使政府治理压力剧增，也使以自治为基础和逻辑起点的共治难以实现。因此，如何实现"他治"向"自治"乃至"共治"的有效转变成为当前公共治理中的焦点问题，而这一转变的关键在于多主体认知图式对治理需要顺应的实现，这使作为知识和思

---

① 人民论坛编：《大国治理》，中国经济出版社 2014 年版，第 37 页。
② 同上书，第 53 页。

想集合体的智库作用得以凸显。智库对"他治"向"自治"和"共治"转变的作用，主要表现为智库通过知识和价值的共享，观念和思想的交流，从而实现认知图式的转变，最终滋生和促成规范、信任与合作。智库的顺应作用主要表现在：首先，智库作为"全社会的大学"的大学，能够不断地向社会提供实现自治和共治的知识和理念。政府和公民能够通过智库知识和观点的提供，实现对自治和共治的理解，这解决了认知图式顺应的第一步，即是什么的问题。其次，与一般的宣传教育不同，智库对政府和公民认知图式的转变更集中地体现在心智模式的根本转变。这是因为心智模式的转变不仅需要解释"是什么"，更要求解释"为什么"的问题。而对于"为什么"的解答，不仅需要单向提供的知识和理念，更需要多向的交流与合作的实践。智库作为知识与权力的桥梁，政府与社会的桥梁，社会组织间的桥梁能够在与多元治理主体实现双向交流的同时，转而成为多元治理主体连接的中介，使其通过合作了解对方，在实践中领会自治和共治的需要，这一过程不仅解释了"为什么"，还进一步为"怎么做"提供了途径。最后，智库将通过引领社会思潮的方式，从根本上构建认知图式顺应实现的外部环境。智库可以通过向政府提交研究报告和政策方案建议，以及向社会发表评论、撰写书籍和公开讨论等多样化的形式，实现引领社会思潮和培育践行社会核心价值观等功能。这样，通过智库对符合党和人民利益的社会思潮的引领，不仅能够有效抵御西方意识形态的渗透和歪理邪说的蛊惑，还能够实现主流意识形态和价值观在各治理主体中的广泛共鸣和趋同。其能够使政府、社会组织以及公民发现自身认知图式的问题，产生改变认知图式，向着成熟的学术理论发展，向着普遍的社会心理发展的压力和动力，从而最终有效实现认知图式的顺应。在顺应过程中，伴随着多元治理主体认知图式的转变，"他治"的治理形式将在社会思潮带来的压力和动力的作用下，逐渐实现向"自治"和"共治"的有效转变。

第四章　智库在公共治理中功能实现的现实困境

理想状态下"聚散效应"的实现过程，既是治理力得以形成并发展的现代化过程，也是智库以其智慧因素实现影响力的动态过程，其最终将带来智库与治理协同发展的良性运行机制。然而，如同所有组织一样，智库治理功能（聚散效应）的实现既需要内部能量（人才、知识、思想、结构等）提供的充足动力即"推"的效应，也需要外部环境（制度、思想市场和社会认同等）的保障和支持即"拉"的效应。如果我们以智库发挥治理功能的"推拉"效应来审视当前我国智库实现治理功能的内外环境，就会发现当前我国智库的内外环境均不足以支持智库在公共治理中功能的有效实现。这种不足集中表现为制度、结构、能力和需求四方面对"聚散效应"从形成到发展再到能量辐射外放全过程的制约和消解。制度平台的缺乏正使作为"聚散效应"实现主体的智库面临生存和发展危机，智库结构体系的失衡导致"聚散效应"的部分分离，智库内在效能的不足抑制了"聚散效应"能量规模和强度，而思想产品消费需求的缺乏则进一步形成了对"聚散效应"的消解。不难发现，智库功能实现要件的缺乏正使智库在公共治理中功能的运行和发展深陷困境，而这也使得对智库在公共治理中功能实现困境的系统分析成为必要。

第一节　制度平台缺失对"聚散效应"的阻碍

智库治理功能实现的首要困境来源于制度平台的缺乏，制度平台的缺乏亦是影响智库在公共治理中"聚散效应"实现和发展的一种最根本性的障碍。制度对"聚散效应"的影响主要表现为对效应实施主体智库的多元影响。作为"聚散效应"的发生器，智库的运行状况直接决定了"聚散效应"的强度与范围，当智库因缺乏制度保障而面临身份、信息、资金和人才等多重危机而运转不畅时，作为其运转结果的"聚散效应"势必在功效上大打折扣。另外，智库的"聚散效应"需通过一定的渠道和媒介才能得以释放，这正如一个电台需要借助发射器才能将电台内容准确、广泛地传播。智库"聚散效应"的重要发射器即是决策咨询制度。只有通过多样化、制度化和动态化的决策咨询制度，智库在公共治理中的"聚散效应"才能得以有效实施和扩展。因此，制度对智库的系统支持和平台保障对于智库"聚散效应"的发生和扩展具有基础性和根本性意义。哈耶克认为："良好的制度、利益共享的规则与原则，可以有效地引导人们最佳地运用其智识从而有效地引导有益于社会的目标的实现。"[①] 当前我国智库参与公共治理的过程中，正是源于这种"良好制度"的缺乏，致使智库的智识难以有效运用于治理，致使智库在公共治理中的"聚散效应"难以生产，从而进一步恶化了治与智之间供需不平衡的局面。且这种制度资本的缺乏表现为一种系统性缺乏，而这种系统性缺乏又为智库功能的实现带来了多元阻碍。

一　智库登记管理制度的滞后

法律是国之重器，良法是善治之前提，法治是国家治理体系和治

[①] ［美］弗里德里希·奥古斯特·冯·哈耶克：《自由秩序原理》，生活·读书·新知三联书店1997年版，第69—71页。

理能力的重要依托，智库及其功能的实现亦需要法律支持、法律规范和法律保障。在发达国家，法律已成为保障智库发展，进而实现智库功能的重要举措。"颁布法令为思想库的发展提供法律上的保证是西方发达国家扶持思想库发展的一个重要举措。在美国，咨询已成为决策过程中的法定程序，政府项目的论证、运作等各阶段都必须有不同的咨询报告，特别是区域规划、决策出台前要有两份以上的详细咨询报告。而日本则在20世纪50年代后相继制定了《中小企业诊断实施纲要》《企业合理化促进法》《中小企业指导法》等，为思想库协调、有序地发展提供了法律保证。"[①] "与发达国家相比，我国目前还有许多相关政策缺位，没有形成系统的决策咨询制度，涉及决策智库业的法律法规几乎空白。现行的许多政策也多为包含性政策或'暂行政策'，国家对决策咨询机构的性质属性、行为方式、行为保障、工作评估等政策和措施也不健全，缺乏总体设计和协调，整体功能没有得到充分发挥。"[②] 例如：当前我国没有智库的专门法律，这使智库的性质属性、角色功能、运行规则、管理机制、监督机制等缺乏有效的法律支持、法律规范和法律保障，这不仅会导致智库"空洞化""符号化"与"知识滥用"的并存，还极易导致"权力知识化"和"知识权力化"等问题的出现；智库缺乏健全的登记管理制度，不同类型的智库隶属于不同的政府注册登记管理体系。归口不一的智库管理体系，为智库的管理和研究带来困难；智库缺乏有效的法人地位，"《民法通则》规定的四类法人（机关、企业、事业和社团）中无法找到与民办非企业法人型思想库对应的法人形式的相关规定。这导致了民办非企业法人型思想库的相关民事责任规定无法明晰。"[③] 法律的多元化缺位致使智库在公共治理中面临身份危机和影响力危机等根本性困境，其结果是智库发展的滞后和在公共治理过程中的边缘化和象征化。

[①] 侯经川：《国外思想库的四大制度保障》，《中国信息导报》2003年第8期。
[②] 王莉丽：《智力资本》，中国人民大学出版社2015年版，第195页。
[③] 薛澜、朱旭峰：《"中国思想库"：涵义、分类与研究展望》，《科学学研究》2006年第3期。

二 智库决策咨询制度的缺失

决策咨询制度是智库发挥其功能的基本平台和制度保障。近年来,党和政府对智库及决策咨询制度给予了高度重视,提出"加强中国特色新型智库建设,建立健全决策咨询制度",并强调"决策咨询制度是我国社会主义民主政治建设的重要内容"。既反映出智库在当前公共治理中的重要地位和作用,更反映出决策咨询制度关乎实现智库发展和功能实现的递进逻辑。然而我国的决策咨询制度尚有待完善,在重大决策上还未形成意见征集和政策评估的制度化。正如学者姜晓萍所说:"长期以来,专家参与行政决策咨询不是出于制度设计的必然,而是取决于决策者选择的偶然。也就是说,行政决策是否经过专家咨询?哪些领域的决策向专家咨询?采取什么方式咨询?专家咨询在多大程度上影响决策等问题,不是依据相应的政策、法规,而是取决于决策者的素质和需要。这就导致了行政决策专家咨询的随意性和主观性。"[①] 不难发现,由于缺乏完善的决策咨询制度的支持和保障,智库及其决策咨询功能将处于持续的被动化、边缘化和依附化状态,而这将导致智库丧失独立性、创新性和质量等核心价值。另外,决策咨询制度的缺乏也导致了决策咨询的监督制度、评估制度和责任制度的缺乏。这一方面将导致决策咨询被"工具化"或"象征化",使智库及其专家成为政府证明其决策正当性或回避社会压力的挡箭牌。正如评论者指出的:"相当数量的专家咨询是在'为论证而论证',为政府决策的合理性'背书',其专业性和科学性无法得到保证。"另一方面由于缺乏规制和约束,决策咨询也可能出现异化,引发"知识滥用""智库越界""知识与权力结盟"等情况的出现,从而导致智库丧失其独立性、客观性和科学性,其结果是政策失效导致的治理失败。因此,知识与权力的密切关系必须以健全决策咨询制度作为基础和前提,这种需要正如艾森豪威尔总统在告别演说中警告的

---

① 姜晓萍:《地方政府建立行政决策专家》,《地方政府建立行政决策专家》2005 年第 2 期。

那样:"不要让公共政策'成为科技精英的俘虏'。"①

三 政府信息公开制度的局限

智库的运行和发展过程是一个高度信息依赖的过程,信息的准确性、全面性和及时性对智库产品的质量乃至智库的生存和发展都有着决定性的影响。如果把智库理解为"思想工厂",那么信息则是智库生产产品的重要原材料,而原材料质量的优劣直接决定着思想工厂产品的质量。智库对信息的高度依赖性决定了智库对优质信息的必然要求,而这种要求在公共治理过程中则进一步发展为智库对信息供给和保障相关制度的迫切需求。当前,我国智库对于信息供给和保障相关制度的需求主要表现为对政府信息公开制度的健全和落实的需求。然而,与迫切需求形成反差的是,我国当前还没有关于政府信息公开的正式法律。我国现行的政府信息公开的相关制度只有2007年国务院发布的《中华人民共和国政府信息公开条例》,且该条列仅是行政法规层次上的规范性文件,其法律层级相对较低、法律效力有限、法律权威性不足等缺陷在近年来的政府信息公开实践中日益显现。而散见于《行政许可法》《行政处罚法》等法律中有关政府信息公开的规定,由于呈碎片化存在形式,致使其缺乏系统性和操作性。另外,如何处理《政府信息公开条例》和《保密法》《档案法》《统计法》等之间公开与保密的矛盾,也是信息公开面临的一个困境。例如,由于《保密法》是法律,而《政府信息公开条列》仅是法规,因此当二者出现冲突时,必然优先适用《保密法》的相关规定。而《保密法》规定:"具体的定密权限、授权范围由国家保密行政管理部门规定",这也决定了定密权归于政府,而政府完全可以将不愿意公开的信息定为秘密。另一方面,《政府信息公开条例》第八条规定"行政机关公开政府信息不得危及国家安全、公共安全、经济安全和社会稳定",这一规定过于笼统,缺乏可操作性,政府完全可通过该条例拒绝公开不愿意公开的信息。最后,现有的政府信息公开制度也存在严重的落

---

① [美]希拉·贾萨诺夫:《第五部门——当科学顾问成为政策制定者》,陈光译,上海交通大学出版社2011年版,第14页。

实不力等问题。主要表现为信息更新不及时，政府信息公开申请受理和处置机制不完善，政府信息公开渠道的开发和推广不充分等问题。综上所述，政府信息公开制度的不完善反映出当前我国各级政府对智库的信息支持仍然处于较低水平，而这直接制约了以信息和知识为血液的智库之生命力。反映在现实中即智库由于缺乏核心信息，丧失了基于信息而产生的创新和预见能力，其建议多脱离实际、缺乏操作性甚至出现重大失误，而这将导致智库的公信力和影响力大打折扣，其结果是智库建议成为决策者和公众眼中典型的"纸上谈兵"。另外，智库信息缺乏的现状也从一个方面解释了被西方学者所批评的中国智库多倾向于事后的阐释，而缺乏独立性、创新性、预见性观点的原因。政府信息公开制度的缺乏不仅导致智库功能的受限，还将导致一种不公平竞争环境的出现。源于信息流通的制度性、方法性阻隔，许多体制内智库能够凭借先天优势（能够通过特殊的地位、人脉关系和资源获取政府内部信息）获取特有信息资源，从而具备特有的竞争优势，最终成为某些项目实质上的唯一候选人。而其他智库迫于信息的缺乏，不得不放弃某些研究项目的投标竞争，或者他们必须通过打通政府内部关系和人脉以使自己不至于输在起跑线上，而这将会导致智库独立性的丧失，知识与权力的结盟，以及寻租和腐败情况的出现。

四 智库相关财税制度的欠缺

资金是智库得以有效运行和发展的基础，有效的资金保障在保持智库的独立性和持续性研究等多方面助益颇多，正如卡内基国际和平基金会总裁杰西卡·马秀丝坦言："我们拥有相对充足的基金，因此我们在研究选题上具有很大的自主性，我们也可以把更多实践花费在研究，而不是寻找资金上。"[①] 相对应，缺乏资金保障不仅会使智库在公共治理中的功能受资金瓶颈所限，更将导致智库面临生存和发展危机。当前，资金缺乏是我国智库功能实现面临的主要障碍之一，其主要源于当前我国智库相关财政政策和税收政策的缺乏。

---

① 王莉丽：《旋转门——美国思想库研究》，国家行政学院出版社2010年版，第146页。

财政政策方面，西方智库发达国家历来十分重视对智库的财政支持，这种支持根源于西方国家对思想价值的充分认识和重视，以及对智库资金来源与其思想倾向、研究质量内在关系的有效把握。例如，"美国政府设置的国家科学基金会每年掌握着十几亿美元的资金专门用于资助各种智库，英国政府是本国智库1/3的雇主。"[①] 我国由于长期受官本位思想、权力本位等思想的影响，缺乏对于思想价值的认识和重视。这种认识上的缺乏直接导致了对智库财政支持政策的缺乏，也使得对智库的既有政策支持更具有"象征性"和"荣誉性"性质。"有报告曾经提到，中国政府每年用于政策研究的项目经费相当于1.5公里高速公路的建设经费（中国每年要修建3000公里高速公路）。"[②] 财政支持政策缺乏的直接结果就是智库在资金上的捉襟见肘，这种尴尬的状态导致智库功能的运行和发展受到极大的限制；财政支持政策缺乏的间接结果就是智库不得不"在市场化大潮中自己找食吃"，而这将导致智库的独立性受到巨大挑战，智库的研究倾向和研究质量将受到出资机构不同程度的干扰。中国现代国际关系学院经济安全中心主任江涌认为："接受和寻找外部资金甚至海外机构和跨国公司赞助资金，已经成为很大一部分中国智库当前谋生存的主要手段，而弊病就是'拿人家的手短、吃人家的嘴软'。……瞭望新闻周刊在调研中发现一家半官方研究机构，其经费来源中来自主管单位的资金只占2%，委托课题费用占27%，相比较，一家美国慈善基金和一家德国跨国企业的资助共占63%。其负责人说，面对生存现实，接受外部资金也是没办法的事情。他也承认，为保持研究的独立性少受影响，该机构最多做到不碰与两家外资利益相关的问题。"[③]

税收政策方面，智库要保持资金充足，仅仅依靠财政支持是远远不够的。西方发达国家智库的发展经验告诉我们，智库的资金的充足往往与资金来源渠道的多元化有着正相关性。资金来源渠道的多元性

[①] 王莉丽：《智力资本》，中国人民大学出版社2015年版，第199页。
[②] 于今：《中国智库发展报告》，红旗出版社2013年版，第126页。
[③] 王建君：《中国智库锋芒待砺》，《瞭望》2009年第4期。

不仅能够保证智库资金的充足，还能够保障智库的独立性和研究质量。戴安娜·斯通认为智库的资金来源主要包括："基金会的支持、个人捐款、政府支持。"[①] 而是否享有免税地位对基金会、公司和个人等的捐款具有重要影响。西方发达国家税法中普遍规定了智库作为非营利性组织享有免征企业所得税和财产税等特殊税收身份，这为智库提供了较好的捐赠平台和捐赠激励。我国目前仅有一些关于民间智库的税收规定，"根据《企业所得税法》的规定，民办非企业法人型民间智库免征企业所得税，其从事的公益性业务享受税收优惠政策。"[②] 对于包括官方智库、半官方智库以及民间智库在内的多类型智库在接受捐赠、承接合同项目、开展咨询业务等活动过程中减免税制度还存在空白。与税收政策相配套，我国的公益捐赠制度也亟待完善，如何有效完善公益捐赠制度，激励基金会、公司和个人对智库的捐赠资助也是当前亟待攻克的一个课题。

五 智库人才保障机制的不足

智库是知识和思想之库，更是人才之库。作为知识和思想的载体，人才是智库的核心资源。人才资本的规模、结构以及质量直接决定了智库的内在能量，并进而影响着智库的功能。因此，智库在公共治理中功能的有效发挥和发展是以完善的智库人才保障机制为前提的，缺乏人才保障的智库，将无质量和创新可言。

当前我国智库面临的一大困境即人才的匮乏，而人才匮乏却隐喻着人才保障制度的缺乏。这种制度缺乏表现为以下几个方面：

（1）人才选拔机制的狭窄。与其他领域的人才相比，智库人才具有更高要求。其表现为对人才综合化知识结构、多元化能力结构和创新化思维结构的要求。例如智库不仅需要具备理论知识的人才，还需要具有经验知识的人才；不仅需要资深专业研究人才，还需要领军人物、辅助研究人才和行政管理人才；不仅需要某一专业领域的专家，还需要具有不同学科背景、研究工作经验、年龄结构和历史文化背景

---

① 金芳等：《西方学者论智库》，上海社会科学院出版社2010年版，第121页。
② 王莉丽：《智力资本》，中国人民大学出版社2015年版，第200页。

的人才等。兰德公司正是这种复合人才的聚集体（其成员来自世界45个国家，聚集了各类高层次人才），其也深深地受益于这种特质。智库要求决定了智库的人才选拔应具备开放性、综合性和动态性。相对于智库人才选拔机制要求，当前我国智库的人才选拔机制显得过于狭窄。这种狭窄主要表现在对象的狭窄（多以刚毕业的博士生和硕士生为选拔对象）、规模的狭窄（受编制或资金影响引进人才数量不足）、运行的狭窄（将选拔等于正式引进，未能实现柔性引进）。选拔机制的狭窄使许多优秀人才被排斥在选拔范围以外，从而从根本上阻碍了智库在知识和思想上的汇聚，最终制约了智库功能的实现和发展。

（2）"旋转门"机制的缺乏。智库人才既需要来自研究的理论知识，也需要来自治理实践的经验知识。这就需要智库与相关职能部门共建"送出去"和"请进来"的人才双向流动机制，即"旋转门"机制。旋转门机制是理论知识与经验知识相结合的过程，也是知识与权力有机融合的过程。从"送出去"的角度来说，智库能够实现学以致用，能够在理论与实践的结合过程中，获得有关公共治理的新信息，遇到各种新情况，发现和预见各种新问题，进而引发新方法和新思想。另外，通过人才的"送出去"，同时也能够建立相关政府及其职能部门与智库的交流，并在交流的基础上建立信任，其对于智库功能的实现极为关键。从"请进来"的角度来说，理论的强大和实践的不足往往使智库囿于"纸上谈兵"。将退休的官员、企业精英、社会精英等请进智库，往往能够带来多元化的知识、信息、经验甚至大量社会资本。当前我国的旋转门机制还未完全运行，学者们多将中国的旋转门比作"半开"的旋转门。智库与政府等部门之间尚未形成制度化、常态化的人员流动。半开的状态将大量人才分割在门两边，限制了智库与政府、社会之间人才的流动，阻碍了智库与外界的人才互补和功能互补。

（3）柔性引入机制的缺乏。即使最庞大的智库也不可能实现专业研究的面面俱到。面对自身知识的有限性和公共治理问题的无限性矛盾，智库仅仅通过扩充编制和引入人员是不够的，解决这一矛盾的根本办法在于建立柔性引入机制。与通常的人才引入不同，柔性引入机制是一种人才的非制度化的隐性引入。这种引入更多地表现为一种合作，即某一智库发起的针对某一治理问题所需要的专业知识和人员所成立的研究小组，研究小组成员来自不同国家、不同地区的智库、政府部门、企业和社会组织等，针对特定问题进行合作研究。这种合作研究可以是暂时性的，也可以是持续性的。通过合作能够实现各类人才及其思想的汇集，能够实现所谓"不为我所有，但为我所用"的人才引入机制，其实质是一种知识和思想的汇集，以及在汇集过程中新灵感和新思想的迸发，其对于公共治理尤为重要。当前我国智库在柔性引入机制的运用上还有待加强，各类智库更像一座座孤岛，缺乏有效化、常态化和系统化的合作，如何将各类知识和思想的实体有机联系形成智网，对于智库在公共治理中功能的有效实现和扩展升级有着决定性影响。

第二节　结构体系失衡对"聚散效应"的分离

智库在公共治理中功能实现的第二个困境来源于结构的不合理，这种结构不合理主要表现为智库体系内部结构的不合理、智库的区域分布不合理以及智库研究结构的不合理对"聚散效应"在构成、范围和强度上的部分分离。智库体系结构的失衡将导致智库在公共治理中"聚散效应"随智库组成结构的失衡而出现整体性偏离，随智库主体的部分缺失而产生效应的部分分离；智库分布结构的失衡将导致智库"聚散效应"的辐射范围受制于智库分布范围，智库失衡的分布范围将导致部分区域被分离于"聚散效应"作用区域之外；智库研究结构的不合理将导致智库研究体系内部作用和反应环节的部分缺失，这使"聚散效应"由于缺乏系统研究所产生动能支撑和推进，而在能量强度上呈现出被分离和被弱化的状态。总体来看，结构体系的失衡正使智库大厦处于倾斜的危险状态，这不仅使大厦内部的人们在视野和行动力等多方面受到极大限制，表现得举步维艰和小心翼翼，也使大厦外部的围观者对大厦的可靠性和科学性产生了怀疑。换句话说，结构体系的失衡一方面将制约智库多元化发展所带来的多元化功能的生成和发展；另一方面将导致智库结构的畸形发展及其带来的功能紊乱，这将导致智库在公共治理中的"聚散"功能在能量积聚强度和外放范围上都大打折扣。

一 智库体系结构不合理

智库体系结构的不合理主要表现为智库体系的各组成部分的比重和能力的非均衡性。我国目前有 426 家智库，智库体系主要由党政军智库、科学院智库、高校智库和社会智库构成。据上海社会科学院的《中国智库报告》统计："当前国内正常运行，且对公共政策形成和社会公众具有较强影响力的活跃智库共有 200 余家，其中 2/5 为党政军智库，1/4 是社科院智库，民间智库占比 1/3。其中'国字号'智库又占党政军智库的 30% 左右。"[1] 王辉耀持不同观点，他认为："按照软科学机构的统计进行估计，中国各类智库机构将近 2500 家，其中官办智库的数量占据 95%，而民营智库仅占 5%，其中还包括隶属于官办智库的人员在民营智库里兼职的状况。由此可见，官办智库不仅数量庞大，而且是中国智库的主体。他们依托政府背景和资金支持，承担了绝大部分的政府委派的课题，占据着绝大部分资源，几乎垄断了国内的智库领域。"[2] 比较两组数据，无论谁更准确，都共同反映出当前智库体系的现状：各类智库在智库体系中的所占比例以及影响力的严重失衡。在智库体系内部尚未形成科学合理的多元化智库布局，而这种不合理的智库结构不仅直接制约着智库在公共治理中功能布局的合理性和功能实现的有效性，更从根本上制约着各类智库功能的运行和发展。

在智库功能布局和实现方面。首先，公共治理是一个涉及多领域

---

[1] 上海社会科学院智库研究中心：《中国智库报告》，上海社会科学院出版社 2014 年版，第 10 页。

[2] 王辉耀、苗绿：《大国智库》，人民出版社 2014 年版，第 237 页。

和多层次的系统过程，这决定了公共治理不仅需要"顶层设计"，也需要包含多领域、多层次的战略战术、方法对策、技术手段等在内的多种智慧的汇集和融合，这一过程是智库在"器"、"技"、"道"、"理"多个层次上功能的有机统一。可以说，正是公共治理多样化、多层次的需求决定了作为需求回应主体之一的智库应具备多层次、多样化和合作化的特点。然而，当前官方智库一枝独大，所谓"只有国家队，没有民间队"的智库格局，将使智库在公共治理中的功能也随着智库格局的单一化而在功能分层、分类以及专业化和多样化方面大为受限。官方智库的庞大与民间智库的弱小将导致智库功能更多集中于国家层面宏观战略研究，地方层面政策问题以及社会层面乃至基层问题将在一定程度上被忽略，智库功能的发挥和发展也将由于智库结构的限制被很大程度上固定在宏观战略和战术层面。其结果是，一方面大量政策方针因缺乏健全的执行方案和有效的执行力而成为"空中楼阁"；另一方面大量基层社会问题和专业化问题将由于缺乏系统的智库研究和智力支持而成为公共治理活动有效开展的障碍和隐患。其次，不均衡的智库格局将导致智库之间缺乏有效竞争，这将导致智库在独立性、质量和影响力等方面受到影响，进而严重制约智库在公共治理中功能实现的广度和深度。这是因为，只有多元化的智库才能带来多元化的功能；唯有竞争的智库环境，方能实现智库功能的优胜劣汰。正是基于这两个前提，智库在公共治理中才能多元化、优质化以及专业化、个性化地实现其功能，充分释放其能量。而智库格局的单一化显然从主体上限制了智库功能的多元化、专业化和优质化发展。官方智库的独大以及竞争环境的缺乏将导致公共治理多元化需求与智库单一化供给的突出矛盾。

在各类智库自身功能的运行和发展方面。严重不均衡的智库体系将导致各类智库缺乏均衡发展所带来的竞争压力、交流合作与优势互补等智库发展基本动力的缺失，其结果是单一结构所导致的各类智库要么无生长环境，要么在温室中生长，而两者都无法实现智库的良性运行和茁壮成长，其导致了我国当前"官方智库大而不强，高校智库曲高和寡，民间智库弱而无力"的智库现状。我们可以通过对当前我国各类智库面临的困境及其成因的分析梳理出不均衡体系对各类智库功能实现和发展带来的多种影响。

官方智库面临的核心问题主要表现在独立性、前瞻性和研究质量三个方面。

独立性方面,党政军智库是"通过立法或者行政组织条例组建的存在于党、政、军系统内部,为各级领导层提供决策服务的智库机构,多以党政机关和军队内部直属的决策咨询机构身份出现",[①] 发挥着"内脑"的职能;社会科学院"名义上独立于政府体系,而实际上与政府部门有着千丝万缕的联系,是对政府政策的制定具有重要影响和推动作用的非政府机构。"[②] 二者经费主要源于财政拨款,且研究课题多为指定,研究成果也具有一定程度的政策指引性。这使官方智库在独立性(独立选题和独立研究)上受到一定程度影响,有的甚至以政策阐释和宣传为其工作核心,全力为政府保驾护航,因此而丧失了独立选题、独立研究和独立发声的基本能力,致使智库在公共治理中的核心功能缺乏基本条件。需要强调的是,智库的独立性并非与政府保持距离的空间独立性,而是在与政府和其他组织合作基础上,在选题、观点和结论等方面不受外部影响,坚持客观性、科学性和权威性的独立特质。

前瞻性方面,智库在公共治理中的功能不仅在于"想政府所想"的应急性研究,更强调"想政府所未想"的预见性治理。官方智库接受指定课题,研究成果被指引的现状将导致官方智库研究在时间和空间两个维度上受到极大限制。这是因为,"政府常常疲于应付眼前发生的事情,根本没有时间和精力去处理,去寻找方案解决一些可能、很可能甚至不太可能发生的事情。"[③] 而在这种情况下政府的"指定"和"指引"将导致智库研究在时间上局限于当务之急,在空间范围上

[①] 上海社会科学院智库研究中心:《中国智库报告》,上海社会科学院出版社2014年版,第7页。

[②] 同上。

[③] 李安方等:《中国智库竞争力建设方略》,上海社会科学院出版社2010年版,第108页。

局限于政府视野,其结果是智库的研究多集中于应急研究,而忽视了前瞻性研究。前瞻性研究是智库在公共治理中功能的重要组成部分,基于专业研究推理和探索对公共治理中隐性问题的预见及随即产生的预见性治理和储备性政策的构建是公共治理的重要方式和组成部分。缺乏前瞻性研究和预见性治理必然导致智库功能受限进而引发公共治理问题丛生和治理主体的疲于应对。

研究质量方面,官方智库对我国的经济社会发展做出过巨大贡献,但其中也不乏大量失误,其暴露出官方智库的研究质量还有待于进一步提高。例如财经评论员叶檀曾分析:"从2007年到2008年的经济运行情况看,学者之前的预测多数是错误的。这个问题的原因有两个方面:一方面,的确是研究人员水平差,业务不熟练,甚至连一些基本的概念都没有厘清,对基本的经济规律缺乏认知。另一方面,绝大多数人还不至于犯这样的错误,我认为是他们对自己的定位错了。研究者提供的应该是对未来经济有依据的科学判断,但是由于我国多数是体制内的研究者,所以研究者的职责在多数情况下就变成了为现有的政策做解释。或者是根据需要作出相应的预期,完全偏离了客观公正的研究态度。"① 另外,"不少专家奇谈怪论屡发,信口开河,被公众讥之为'砖家'。什么'春运铁路一票难求在于票价太低'、'学费太低不利于穷孩子上学'、'中国改革利益受损最大的是干部'、'中国的贫富差距还不够大,只有拉大差距,社会才能进步'、'取消养老保险、失业保险、工伤保险等福利,目的是保持大家的工作热情和能力'以及'土地红线有害论'等,不一而足。人民网的一项调查就表明,80%的公众对专家学者包括一些著名专家学者的印象偏差、评价偏低。"② 智库研究质量的缺陷将导致智库在公共治理中缺乏基本的公信力和认同,而公信力的缺乏将进一步影响其在公共治理中的影响力。如前所述,智库在公共治理中的"聚散"功能是

---

① 《解密智库:中国政府的"谋士"》,http://news.sina.com.cn/newobserv/zhiku/,2013-11-04。

② 《中国智库何时才能名副其实》,http://news.xinhuanet.com/theory/2009-02/08/content_10773998.htm,2013-11-04。

以其公信力和影响力为基本前提的，缺乏二者支持的智库不仅在公共治理中难以有效实现其"聚散"功能，甚至将面临认同危机、信任危机和生存危机。

高校智库面临的核心问题主要表现为身份定位、研究定位和应用性缺乏。

身份定位方面。高校智库附属于高校的特殊身份定位既为其功能的生成和扩展带来了诸多助益，也为其功能的有效实现带来了基于身份的制约。助益方面，首先，高校智库的附属性质一方面能够使得高校智库能够依托高校的知名度和影响力获得广泛的社会认可和公信力；另一方面高校智库也能够凭借高校身份获得稳定的经费和课题来源。其次，高校智库能够依托高校丰富的学术资源和人力资源进行长期的深度研究和综合研究，从而保证了研究的科学性，并有效回应了公共治理对交叉综合研究的需要；相对于官方智库，高校智库独立于政府，这又为其研究的独立性和客观性提供了基本保障。制约方面，高校智库的高校性质，使其只能依附于所属高校，而不具有独立的法人资格，不能够独立与外部签订合同，不能进行独立财务核算，这使高校智库功能的实现面临来自高校制度的多元制约。

研究定位方面。相对于其他类型的智库，高校智库具有大学属性，大学的主要功能包括人才培养、科学研究、服务社会、文化传承创新。虽然高校的上述功能本身也直接和间接内含着智库功能，但从本质来看高校更偏重于知识生产，而智库更多偏重于知识在实践中运用。其表现为高校的学科（学术）导向和智库的问题导向间的区别，也表现为高校侧重于基础研究和应用研究，而智库更多侧重于对策研究。因此，盲目将高校智库定位成大学发挥着智库功能或智库的高校存在形式功能必然导致高校智库存在定位不清，从而引发高校智库的功能紊乱。当前，我国众多高校纷纷建立各种智库，但许多高校智库的建立并未真正认清自身的研究定位，致使其能够发挥的功能甚微。学者薛澜曾对当前"智库热"发出过"冷思考"的警示，这种冷思考对于当前的高校智库尤为重要，在高校智库构建热潮下对研究定位的忽视已逐渐开始显现出其对高校智库在公共治理中功能实现的内在的根本性阻碍。

应用性缺乏。高校智库的大学属性使其更多以学术研究为导向，遵循学术共同体的学术规范，而智库的作用在于将知识有效运用于实践，特别是基于既有环境有效运用于实践。正如学者朱旭峰分析的那样："学术研究有其自身的学科发展规律和规范约束，是一个基于反思、探索、创造的过程，以应然层面的、相对理想化的情景为参照展开符合学术话语体系规范的研究；而政策制定受政治制度的影响，以识别和正视现实情景的约束为条件，本质上表现为资源权威分配过程中利益的博弈和调和……我国高校智库建设时间相对较短，高校政策研究者更多的适应学术共同体的学术规范，嵌入政策共同体的主动性和嵌入能力并没有充足的准备。比如学术研究报告和政策咨询报告的话语体系转换问题。"[①] 另外，高校专家学者多承担着大量教学和发表学术论文等任务，高校的考核体系也多以二者为绩效的主要评定指标，这也使高校智库的专家学者在对策研究上时间、精力有所分散。因此，当高校智库以学术导向和规范来发挥智库的对策功能时，往往会导致高校智库研究缺乏应用性和可操作性，其表现为高校智库所形成的研究成果往往与治理实践有一定距离，这种所谓"不接地气"的研究使高校智库在公共治理中功能的发挥受到了来自其特质的限制。

社会智库是整个智库体系中最薄弱的一个环节，其面临着的功能困境主要包括身份困境、资源困境和能力困境。

身份困境。当前我国的民间智库主要包括三种形式：企业型智库、民办非企业法人智库、社团性质智库，除企业型智库有明确法律（《中华人民共和国企业法人登记管理条例》《中华人民共和国公司登记管理条例》等）规范和保障外，其他两种社会智库均面临身份困境：民办非企业法人智库缺乏基本法律保障，这使政府对其管理无法可依，其自身的权力责任无法明确；社团性质智库方面，我国《社会团体登记管理条例》《基金会管理条例》《民办非企业单位登记管理

---

① 朱旭峰、韩万渠：《中国特色新型高校智库的兴起、困境与探索——以中国人民大学智库建设为例》，《高等教育评论》2015 年第 1 期。

暂行条例》均规定:"社会组织要获得'合法身份',需先获得所在行业业务管理部门的审批,才能到民政部门登记管理机关申请登记,需要接受行业业务主管部门和民政部门的双重管理。"① 另外,2005年中国国家工商总局对注册企业名称进行了一次规范化行动,规定研究中心和研究所一律重新注册为公司。这使得所有社会智库都以公司模式运营,多以"商业咨询"供养"政策咨询";政府也以公司身份对待社会智库,在税收等方面并无优惠政策,资金和业务上的双重制约导致社会智库处境艰难。因此,社会智库当前面临的不仅是如何发展的困境,更面临着以什么样的形式产生和继续存在的根本性障碍,其在本质上解释了社会智库弱小现状的根源,换句话说,正是身份的尴尬处境导致了社会智库在生存和发展上困难重重。

资源困境。资源困境是身份困境的发展,正是源于身份困境的制约,社会智库往往不能够充分吸引外部资源。例如,在资金方面,与社会智库相比较,政府更信任官方智库,更愿意将各种研究项目委托官方智库完成,这使得社会智库难以形成以研究维持和发展组织本身的运营机制。与此同时,我国的捐赠制度还不完善,并无专门针对社会智库的捐赠制度(规范、减免税等),这极大地制约了社会智库的社会资金获取。另外,我国的社会智库尚缺乏有效的影响力和公信力,这也影响了其吸纳资金的能力。除资金以外,社会智库还面临着物资匮乏、人才匮乏、信息匮乏、参与渠道匮乏等多种困境,这使得民间智库缺乏基本生存、生长和发挥多元功能的内在能量和动力。

能力困境。身份和资源的困境直接导致了社会智库的能力困境。这种能力困境可以通过2014年智库综合影响力前十名中唯有一家民间智库——中国(海南)改革发展研究院排在第十,以及全球智库百强中我国民间智库无一入榜的现实得以窥见。能力困境源于身份困境和资源困境,而能力困境又将导致社会智库在社会知名度、社会公信力、社会影响力以及社会美誉度等多方面大打折扣,进而恶化了社会智库在身份和资源两方面的艰难处境。当前我国社会智库面临的三个

---

① 王辉耀、苗绿:《大国智库》,人民出版社2014年版,第268页。

困境从多个方面、多个阶段严重剥离了社会智库在公共治理中实现"聚散"功能的根本能力。其不仅极大地制约了官智与民智相融合、以官智推进民智的智力资本的发展，更影响着以智库多元化功能回应公共治理多元化需求，以智力因素推进国家治理现代化的整体进程。

二 智库分布结构不合理

智库分布结构不合理是当前影响智库在公共治理中功能实现的一个重大障碍。其主要表现为智库在区域结构和层级结构上分布的不合理所导致的智库功能在区域范围和层级范围上受到的限制，这使得智库功能发挥和发展的空间在横向和纵向上被严重压缩。

区域结构分布不合理。当前我国智库呈现出区域非均衡发展的态势，其主要表现为东部沿海地区智库无论在数量还是质量上均遥遥领先于其他地区，而西部地区智库发展相对滞后。按照上海社会科学院统计，中国活跃智库分布的区域"约60%分布在东部沿海地区，中部和西部地区的活跃智库分布基本相当，从各省的分布来看，中国活跃智库主要集中在北京，其次是上海"；[1] 从顶级智库区域分布来看，"中国顶级智库几乎全部集中于东部沿海地区，其中，北京有17家，占63%；上海有5家，占18.5%；其余各家分别位于江苏、广东、海南和江西"[2]；从综合影响力排名来看，"前20名除第十名中国（海南）改革发展研究院位于海南，其他均被北京（67%）和上海（20%）包揽，前30名中没有发现有影响力的中西部智库。"[3] 智库区域分布结构的不合理主要源于各地区经济社会发展的不均衡，其一方面表现为西部地区受经济社会发展水平制约，在对智库人财物等重要资源的投入和建设上还有待进一步提升，投入的不足从根本上制约了西部智库功能的生成和发展；另一方面表现为西部部分地区尚未形成完整的公共政策制定、执行和评估等程序，依然存在官本位、权力本位思想影响下拍脑袋决策，排斥不同意见和批评等情况，这致使智

---

[1] 上海社会科学院智库研究中心：《中国智库报告》，上海社会科学院出版社2014年版，第10页。
[2] 同上书，第29页。
[3] 同上书，第32页。

库在公共治理中功能的有效实现缺乏基本的外部环境和政策渠道。西部智库在内部资源和外部环境均存在严重缺陷的情况下，表现出与东部沿海地区智库的巨大差异，这些差异主要包括：规模上的巨大差异（如上海社会科学院的研究人员数量就成倍高于西部各省社会科学院的研究人员数量）、研究质量的巨大差异（西部地区智库研究存在一定程度碎片化，具有全局性、综合性、战略性、前瞻性的高质量成果较少，不能适应地方发展的需要）、研究范围上的单一（西部智库研究范围多集中于基础性研究，研究缺乏创新力、及时性和预见性）、影响力的缺乏（孤立研究，视角单一，缺乏经常性外部交流致使西部智库在全国乃至本地区都缺乏影响力）。需要注意的是，西部智库与东部沿海地区智库存在的差距源于两地经济社会发展的差距，而智库的差距又将反作用于两地经济社会，致使两地经济社会发展的不均衡扩大化。

　　一个地区社会经济的发展往往是内部推力和外部拉力双重作用的结果，在西部社会经济发展缺乏有力内部推力（西部智库在公共治理中的功能实现）的情况下，东部沿海地区的顶尖智库是否可以给予西部地区公共治理以有力的外部拉力就显得十分重要。然而，现实的情况是"东部智库对中西部地区发展问题关注相对较少"，[1] 这种较少的关注将导致中西部地区大量公共治理问题缺乏有效的智力支持而难以有效开展。需要强调的是在当前西部大开发、"一带一路"倡议的大背景下，中西部地区的发展将面临大量新问题、新挑战和新机遇，这将导致中西部地区对于以知识和创新思想为内核的智力支持需求激增，面对智力支持的需求，是否能够提供有效的智力支持事关中西部地区发展成效甚至成功与否的全局。因此，当前智库区域分布不均衡的现实状况，以及对西部地区公共治理问题缺乏智库关注和高质量研究的现状所导致的中西部地区"硬实力"和"软实力"的双向缺乏急需引起高层关注和重视，而东部沿海地区智库对中西部地区社会经

---

[1] 上海社会科学院智库研究中心：《中国智库报告》，上海社会科学院出版社2014年版，第33页。

济乃至智库的支持也应成为今后解决智库不平衡的一个重要方式。

层级结构部分不合理。在横向区域分布不均衡以外，我国智库在纵向层级结构上的分布也极为不均衡。根据2013年中国智库报告统计："关注国家层面的智库，影响力会大一些，统计上表现为有影响力的'国字号'党政军智库和民间智库较多；而关注区域层面问题的地方智库的影响力相对较难发挥，统计上表现为有影响力的地方党政军智库和地方社科院较少。"

从表4-1中我们可以看到，在综合影响力排名前10的智库中，地方智库仅有1家（上海社会科学院），前20位中地方智库只有2家，前30位也仅有5家地方智库。地方智库的影响力的低迷状态，一方面反映出我国智库"重中央，轻地方"的研究倾向，在智库研究中往往存在一定程度的"跟风"状况，即智库多倾向于集中研究国家层面的时下热点问题，而不愿意对某一地区或某一领域的难点问题进行长期、深入的"冷板凳式"研究，这导致一些地方急需解决的难点问题往往被忽略，而国家层面的热点问题往往出现良莠不齐的供过于求状况；另一方面也反映出我国智库在纵向上尚未形成功能的均衡分布，尚未在纵向层次上形成功能各具特色、分工较为合理、功能有机互补的智库功能体系结构。如前所述，公共治理是一个涉及多领域和多层次的系统过程，其不仅需要"顶层设计"，更需要地方和基层的"有效贯彻和执行"，面对公共治理的问题系统和系统化智力需求，智库不能仅以单一功能和手段进行统一化应对，而应以一个完整的功能体系予以回应，才能有效解决公共治理中出现的各类、各层问题，进而实现智库体系与国家治理体系的协调发展。从地方来看，能否有效认知和领会中央精神和指引，能否结合地方情况创新政策措施，实现中央精神和指引在地方和基层的有效落实和因地制宜，都需要地方智库以知识和思想为内核的全方位智力支持。但长期以来，地方政府特别是县市政府更多地强调对上级决策的执行，这种执行表现为一种基于"不求有功，但求无过"的官僚性格，缺乏责任感和创新性的机械执行，其结果往往是公共治理的事倍功半。地方政府对地方智库的不认知、不信任和不重视，不仅使地方政府在公共治理中因缺乏智力支持而失误频频，也使得地方智库及其产品因缺乏市场和需求而处于边缘化的生存状态中。实际上，在各级地方的公共治理中存在着大量多元化、地方化和动态化的治理问题，对于这些问题的解决仅仅依靠上级政府或国家级智库是不够的，而更多需要发挥各级地方智库，特别是市县智库的智力支持作用才能对这些数量庞大且颇具地方特点的专业化问题进行有效治理。因此，有效均衡智库纵向布局，充分建设和发展地方智库特别是市县智库应成为有效实现智治的重中之重，离开地方智库的全国智库体系，离开县市智库的地方智库体系，都将因组成部件的缺乏而无法有效运转，而这将使智库在公共治理中的功能永远只能停留在方向指引阶段而成为美好的愿望。

表 4–1　　　　　2014 年中国综合影响力智库类型分布

智库类型		前 10 位	前 20 位	前 30 位
党政军	国字号	4	7	9
	地方	0	2	3
社会科学院	国家级	1	1	1
	省级	1	1	3
高校智库		3	4	5
民间智库		1	5	9

资料来源：上海社会科学院智库研究中心：《2013 年中国智库报告》，第 34 页。

三　智库研究结构不合理

智库研究结构不合理主要表现为当前智库研究体系尚未形成各类分工合理、有机互补和融合的研究结构，各类智库未能找准自身定位和优势专长，未能实现不同类型智库之间的优势互补。众多智库追随热点的短期化、重复化、低质量研究，这使得智库在公共治理中的功能被智库的研究体系局限于某一范围之内，大量研究的盲区演变为治理的盲区。

一般而言，研究被划分为基础研究、应用研究和对策研究三类。扎卡里在《科学：没有止境的前沿》（*Science：The Endless Frontier*）

的报告中认为:"基础研究是不考虑应用目标的研究,它产生的是普遍的知识和对自然及其规律的理解";"应用研究的功能,就是提供完整的答案。"① 对策研究是一种问题导向的研究,即针对当时出现的问题提出相应解决办法的应急研究,通常被称为"出点子""开药方"等。智库应该从事那种研究一个尚未明确且有争议的议题。很多人将智库看成点子库,因此认为智库应主要做对策研究,而不应过多从事基础研究和应用研究。从近些年部分智库的拙劣表现来看,这种看法是有失偏颇的。近年来部分智库在对策研究上的拙劣和低迷表现正是智库基础研究和应用研究内在薄弱的具体反映。因此,在智库研究中不应将原本为一个整体的基础研究、应用研究和对策研究人为化、绝对化地割裂开来,而仅仅强调"跟风"式的对策研究,而应在合理的分工布局下,发挥各类智库的专长和优势,实现智库体系研究结构的合理化。

基础研究。基础研究在智库研究体系结构中是基础和前提,其直接影响着应用研究和对策研究的方向和能力。西方国家十分重视基础研究,"在美国,七十年代就有科学家把基础研究喻为'下金蛋的鸡'。里根则说基础研究是'关系国家前途的重要投资'。……日本学者指出:'不搞应用研究,经济就上不去,不搞基础研究,国家将永远落后。'② 基础研究一般没有直接目的,其作用在于能够增进人们对客观现象或事务的理解,也即增进人们的知识。因此,基础研究一般是学科导向的或者说是兴趣导向的,研究表现出长期性和持续性等特征,其成果往往是通过发表文章、出版著作等形式得以公布。根据基础研究的特点,不难看到高校智库、研究院更擅长于此。特别是高校,其具有丰富学术资源和大量学术人才,具有稳定的资金来源和课题来源,这使高校智库具有其他智库所不具备的先天的基础研究优势。

---

① [美] C. 帕斯卡尔·扎卡里:《科学:没有止境的前沿》,周惠民等译,上海科技教育出版社 1999 年版,第 51 页。
② 朱金鉴:《正确处理应用研究和基础研究的关系》,《探索》1987 年第 2 期。

应用研究。与基础研究不同，应用研究更具有目的性，其目的正如其名是为了满足某种需要和解决某一问题而实现的应用。应用研究的目的性决定了它必然是问题导向的，其一般表现为围绕特定目标对基础研究成果加以发展和转换而应用于公共治理，或是为达到特定的治理目标、解决特定治理问题研发新的方法和途径。布什认为，在研究发展序列中，基础研究确立应用研究的方向，应用研究以创造和研制新产品、新品种、新技术、新方法、新流程、新规范为目标。通过对基础研究和应用研究的内涵加以分析我们可以看到，基础研究和应用研究本是密不可分的，基础研究为应用研究提供了理论基础和前提，而应用研究则将基础研究发展和转化为实际应用，这一过程既是两种研究相互作用的过程，也是两种研究持续发展的过程。应用研究的特性及其与基础研究的相互关系决定了应用研究的主体十分广泛，具体到智库领域包括党政军智库、科学院智库、高校智库和民间智库均能够从事应用研究，但储备着大量科研人才的科学院智库和高校智库与其他智库相比，显然更具优势。民间智库虽不一定具备大量研究资源储备，但仍可选择一定研究专长实现特色化应用研究。需要特别强调的是，与国家级科学院和高校智库在基础研究上的绝对优势相类似，在应用研究中各级地方科学院和民间智库应发挥自身的优势，围绕地方公共治理中的难点热点问题展开广泛研究，积极献计献策，成为各级地方应用研究的主力军。

对策研究。对策研究是一种以基础研究和应用研究为基础的即时性研究，是当公共治理问题已然出现，而针对特定问题即时提出解决办法的应急性研究。与前两种研究相比，此类研究在时间上具有较为严格的限制，在研究的基础上具有很高的信息、经验和能力等实践要求，在研究成果上具有很强的针对性和应用性。对策研究的较强的实践特性和对信息、经验等研究资源的高度要求决定了它的研究主体往往应是公共治理一线部门的研究机构。党政军智库显然在这方面具有得天独厚的优势：其更贴近实际治理工作，因而具有其他智库机构所不具备的准确而全面的信息和丰富的经验；其与决策者更为接近，这使其能够迅速将研究方案和对策提交到决策者手中，进而迅速转化为治理行动。与党政军智库相比，其他各类智库虽也能针对特定问题进行有针对性的即时对策研究，但其显然受到信息、经验和渠道等方面制约，从而在研究成果的质量、时间和成果转化上有所局限。

综上所述，基础研究、应用研究和对策研究的各自特性决定了其研究主体的特质，这使各类智库在公共治理的不同研究中应各有侧重。这种侧重并非一种绝对的分割，而是各类智库根据自身条件和外部环境所做的科学定位和能量聚焦，是一种相对的研究划分和优势发挥。当前我国的智库体系还未能实现研究的准确定位，其导致了一种"运动式"的研究趋向，其结果往往是热点领域数量和质量的反差，而更多公共治理问题和需要被忽视。另外，不同研究的内在联系也决定了研究成果的有效化、科学化是以各研究主体之间的紧密合作和优势互补为基础和前提的。缺乏相互交流与支持的孤立研究显然在本质上割裂了各研究之间的内在联系，其结果往往是研究断裂所导致的畸形研究产物。当前我国的智库体系尚未形成智库与智库之间的纵向与横向交流合作平台，更多的情况是各类各级智库的孤立研究，这种智者代替智库情况极大地影响了智库研究的质量，进而制约了智库功能发挥的能量及其辐射的范围。公共治理的复杂性决定了其不是几个智者能够驾驭的，同样也正是因为公共治理的高度复杂性、多样性和动态性决定了其不是单一孤立智库能够掌控的。正如阿什所说系统的复杂性要大于问题的复杂性，公共治理需要的智治，是建立在智库与智库紧密合作、优势互补所形成的智网基础上，在信息、知识和创新思想的交流和碰撞中，在智库体系研究结构的良性运转中所实现的合作化、创新化和动态化治理。

第三节　内在效能不足对"聚散效应"的抑制

智库在公共治理中功能实现的第三个困境来源于智库内在效能的不足，这种效能的缺乏贯穿智库"聚散效应"由产生到效应实现再到效应扩散的全过程。智库在公共治理中的"聚散效应"实现过程是一个具有阶段性、交互性和动态性的过程，智库在各阶段的能力发挥将直接影响其他阶段的功能实现程度，换句话说，某一阶段能力的匮乏不仅会影响该阶段功能的实现程度，还将导致前向和后向各阶段功能的实现。当前我国智库在效能上的短板在公共治理对智力支持迫切而大量的需求下已开始逐渐显现，正如习近平所说："随着形势发展，智库建设跟不上、不适应的问题也越来越突出，尤其是缺乏具有较大影响力和国际知名度的高质量智库。"① 智库内在效能的不足将从根本上制约智库在公共治理中"聚散效应"的强度和范围，其不仅将致使公共治理因得不到智力支持而举步维艰，也将使得智库本身的存在价值和生存空间面临质疑和挤压。智库效能不足是一种系统能力的缺乏，对于这一系统能力缺乏，我们可以按照智库"聚散效应"实现的逻辑，从思想产品生产到产品推广再到产品消费以及消费后产品反馈所形成的品牌（影响力）形成的全过程加以分析。

一 思想产品创新性不足

创新能力是智库的基本能力，也是核心能力，智库的存在价值很大程度上便在于其对新领域的探索、新知识的发现和新思想的创造。正如学者俞可平所说："智库是知识、智慧和思想的一个集散场所，最重要的是要产生出符合社会发展趋势的新思想、新观点、新理论和新知识。"② 智库的创新力从何而来，这是当前中国智库应系统反思的一个问题，我国智库至今尚未给出令人满意的答案，其集中表现为我国智库在整体上创新力的缺乏。对该问题的回答，我们可通过对智库创新能力的构成要件的分析找到其根源所在，即通过回答智库创新能力需要什么，审视我国智库在创新能力构建上的要素缺乏。结合我国智库的情况，我国智库创新能力的形成往往需要资源、视角和品格等要件。

---

① 《习近平：全面推进依法治国也需要深化改革》，http：//news.xinhuanet.com/politics/2014-10/27/c_1112998021.htm，2014-10-27。

② 俞可平：《智库影响力从何而来》，《思想政治工作研究》2010年第2期。

智库获取的资源。资源作为智库运行的基础往往影响着智库的整体运行。这里的资源主要包括资金、人员、信息和社会资本等智库有效运行的基本资源。当前我国智库体系中除部分官方智库外,大多数智库在资源上呈现出一种系统性缺乏,即存在所谓"智库人才匮乏,'旋转门'基本不旋转。智库资金不足,'有库无智','投物不投人'的状况。"① 资源的系统缺乏将导致智库运行出现功能性障碍,从而在根本上制约着智库创新力的生成和发展。以智库人才储备为例,据上海社会科学院对12个省政策研究室的调查,"50岁以上的研究人员占40%,40—50岁的占44%,40岁以下仅占16%。学历层次上,大专以上人员只占54.9%"②;反观兰德公司,"兰德公司现有正式的研究人员1600人,58%具有博士学位,1%③是什么学位都没有的人,但被兰德公司总裁兼首席执行官吉姆·汤姆逊(Jim Thompson)认为是最有才能的,因为他们的思维方式和别人不一样"。从两者对比来看,兰德公司较强的创新能力正源于其雄厚的知识人才储备和不拘一格的思维、信息引进方式相融合所发生的"化学反应",这正是中国智库当前所缺乏的。由于受到经费、编制和人事制度等方面的限制,中国智库很难在人员结构上进行适应发展需要的较大调整,这使中国智库仅在人才的引用和储备上就形成了创新能力生成和发展的瓶颈,而在资金、信息和社会资本等多方面也存在类似困境和制约机理。在这样的背景下,人才、资金、信息、社会资本等智库核心资源的缺乏共同导致了我国智库缺乏创新能力的资源困境。

智库的研究视角。我国智库缺乏创新能力的第二个重要原因在于研究视角狭窄。这种研究的狭窄一方面表现为智库对外研究的视角过于集中于政府需要,而忽略了更多社会需要和公众需要;另一方面表现为智库在对外研究之前未能完成自我审视、自我定位为一体的对内

---

① 《中国智库的现状与未来》,http://news.gmw.cn/2015-09/09/content_16972935.htm,2015-09-09。

② 李安方等:《中国智库竞争力建设方略》,上海社会科学院出版社2010年版,第148页。

③ 1%的人员中甚至包括乞丐,兰德公司认为乞丐的经历使其更加了解社会及其问题。

研究，而事实上对内研究是对外研究有效开展的必要前提和基础。在对外视角方面，当前我国智库的研究视角过多集中于政府的需要，主要表现为视角过于仰视，智库的研究多以围绕政府需要的形式进行，什么是热点问题或政府需要解决什么问题，各类各级智库就集中研究这些问题。智库对一定时期的热点问题和当务之急提供智力支持本是其应有之责，但如完全将智库的研究视角等同于政府的视角势必会使智库的研究视角过于狭窄和短视。其结果是大量具有前瞻性、战略性和潜在性的公共问题将被忽略，公共利益难以被充分有效实现，智库也将因缺乏问题意识而丧失作为运行核心的创新能力。在对内视角方面，我国智库普遍缺乏有效的自我评估和精准定位，其表现在智库未能较好地对自身进行SWOT分析，不能认识到自身的优势、劣势、机会和威胁，这使得我国智库多表现出一种综合性：什么都能研究，但低质重复研究普遍。智库的创新能力不仅需要独立性研究，更需要专业化和特长化研究，不能找准自身定位和特长，创新能力何以形成和发展。反观西方智库在综合研究的基础上，都有自身的研究主攻方向："布鲁金斯学会擅长于中东问题；兰德公司擅长于军事战略；卡内基国际和平基金会擅长于核不扩散问题；欧洲政策研究中心和平研究所擅长于危机管理；亚当·斯密研究所擅长于自由市场，等等。"[①]当前我国智库显然缺乏在横向分类和纵向分层上的自我审视和体系构架，这使得我国智库的创新能力被限制于低质的综合性研究中。

智库所具有的品格。影响我国智库创新能力的第三个重要原因在于智库的品格。智库作为一种社会组织具有相应的社会责任和使命，而有效地履行社会责任和使命需要智库及其研究人员具备相应的品格：责任意识、担当意识。责任意识方面，智库应以公共利益和公众需要为取向，树立"士以天下事为己任"的抱负和情怀。只有具备了这样的使命感和责任感，智库才能深入社会、深入公众、深入基层，才能真正克服虚浮之风，真正全方位、多视角、深层次地发现问题、

[①] 李安方等：《中国智库竞争力建设方略》，上海社会科学院出版社2010年版，第40页。

发现需要，进而实现经世致用的真正创新。当前我国智库存在一定程度上的虚浮问题，智库及其研究人员不是为了公共利益而研究，而是为了研究而研究（经费、提升或晋级）。在理解何为研究、为何研究等问题上尚未形成正确认识。这导致智库研究脱离实际，缺乏创新。"一些研究往往是东拼西凑，观点不明，目的不清。更有一些智库建言，尽管花了国家不少钱，仍然是明显缺乏调查研究，缺乏对国情的真正了解，常常是以人云亦云、老生常谈的方式或动辄照搬国外的做法去对待我们面临的新问题。"① 担当意识方面，创新需要智库及其研究人员具备敢于批判、敢于承担的担当意识。一方面，创新面临一定风险，这种风险表现为被拒绝或失败的可能性。对被拒绝的可能，前国务院副总理曾培炎分析说："有的人提出了意见以后，领导没有接受心里就不舒服。这也正常，我也有这样的情况，说实话我提的意见接受的可能也就百分之六七十吧，能有70%就不错了，为什么？因为每个人看问题角度不一，而领导需要有主见，且提建议是讲究时机和方式的，被拒绝的可能要求智库具备坚定信念和强大的心理承受能力，勇于谏言，持续创新；对于失败，智库在充分论证方案科学性、有效性和动态性的情况下，应具有担当意识，勇于面对和解决公共治理中突发的各种情况。"② 另一方面，创新意味着改变现状，而现状的改变往往会遇到诸多阻力，这也要求智库及其研究人员敢于发现问题、预见问题、批判问题。然而当前部分智库工作者"总怕自己的意见与领导的思想和认识相悖，会导致个人进步受影响或是被'穿小鞋'，于是，也形成了人云亦云，老生常谈、说套话空话的习惯"，③这种习惯将逐渐腐蚀人们固有的创新欲望热情，最终将使创新能力因缺乏基本环境而夭折。总之，由于缺乏基本的品格（责任意识和担当意识），智库及其人员更多宁愿选择随大流的"不求有功，但求无过"，也不愿意承受创新可能给自己带来的负面效果，这使得创新缺

---

① 任玉玲、于今：《中国智库》，红旗出版社2013年版，第6页。
② 同上书，第27页。
③ 同上书，第8页。

乏基本动力,创新动机和能力在墨守成规中逐渐泯灭。

二 宣传推广能力不足

"是否有新思想、是否有合理的对策建议、是否能有效的将自己的成果推销出去,被视为一个智库能否成功的三大标准。"[①] 智库在公共治理中的功能不仅取决于其内在研究创新能力,还深受其对外宣传推广能力的影响。这一过程类似于企业既需要生产优质的产品,也需要通过广告使全社会认知、认可进而关注和消费这种产品。智库作为"思想工厂",在优质地生产出各类思想产品的同时,应通过积极的宣传推广使包括政府、社会组织和公民在内的多元治理主体了解其产品在公共治理中的功能和价值,从而引发对其思想产品的需要和消费,进而实现其在公共治理中的功能。当前我国智库对于智库本身和智库产品的宣传推广能力还非常滞后,其集中表现为智库宣传推广意识和平台的缺乏,二者的缺乏造成了思想产品供给与需求之间的断裂,从根本上严重制约了智库在公共治理中功能的有效发挥。

宣传推广意识的不足。宣传推广意识的缺乏是阻碍我国智库宣传推广能力得以有效形成的内在因素,这种意识的缺乏主要来源于我国传统文化影响、供给面向和思想市场的缺乏。

在传统文化方面,作为知识分子的聚集地,智库更多秉承了我国传统文化中"不为五斗米折腰"、"酒香不怕巷子深"以及"礼贤下士,圣人垂训;骄多矜尚,先哲所去"等思想,智库及其研究人员更注重研究本身,并不太关注研究成果的对外宣传和推广。这种不关注既表现在我国智库机构内部几乎没有专门的宣传推广部门,也表现为我国智库在公共治理中发挥作用过程中的封闭和被动角色。通常我国智库更倾向于接受政府对其进行的委托和邀请,较少主动积极地就某一社会问题举办研讨会、咨询会、培训会和辩论会等。即使在数量有限的智库举办的会议中,我们也很难见到包括政府、各类社会组织、企业、媒体和公民等在内的多元主体齐聚一堂共商治理大计的各层各

[①] 李安方等:《中国智库竞争力建设方略》,上海社会科学院出版社 2010 年版,第 23 页。

类会议,更多的情况下,这些会议多是范围有限的学术研讨会或政府咨询会。然而,"智库要想在竞争中胜出,'就必须充分传播他们的观点,否则再有能力的智库专家也只是在自言自语'。"①

在供给面向方面,当前智库研究的供给面向尚未实现从"公共管理"到"公共治理"的视角转变,智库在向政府宣传推广其思想产品、为政府提供大量智力支持的同时,却忽视了其他治理主体对智力支持的需要,忽视了多中心、网络化的合作治理对思想产品的多层多面要求。在多数情况下,智库更倾向于将研究成果以研究报告、规划方案等形式直接提交政府或在学术圈内进行广泛讨论,即与政府和同行交流;而不愿意将其研究成果公布于社会,在与公众的交流中实现社会的认知和认可。供给面向的单一性,导致智库更多地关注于如何引起政府的注意和重视,这使其无法产生向社会宣传推广思想产品的动力和压力,其结果是供给面向的单一性所导致的智库功能单一性。

在思想市场方面,由于我国尚未形成有效的思想市场,这使得大量官方智库并不需要通过推广和宣传获得项目和资金,换句话说,官方智库并不具有竞争压力所带来的宣传推广动力。大多数体制内智库在信息获得、项目获取、资金来源等方面具有先天体制优势,体制已给予其众多保障,这使得大多数智库并不需要对外进行宣传和推广以获得社会的认可和资助。另外,由于我国缺乏完善的捐赠制度和基金会制度,加之民间智库的身份困境,这使得民间智库迫于社会筹资面临的诸多体制障碍,转而以争取获得政府的支持和项目为生存和发展的主要形式,这也导致了民间智库的宣传推广集中于政府。

宣传推广平台运转不畅。宣传推广平台是智库对外交流与合作的基本平台,是智库将其思想产品向多元治理主体展示的基本平台,也是智库实现其在公共治理中功能的基本平台。俞可平认为:"智库不仅要提出自己的思想和观点,而且要努力用这些思想和观点去影响社会。这就需要借助网络和媒介。成功的智库通常要拥有多元而通畅的

---

① [加拿大]埃布尔森:《智库能发挥作用吗》,扈喜林译,上海社会科学院出版社2010年版,第83页。

合作网络,这个网络应当包括政府决策机构、学术研究部门、大众传播媒体(包括互联网)和民间组织。智库的社会影响力在很大程度上取决于其网络是否足够强大和通畅。"[1] 智库在公共治理中功能的实现是众多治理主体对智库及其思想产品的认知、认同、共鸣和参与的逻辑过程,正是基于系统而强大的宣传推广平台,智库的声音才能广泛传播,智库的思想才能被多元治理主体认知,智库的公信力、影响力和美誉度才能得以形成,智库的功能也才能实现和发展。因此,智库功能的实现和扩展离不开强大的宣传推广平台对其思想产品进行的全方位、多层次和动态化宣传和推广。然而,当前我国智库由于宣传推广意识的淡薄。致使宣传推广平台运转不畅,这对智库在公共治理中功能的实现乃至智库本身的生存发展带来了巨大困难。在对网络平台的利用方面,麦甘曾明确指出过中国智库网络平台的短板:"毫无疑问,中国智库正展示出走向世界的兴趣和决心。但在世界智库界而言,除口口相传之外,却很难有机会了解中国智库。造成这一现状的原因是多方面的,我认为其中有一个因素很关键:很难通过互联网了解中国智库,这些智库要么没有自己的网站,要么网站是纯中文界面,这让很多国外学者很难通过互联网了解其信息"。麦甘从外国智库研究者角度发现的中国智库网络问题正反映出我国智库在网络建设上的滞后性,其不仅是语言的障碍,还包括信息不公开、信息滞后、缺乏交互性等多种问题,这使得智库门户网站更多具有象征意义;在媒介平台利用方面,我国大部分智库和媒体的合作具有随机性和临时性,多数的访问、论坛和评论是随公共治理问题出现而未形成稳定持久的合作机制,这使得对媒体利用与合作的低效率直接决定了智库宣传推广的低效率;在书籍、报刊等媒介的利用上,我国智库发表的文章、出版的书籍在内容上颇具专业性,在形式上又过于单一,这使得其对象多为专业学者而非政府人员和广大公众,而在此过程中智库功能实现的范围和发展空间也随着读者范围的缩小而缩小了;在举办会议论坛方面,如前所述,我国智库举办的会议论坛具有较强的内部

---

[1] 俞可平:《智库影响力从何而来》,《思想政治工作研究》2010年第2期。

性，多为学术会议和政府咨询会，参加人员数量和类型都十分有限，未能利用现代发达的传媒系统进行广泛的事前宣传、事中转播报道和事后评论总结，这使得这些有限的会议与广大公众距离甚远，智库及其活动就像一个黑箱，外界并不知道智库在研究什么，研究成果有哪些，如何求助于智库。

三　智库影响力不足

智库影响力的不足是当前影响我国智库在公共治理中功能实现和发展的又一重要因素，其表现为由于智库在决策影响力、学术影响力以及社会影响力的不足，导致智库在实现公共治理"聚散效应"过程中对内无法有效聚集能量（问题、方法、资源），对外不能有效扩散功效（无法有效实现三阶扩散），智库在公共治理中的功能大打折扣。导致我国智库影响力不足的原因是多方面的，前文分析的制度缺陷、智库结构问题都是智库难以形成巨大影响力的外部原因，这里我们将集中分析智库影响力不足的内部原因即智库本身原因，而这就需要以影响力的内涵为分析的逻辑起点。"影响力是权力的一种形式，但与控制力、力量、强迫和干涉截然不同。它通过告诉他人行动的理由，这些理由或者是对他人有利的，或者是道义上以及善意的考虑，来对其行为进行影响，但是这些理由和考虑必须是对他有分量的，从而影响其决策"。[①] 影响力的性质和特点决定了它必然是智库追求的目标，即通过以"理由或考虑"（信息、知识和思想的传播，行为、氛围、焦点的示范和塑造）为内容，以"告诉"（对理由或考虑的广泛传播）为形式而实现对他人行为（决策）的影响。对于智库的影响力的构成，不同学者从不同角度进行了不同的分析：安德鲁·里奇认为："智库发挥影响力的因素主要有：智库的可信度、与政策制定者的接触机会、时机的把握、推销的力度"；[②] 埃布尔森指出："知名度和影响力并不必然存在着高度正相关，智库影响力在政策周期的不同

[①] James Mc Gann. Think Tanks and Policy Advice in the US [J]. Foreign Policy Research Institute, 2005.

[②] ［美］安德鲁·里奇：《智库公共政策和专家治策的政治学》，潘羽辉译，上海社会科学院出版社 2010 年版，第 142 页。

阶段各不相同。但推广力度不够必然造成政策制定者和公众对其思想的未知，从而阻碍影响力的形成。"[1] 我国学者朱旭峰认为："当智库将自己的研究成果通过多种渠道传播并展现于决策者、社会精英和公众，并获得他们的理解、赞同、支持和采纳，智库影响力就得以形成。"[2] 学者王莉丽认为："美国智库影响力源于智库在'公共政策舆论场'中的'舆论聚散核心'地位，其本质是一种舆论影响力。"[3] 对比中外学者对于智库影响力从不同角度的分析不难发现，各类分析虽有着不同侧重，但都强调了智库影响力的两个基础构成要件：智库的研究成果质量和对研究成果的广泛传播。不难发现，智库的创新能力、宣传推广能力和智库的影响力有着内在的相互作用关系，前者能力的大小决定了后者能力的大小，而后者又将作为一种结果和背景反作用于前者。其作用关系如图4-1所示。

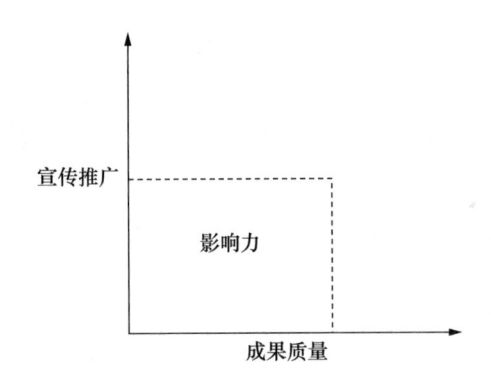

图4-1 智库影响力关系

在纵轴智库研究成果质量上，智库研究成果的质量直接决定了多元治理主体对其认可和信任的程度，进而决定了智库对多元治理主体

---

[1] [美]唐纳德·E.埃布尔森：《智库能发挥作用吗？》，扈喜林译，上海社会科学院出版社2010年版，第117页。

[2] 朱旭峰：《中国思想库》，清华大学出版社2009年版，第78页。

[3] 王莉丽：《旋转门——美国思想库研究》，国家行政学院出版社2010年版，第93页。

的影响途径、频率和效果。其原因在于，多元治理主体对于缺乏了解的智库往往具有不信任感，而要使他们实现对智库从认知到认同再到信任的转变，智库思想产品的质量就显得尤为重要。当智库思想产品以其强大的解释力、创新性、有效性在公共治理中发挥"聚散效应"，起到良好的引领示范作用时，智库思想产品将为智库带来公信力、知名度、美誉度等社会资本，从而为其影响力的扩大和发展奠定坚实基础；而当智库的思想产品缺乏现实解释力，不能够有效解决公共治理问题，甚至出现重大失误时，智库将失去受众的信任，失去影响力生长发育的基本土壤。

在横轴智库研究成果的推广上，智库及其思想产品唯有通过有效的宣传和推广才能实现对自身产品的展示和介绍，对多元治理主体思想和行为的影响。宣传和推广力度越大，智库及其思想产品在多元治理主体中的知名度越高、互动交流越多、公信力越强，智库获得委托、邀请、捐赠和支持的机会越多，智库展示和发展能力的平台越大，影响力才能随之逐渐扩大。反之，当智库对其思想产品缺乏有效的宣传推广，即使是再好的产品也将由于陌生很难引起各治理主体的信任和重视。这种情况对于公共治理来说，是一种治理资源的浪费；对于智库来说，显然错失了太多实现影响力和功能的机遇。

智库创新能力、宣传推广能力与影响力对公共治理功能实现的关系可见图4-2。

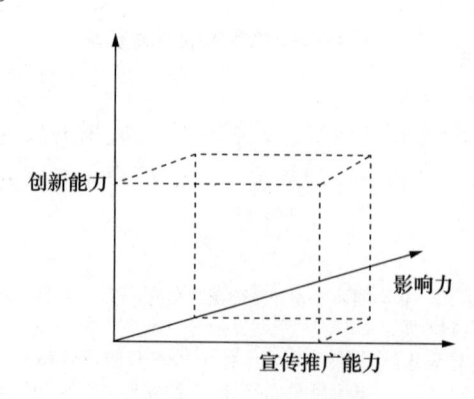

图4-2　智库功能实现关系

通过图4-2可以看到，在排除其他因素影响的情况下，纵轴智库的创新能力、横轴智库的宣传推广能力，以及斜轴智库的影响力，共同决定了智库在公共治理中功能实现的程度，即图中立方体的体积。而三个轴上的任意数量大小改变都将直接改变立方体的体积即智库在公共治理中的实现程度。

综上所述，智库创新能力、宣传推广能力与智库影响力的内在关系决定了当前我国由于智库创新能力不足所导致的解释力、综合研判力、公信力不足和宣传推广能力不足所导致的知名度、传播力、引导力不足所共同导致的智库影响力不足；而影响力不足往往又使智库面临生存和发展危机，进一步制约创新能力和宣传推广能力，如是，能力间的一种恶性循环便不断重演，其将最终导致智库的功能性障碍甚至致使智库因无法适应外部环境发展的要求而被淘汰。

第四节 社会需求缺乏对"聚散效应"的消解

智库在公共治理中功能实现的第四个困境来源于社会需求缺乏对"聚散效应"的消解，这一局限根源于多元治理主体对智库思想产品消费需求和消费能力的缺乏。智库在公共治理中功能实现的间接性（通过影响治理主体进而产生治理功效）决定了智库及其思想产品功能的实现范围和程度与智库思想产品在多元治理主体中的消费范围和消费质量有着直接的关系。这种内在关系又进而决定了智库在公共治理中"聚散效应"的实现不仅需要制度、结构和能力的支持和推动，也需要转变多元治理主体思维惯性，激发对于智库的消费需求，发展消费智库及其思想产品的能力。换句话说，智库在公共治理中的功能实现，不仅需要高质量的思想工厂及其思想产品，更需要与之相适应的消费环境（消费需求和能力）。当前我国智库在公共治理中"聚散效应"的实现正面临着缺乏消费需求和能力的隐性消解，这一消解过程表现为在公共治理中多元化、复杂化和动态化问题涌现背景下，众多治理主体中并未由此而产生相应的思想产品内在需求,即使在中央政府指引下部分地区和部门实现了智库及其产品的引入,但运用效果往往不尽如人意。智库不能够被正确认知进而激发需求,智库产品不能够被正确运用进而实现其功效,这种情况正如一家商店里陈列着琳琅满目的商品,却顾客寥寥;即使顾客购买了部分商品,由于缺乏使用能力也只能作为一种拥有的象征而被闲置。我国智库"聚散效应"面临的隐性消解直接导致了智库在公共治理中功能的实现困境,这使得对于隐性消解的深入研究成为必要,我们可以从消费需求和消费能力两个方面对其加以分析。

一 消费需求对"聚散效应"范围的消解

当前我国公共治理过程中存在一个隐性悖论:大量涌现的公共治理问题并未像理论上所预见的那样,引发与之相对应的大量而普遍的智库思想产品需求。相反,传统经验治理和依附性治理仍是地方政府和公众解决治理问题的主要方式。这不但使得公共治理因缺乏"智"的因素而丧失了科学性、有效性和创新性,也使得公共治理与智库协同发展的良性互动模式在相互融合的第一阶段就被迫停滞。公共治理与智力支持在理论与实践中关系的大相径庭使我们对于我国公共治理实践的分析成为必要,为什么多元、复杂和动态的公共治理问题并未在多元治理主体中引发与之相对应的智力支持需求是当前我国公共治理中实现智治必须回答的问题。

政府目标与使命的倒置。从地方政府的角度来说,当前我国各级地方政府及其职能部门对于智库思想产品需求的缺乏主要源于地方政府及其职能部门目标与使命(目的)的倒置。在公共治理实践中,政府未能正确理解"为什么"和"做什么"的意义及其关系,使得各级政府及其职能部门往往以目标置换使命(目的),从而大大简化了公共治理问题。公共治理问题的简化过程往往也是公共治理问题被"经验化"的过程,即通过以往治理经验对公共治理问题的经验化加工和提炼,使得大多公共治理问题的解决和处理有规律可循、有方法可依。目标对使命的置换使得经验完全可以应对被简单化了的公共治理问题,这使得创新思想不那么必要。例如:反贫困的目的是实现人类的全面发展，这一目的是由如经济、能力、知识、社会地位、社会资本等众多目标所共同构成的，经济脱贫仅仅是反贫困目的中的一个目标。如果我们将反贫困仅仅简化为经济脱贫，显然将陷入以单一方法应对复杂问题的困境，在此过程中由于公共治理问题的被简化（或称为停滞化），新知识、新方法和新思想将不被需要，而经验治理也将由于问题的陈旧性和类似性而成为主要的治理方式。在这样的情况下，由于缺乏智库的智力支持，公共治理问题将无法被全面剖析和分析，新的治理需要也不会发生，低效率的治理将重复运行并进行反复的自我证明。另一方面，公共治理中目标与目的的置换也表现在考核要求和治理需要的置换上。传统的集权制的行政体制决定了上下级之间的依附关系，这种依附关系使得下级的注意力更集中于上级的考核要求而非公共治理中的实际需要，"不求有功，但求无过"，"报喜不报忧"等行政人格和心态决定了下级行政机关缺乏主动发现问题、勇于创新、敢于承担责任的现代官僚人格和品质。这样的内在缺陷在公共治理中表现为行政机关对于批判思想、创新精神和反面意见的排斥和抑制，他们更多地将批判思想看作挑衅政府权力，将创新思想看作无谓的冒险，将反面意见看作对其工作的否定。在这样的背景下，行政机关往往并不愿意引入智库及其思想，因为发现问题、创新思想、资政辅政在其看来对其无疑是一种潜在的危机和威胁。在每日疲于应付各种事务的情况下，他们更愿意将精力用于"圆满完成"上级交予的任务，而不愿"没事找事"。如是，智库在政府及其职能部门中往往被看作理想化的"纸上谈兵"或将问题复杂化的"问题制造者"，在公共治理中被边缘化也成为必然，而智库的思想产品也必然随着主体的边缘化而不被认可和需要。

社会结构与情感的影响。从社会角度来说，我国社会对智库思想产品需求的缺乏是由社会对国家的依附性所决定的，其表现为公共治理过程中社会组织和公民对于政府的高度依附性及其形成的依附心理和行为方式，我们可以称之为依附性政治情感。这种依附性的政治情感决定了社会组织和公民在公共治理中主体意识的缺乏进而导致公共治理中主动参与欲望和能力的丧失。依附性政治情感的形成主要来源于我国长期以来的政治结构。我国古代封建社会的政治结构表现为皇帝、官员和百姓,作为政治结构等级最底层的百姓,其自身缺乏抵御风险、维持生存的资源和能力,因此,圣君、贤相和清官变成为百姓的唯一寄托和依赖。而儒家文化、家族权威和乡土文化更加深了百姓对皇帝和官员权威的依赖和对自身弱小的认知。新中国成立以后,在传统社会主义模式下,"国家是社会资源的垄断者,掌握着几乎全部社会资源的配置权,这些资源不仅包括物质资料、资金、技术、劳动力,而且包括权力、威望、地位、机会等。任何一个社会成员要取得最基本的生活条件,都必须从国家那里获得相应的资源。民间没有任何独立的提供资源和机会的源泉,因而也不可能再形成任何独立的社会力量,社会民众只是国家配置资源的被动接受者,直接与国家发生联系,不再有其他的社会形式中普遍存在的作为国家和社会中介的民间社会和民间统治精英"。[①] 这使得社会组织和公民的参与意识和能力缺乏生长和发展的土壤;相反,依赖和服从的政治情感得到固化和发展。另外,在传统社会主义模式下,公民被划分为干部和群众(工人和农民),干部掌握着资源的配置权,具有特殊的权利和优势,社会的等级性使得群众对干部的依赖成为必然。公民与所属的基层社会组织——单位的关系、单位成员与单位的关系也表现为单位成员对单位的高度依赖(离开单位,单位成员生活将缺乏保障,失去能力发挥和发展平台),而"单位附属于国家,是国家机构的附属物"[②] 的内在关系,决定了公民对单位的依赖表现反映出公民对国家的依赖实质。因此,正是源于长期依赖高度集权和等级化的管理体制造就了当代我国公民的依附性政治情感,而这样的政治情感将为以多元化、网络化和合作化为核心的公共治理带来根本性的障碍。当社会组织和公民以政府为其解决问题、克服困难的唯一求助对象时,当社会组织和公民不再考虑依靠自身力量解决问题时,那么对于问题的分析,对于问题

---

① [加拿大] 卜正民、傅尧乐:《国家与社会》,张晓涵译,中央编译出版社2014年版,第97页。

② 同上书,第102页。

解决办法的思考必然显得多余,而在这一过程中发挥智力支持作用的智库及其思想产品也必然因社会治理行为的未发生而不被需要。

综上所述,当前我国地方政府和社会对于智库及其思想产品需求的缺乏共同反映出公共治理中的一个需要密切关注的隐性问题:多元治理主体在观念、思想和心理还未实现由"统治"或"管理"向"治理"的转变,政府和社会的新型关系尚未在心理层面完全构建。当前我国公共治理中存在的这一隐性问题将使我国国家治理现代化和智库功能的有效实现缺乏现代化的心理基础,从而对公共治理活动的有效开展和智库功能的有效实现带来巨大的心理障碍。这是因为,现代化不仅是一种科学技术和制度的现代化,更是一种精神状态或心理状态的现代化,它是一种"心理态度的转变过程,是一种由传统人格转变为现代人格的过程"。[①] 国家治理的现代化离不开心理和观念的现代化,离不开心理现代化过程中对智库及其思想产品产生的需求,离不开智库在心理和观念现代化中的支撑作用,缺乏现代心理基础和智力基础的公共治理必然是低效甚至失败的公共治理。正如美国现代问题专家英格尔斯所说:"如果一个国家的人民缺乏一种赋予这些制度以真实生命力的广泛现代心理基础,如果执行和运用这些现代制度的人,自身还没有从心理、思想、态度和行为方式上都经历一个向现代化的转变,失败和畸形发展的悲剧是不可避免的。再完美的现代制度和管理方式,再先进的技术工艺,也会在一群传统人的手中变成废纸一堆。"[②]

二 消费能力对"聚散效应"强度的消解

智库思想产品消费能力的缺乏是当前我国智库及其思想产品难以在公共治理中发挥功能的又一巨大障碍。在智库思想产品真实消费需求整体不足的情况下,仅有的智库思想产品消费状况也并不乐观。其既表现为各级地方政府对于智库思想产品的意向性消费和断裂式消

[①] 李秋洪:《中国农民的心理世界》,中原农民出版社1992年版,第29页。
[②] [美]阿历克斯·英格尔斯等:《人的现代化》,四川人民出版社1985年版,第4页。

费，也表现为社会组织和公众对智库思想产品消费意识和能力的缺乏。由于智库在公共治理中功能的实现与智库思想产品在公共治理中消费的深度和广度有着高度正相关性，当前我国智库思想产品消费能力的缺乏必然导致智库在公共治理中功能受消费能力制约而大打折扣。这种情况正如一幅名画的内涵和价值由于缺乏鉴赏者而未能得以展现，其隐喻着生产者和消费者双向能力的构建对于思想产品的重要意义。

（1）政府对思想产品的意向性消费与断裂式消费。当前我国各级地方政府对于智库思想产品的消费主要表现为意向性消费和断裂式消费。意向性消费主要是指政府对于智库思想产品的主观改造和象征性运用。在各级地方政府与智库的合作中，时常出现的情况是，政府对于智库独立研究所形成的研究成果和规划方案表现出一定程度上的不满意和排斥，其往往认为花了钱就应该获得"理想的"研究成果，而不应是花钱请人来揭短和添麻烦。因此，基于客观事实和独立研究的研究报告和规划方案在一些地方往往难以通过，需要在政府的授意下进行不断的"修改"和"完善"，而智库迫于经费和时间等限制，只能将研究不断完善到委托单位满意为止。在长期的合作中，一些较有经验的政府及其职能部门往往在合作之初将其希望达到的研究目标和成果（如取得的成绩，存在的困难，人员、经费、场地和设施需求等）向智库传达，希望通过智库将其需求和成绩以思想产品的形式报送上级机关或向社会公布，以实现智库获得研究经费和政府争取智库为我发声的双赢局面。另外，政府及其职能部门对于智库思想产品的意向性消费还表现在一种象征性的消费上，对于智库思想产品的购买和引入并非出于公共治理的实际需要，而是出于对智库独立性和客观性的利用。通过智库及其思想产品的象征性消费，能够赋予某一决策和规划以科学性、客观性和有效性，从而取信于上级政府，取信于民，而智库的研究成果往往被闲置一边。不难看到，政府对于智库思想产品的意向性消费使得智库及其思想产品沦为一种工具或象征，这使得智库在公共治理中的应有功能被政府的意向性功能所替代。

断裂式消费主要是指当前政府及其职能部门消费智库思想产品的过程和环节上的断裂。这种断裂主要表现在思想产品的需求者、决策者和真正使用者之间的断裂。产生消费过程断裂的原因主要在于传统上我们将智库与政府合作中的政府看作直接消费主体,然而实际上作为思想产品消费者的政府并不一定就是智库思想产品的直接消费者。例如,"政府组织的科研项目,在很多情况下政府并不使用,而是提供给社会使用,最终实现成果的转化";[①] 而政府是否能够有效把握社会需求,当社会需求不能够被准确把握时,思想产品的应有功能是否还能发挥?另外,在传统上我们往往将智库与政府看作一个整体,而实际上政府内部也包括了思想产品引入的决策者、思想产品的需求者和思想产品的实际使用者等不同角色,而这些不同角色将直接导致思想产品在政府内部出现断裂式消费。例如,政府决策者决定引入的思想产品并不一定就能够真正反映需求部门的需要,而思想产品的需求部门也并不一定就是思想产品的使用部门,而真正在使用思想产品的部门并不一定就需要和有能力使用思想产品。这种断裂式的消费将导致思想产品供需之间的脱节,其结果是购买的思想产品不一定被需要,需要的思想产品不一定被真正需要的部门有效利用。在思想产品与其真实需求和应用领域逐渐分离的过程中,智库及其思想产品的功能也将逐渐脱离公共治理的实际,其所带来的是政府、智库以及公共治理的相互脱离与整体性损害。

(2) 社会对思想产品消费意识和消费能力的缺乏。社会组织和公众对于智库及其思想产品在消费意识和消费技能上的缺乏是当前制约智库在公共治理中功能实现的又一关键社会因素。其表现为作为公共治理主体的社会组织和公众由于缺乏对智库及其思想产品的认知和信任,从而无法催生求助智库、运用智库及其思想产品解决治理问题的动机和意识;另一方面,即使在政府的引导下,社会组织和公众实现了与智库的合作,在面对智库思想产品时,受限于知识和技能的局限性,社会组织和公民是否能够较好地认知、理解和运用思想产品仍是一个难题。

(3) 消费意识的缺乏。社会组织和公众对于智库思想产品消费意

---

① 陈宝明:《科研成果转化的治理结构研究》,《科技进步与对策》2011 年第 19 期。

识的缺乏反映出当前我国社会组织和公众在公共治理中缺乏参与意识和途径的内在现实。在参与意识方面，当前我国社会组织和公民的观念和意识尚未实现向治理的转化，公民的素质和治理能力也尚需进一步提升和完善。类似于哈贝马斯所谓"公民唯私主义综合征"和麦克弗森所谓"占有性个人主义"所表现出的个人中心视角和对"他在性"的消解现象，当前我国社会组织和公民在公共治理中表现出的冷漠和自利倾向，使公共治理的运行本身就面临巨大障碍，而在公共治理中扮演智力支持角色的智库及其思想产品必然随着公共治理活动的停滞而消亡。"自私行动的个人的自我中心视角的聚合，怎么可能产生出促使人们考虑别人利益的公共关怀呢？"[1] 而缺乏公共关怀的社会，又何以产生公共治理和共治基础之上的智治需要呢？因此，当前我国公共治理中社会组织和公民公共精神和参与意识的缺乏是导致智库思想产品的根本原因之一；在参与途径方面，在理想的治理状态下，公共治理过程中正是通过多元治理主体（包括政府、社会组织、公民以及智库）的充分交流与合作，才实现了各多元主体对彼此的认知、信任和互助。当前我国的公共治理过程中由于部分地方政府的自我保护意识增强，视社会组织和公民的参与为一种"侵入"，致使社会组织和公民因缺乏有效的参与途径，而与公共治理的距离越来越远。无法参与治理，难以实现交流与合作，其结果不仅是社会组织和公民在公共治理中协商、合作和妥协意识和能力上的缺乏，更导致社会组织与公民对于智库及其思想产品缺乏基本的认知和实践平台。平台的缺乏使得社会组织和公众对于智库及其思想产品十分陌生，因此，难以对其形成基本的信任和消费习惯，这导致智库在公共治理中的功能随着被认知和信任范围的缩减而大大压缩。

（4）消费技能的缺乏。对于智库及其思想产品的消费能力的实质是一种对于思想产品的理解能力和运用能力，这两种能力是以专业知识的储备和公共治理实践为前提和基础的。西方国家十分重视对于这两种能力的培育，弗雷德里克森将能够"理解立国的重要文件，能够

---

[1] 孔繁斌：《公共性的再生产》，江苏人民出版社2012年版，第256页。

实践道德的哲学"作为品德崇高公民的首要特征，他认为公民应该能够对那些促进公民一般利益和特殊利益的公共政策，以及和宪法相一致的公共政策进行判断。公民应该过着这样一种生活，即作出哲学的判断是其生活的重要组成部分。① 理查德·C. 博克斯在《公民治理》一书中也指出："公民参与机会的受限以及参与对于专门或专业化知识的要求等都是阻碍我们全面走向公民治理的障碍。"② 当前我国公共治理中社会组织和公民对于智库思想产品的消费正面临由于专业知识和实践治理经验局限所带来的思想产品功效限制。由于长期以来的集权管理模式，我国的社会组织和公民在治理意识和能力上还存在严重的滞后性，这使社会组织和公民在面对智库思想产品时，由于受专业知识、治理经验和固有观念等限制，往往无法有效理解、把握和运用智库思想产品所内含的知识和思想，甚至容易出现误解、歪曲和排斥等现象。这导致智库思想产品非但不能发挥其应有功效，相反还成为了共同治理的技术障碍。当前我国公共治理过程中社会组织和公民对思想产品的现实状况正如先进企业生产出的高功率、低能耗机器设备因为没有人会使用而被闲置，实为一种资源的莫大浪费，其不仅将导致企业（智库）因缺乏使用者而面临生存和发展危机，也将导致整个社会的生产力（治理能力）无法提高和发展。我国智库思想产品面临的尴尬处境给予了当代公共治理中实现智治现实启示：智治的多元化和多层次决定了智库及其思想产品在公共治理中功能的实现不仅以智库本身能量的大小或智库思想产品先进程度为前提，更要以公共治理中各层各类的消费群体（各治理主体）对智库及其思想产品的消费需要和能力为基础和保障，离开消费需要和消费能力的思想产品永远只能是美好的愿望和规划。

---

① ［美］H. 乔治·弗雷德里克森：《公共行政的精神》，张成福译，中国人民大学出版社2013年版，第40—41页。

② 同上书，第56页。

第五章 西方智库治理功能实现的经验和启示

智库源于西方，盛于西方。纵观西方国家近百年历史，智库在其国家崛起和经济社会发展中发挥着至关重要的作用。在长期的公共治理过程中，西方国家结合本国的政治体制、政治文化、经济状况、社会环境等要素，各自发展出独具本国特色的智库运行、管理和建设发展路径，部分国家业已形成与公共治理体系相对应的智库体系，为西方国家公共治理的运行和现代化发展提供着强大的智力支持。与西方智库相比，我国智库还处于初始发展阶段，必然面临诸多建设和发展过程中的困难和障碍，有效借鉴西方智库建设发展以及功能实现的经验，无疑对我国智库的建设发展乃至功能实现有着颇多助益。本章通过西方智库外部拉力与内部驱力分析西方智库"聚散效应"实现的内外部路径和特点，并在此基础上结合我国国情找到其中对于我国智库可供借鉴的经验和启示。

第一节 西方智库"聚散效应"实现的外部拉力

纵观西方各国智库的发展历程，良好的外部发展环境和多元要素支持成为智库"聚散效应"得以实现的基础和动因。正是在西方各国所构建的良好环境下，各国智库才得以完成从产生到发展完善的不断进化，也才能最终发挥其功能效应并进而得以形成当前如此繁荣的智库图景。西方各国有着不同的政治、经济、社会、文化特点，这决定了各国必然具有其独特的智库环境和构成，但源于智库的内在本质和特点，各国在各具特点之外，更多地表现出了在外部环境塑造和外部拉力构建上的共性。我们将这些共性归纳为多元化的制度保障、思想市场中多元化的需求以及政治文化和体制为智库带来的多元化机遇三个方面，并通过对各国智库共性和差异的分析找到其存在的问题，为我国智库的发展和功能实现提供参考和借鉴。

一 系统化的制度保障

1. 决策咨询制度

决策咨询是智库的核心功能，是否能够有效实现决策咨询功能直接影响着智库在公共治理中功能实现的程度进而影响着智库赖以生存的影响力和公信力。西方国家十分重视智库决策咨询功能在公共治理中的有效实现，其集中表现为西方国家决策咨询制度的系统构建。例如美国1972年制定的《联邦咨询委员会法》，该法对专家委员会的组成、权限以及咨询过程公开、咨询文件公开、咨询监督等进行了全面的规定，决策咨询已成为决策过程的法定程序。"日本在1949年的《国家行政组织法》以及各省厅的专门性法规中，对审议会[①]的设置、功能、职责、权限进行了明确的规定，审议会具有法律地位，受到法律保护"。[②] 1974年通过的《综合研究开发机构法》，确定"综合研究开发机构"为日本咨询机构的"总管"，作为联系、协调、掌握各民间研究团体的中间机构，且在作出重大决策之前，都会以"审议会""咨询会"和"恳谈会"的形式进行充分调查论证。[③] 德国联邦议院1963年通过了《关于建立为总体经济发展提供建议的专家委员会法》，即"五贤人委员会"。该法对专家委员会的组成、运行，专家的权力和义务等都进行了详细的规定。此外，法国的《法兰西共和国宪法》（1976年6月18日最后修订）、意大利的《意大利共和国宪

[①] 审议会亦称调查会、协议会，是直接隶属于政府省厅的专门咨询参谋机构，由日本总理和省厅根据各省厅设置法而设立。

[②] 张颖春：《政府决策专家咨询的制度功能研究》，《天津市社会科学界第八届学术年会优秀论文集（下）》，2012年，第31页。

[③] 杨诚虎、李文才：《发达国家决策咨询制度》，时事出版社2001年版，第37页。

法》（1947 年）、瑞士的《联邦委员会与联邦行政机构组织管理法》等都对决策咨询的组织、运行和监督等进行了明确规定。西方国家决策咨询制度得以形成和发展的原因主要源于咨询需求和咨询供给上的突出矛盾。以美国为例，咨询委员会的出现主要源于 20 世纪 30 年代公共行政对于专业知识和技术等理性化要素的日益依赖，在公共决策理性化的要求下，具有知识、技术优势且具有客观和中立性的专家参与政策过程便成为必然。然而专家的到来不仅带来了专业知识和技术，也带来了新的问题：专家被象征化，专家自身知识的局限性，专家价值观所导致的意见倾斜，专家越权，专家与政府的合作导致的知识与权力的垄断。专家决策咨询所带来的问题使其备受质疑，专家并未像人们想象的那样，通过"理性化"实现公共行政的公正化和高效化，相反，其演变为了侵蚀公共利益、妨碍社会公正的工具。如何在发挥专家知识和技术特长，强化公共决策理性化的基础上，有效防止专家决策咨询所带来的负面问题成为一个迫切需要解决的问题，《联邦咨询委员会法》正是在这样的背景下诞生了。《联邦咨询委员会法》对专家咨询机构的设立、运行和管理建立了严格的审查和监管制度，并规定专家咨询机构的职能仅限于咨询；对专家咨询机构内部的组成人员在能力结构和利益代表上的平衡性以及咨询会议及咨询机构文件的公开性等方面均进行了详细的规定。在《联邦咨询委员会法》系统的规范、约束和监督下，专家委员会及其专家决策咨询的条件、范围、权限和责任等一系列问题得以实现制度化、规范化和科学化解决，美国的决策咨询活动也得以广泛开展进而快速发展。综上所述，西方各国都十分重视智库在公共治理过程中的决策咨询作用，正因为如此，各国均逐步建立并完善了符合本国国情的决策咨询制度，在决策咨询制度的有效保障下，各国智库决策咨询活动的规范化和科学化开展，在公共治理中的功能得以有效发挥和发展，政府、社会组织、公众与智库相互交流和促进的良性治理循环在系统、科学的制度保障下得以形成。

2. 信息公开制度

全面、准确和及时的信息是作为"思想工厂"的智库在公共治理中生产和实现其功能的基本原材料,其意义犹如食物及其营养对于人体及其机能的实现。在我国智库普遍处于"饥饿状态"的情况下,反观西方国家却有着较为完善的信息公开和保障制度,这使得西方智库在各类信息的滋养下得以健康成长。在西方各国中信息公开制度成果最多、影响最大的应属美国,美国信息公开制度的逐步建立和完善,不仅为本国信息产业和智库发展提供了强大动力,也为西方各国信息公开制度的建立和发展提供了示范和动因。与中国当前面临的信息公开困境相类似,美国信息公开也经历了一个从行政自由裁量到法治规范的过程,在1946年《行政管理程序法》中的第三项(C)规定:"'除了那些需要保密或涉及本机构内部管理的档案以外','官方档案应对合适的且直接相关人员开放(properly and directly),有充分理由需要保密的信息除外'。从文本中可以清楚地看出,信息公开过去一般属于相关机构的自由裁量权,而且法院也不太愿意干涉这一权力的行使。"[1] 源于行政自由裁量的原因,该法曾被认为是一部封锁信息而非公开信息的法律。1966年美国第一部《信息公开法》问世,《信息公开法》保障了公众向联邦政府索取任何材料的权利,同时规定了联邦政府对公众提出要求予以回应的义务。根据《信息公开法》的规定,除九类材料[2]属于不予公开的例外,其他材料都必须实现公开;且对于不予公开的材料,行政机关负有证明例外的举证责任,公民也被赋予提请司法审查和行政复议的权利。此后,《信息公开法》经历了数次增修,不断扩大公开范围,缩小例外信息。并在1967年、1995年、1996年分别建立了《阳光下的政府法》(政府机构会议公开法)、《削减公文法》(禁止政府对信息流动的限制和收费)和《电子信息自由法修正案》(以电子数据方式向公众提供信息和指导)等保障信息公开的一系列制度,这使得美国智库如鱼得水,在全面而强

---

[1] [美]威廉·R. 安德森:《美国信息公开法略论》,《当代西方研究》2008年第2期,第38页。

[2] 《信息公开法》规定:保密文件、机关内部人事规则和制度、根据其他法律作为例外的信息、机密信息、政府的内部联系、个人隐私、执法文件、金融制度、地质信息九类信息材料不予以公开。

大的信息保障下发挥和发展着多元功能。与美国相类似，英国在经历了与保密文化的长年斗争后，于2001年颁布《信息公开法》，并于2005年颁布实施《公共部门信息再利用规则》，这些法律保障了公开的常态化和保密的例外化。日本的信息公开制度包括1988年颁布的《个人信息保护法》、1993年颁布的《行政程序法》、1999年颁布的《信息公开法》，且"早在《信息公开法》颁布之前，各个地方公共团体（都道府县和市村町）在各自的自治范围之内相继制定了有关的地方性法规——行政信息公开条例"[①]。而作为世界上最早确立新闻出版自由和信息公开制度的国家，"瑞典的出版自由、表达自由与信息公开制度主要通过《政府宪章》中有关言论自由和信息自由的规定、《出版自由法》《表达自由法》以及《保密法》加以确立，它们共同构成了瑞典出版自由与信息公开制度的宪法和法律基础。"[②] 纵观西方国家信息公开制度的发展历程不难发现，公民权利、国家发展、公共行政透明和高效等要求共同催生了公共信息制度的产生和发展，各国也都经历了一个由自由裁量到法治规范的信息公开制度化发展过程。值得注意的是，公共信息制度的发展反映出人们观念的转变和发展，在与传统保守文化或传统王权的斗争中，先进的、民主的文化取得了最终的胜利，而各国信息公开制度正是这场胜利在信息权利上的成果。此外，通过对各国信息制度的对比不难发现，信息公开制度并非单独的一个法律或条例，由于信息涉及面广，涉及层次多，因此信息公开制度应是由多个相互支持和补充的法律、法规以及条例等组成的制度体系，以美国为代表的西方国家信息公开制度的不断增修正反映了信息公开制度的这一系统化、动态化特点；而日本各个地方公共团体（都道府县和市村町）制定的关于信息公开的地方性法规正反映出纵向上信息公开制度的系统性需要。

[①] 朱芒：《开放型政府的法律理念和实践（上）——日本信息公开制度》，《环球法律评论》2002年第3期。

[②] 冯军：《瑞典新闻出版自由与信息公开制度论要》，《环球法律评论》2003年第4期。

3. 优惠扶持政策

西方智库的蓬勃发展还得益于各国多元优惠扶持政策的系统化保障，虽然各国在政治制度、政治文化、经济发展水平和社会历史文化上有所不同，但各国对于智库及其产业发展的支持和扶持态度以及为之做出的努力却表现出惊人的一致。经过多年的努力，西方各国均探索出适合本国国情的智库优惠扶持政策，而在各国各具特色的优惠扶持政策的保障下，各国智库获得了产生和发展的土壤，最终实现了由稚嫩向成熟壮大的转变。西方国家政府对于智库最大的扶持来源于对智库本身性质的明确：非营利机构。非营利机构的性质能够为智库带来两方面的益处：免税和社会捐助。免税方面，例如美国税法第501（c）3条规定："符合下述三个条件的组织可以享受免税待遇：一是该组织的运作达到该税法明文规定的其他目的；二是该组织的净收入不能用于使私人受惠；三是该组织所从事的主要活动不是为了影响立法，也不干预公开选举。因此，智库在注册为非营利的免税组织后，只需要再成立一个以宣传各种政策为内容的教育组织，就可以确定非营利机构的法定资格，并在税收制度上获得免费的优惠待遇。"[1] 社会捐助方面，美国的慈善文化和税法制度（高额的遗产税、赠予税以及捐赠减免收入税等规定）对捐赠的鼓励也使得基金会、公司和个人热衷于对智库的捐赠。当然，通过捐赠创造更好的政策环境，获得参与、影响政策的机会也是对智库捐赠的又一动因。正如奥尔森所说："市民社会的作用历来在美国都是强有力的，它与'慈善脉搏'一样根植于美国社会。这意味着美国人惯于在财政上支持与他们价值观及观点一致的公共政策活动，且通常是以赞助代表他们观点的非营利组织、智库及游说组织的形式。"在对智库机构性质加以明确所带来的优惠和支持以外，西方各国更表现出了在财政上的直接支持，例如美国联邦政府设立了国家社会科学基金会，其每年所具有的十几亿元资金大部分用在对智库的资助上；英国为支持智库发展，长期以财政拨款的形式资助智库，并设有"海外工程基金"，通过政府垫付报价费，

---

[1] 王辉耀、苗绿：《大国智库》，人民出版社2014年版，第144页。

不中标可不归还等方式鼓励智库向国外工程报价；德国联邦政府和各级政府通过法律规定的财政拨款对智库予以资金支持；日本每年资助智库的经费约占其科研经费的1%。除直接财政拨款以外，欧洲一些国家还采取了以资助有咨询需求的企业来间接支持促进智库发展的方法，例如英国对于缺乏资金又有咨询需求的企业给予财政资助，德国每年向中小企业提供咨询补贴费等。综上所述，在西方各国多元化的优惠扶持政策保障下，作为资金密集型组织的智库获得了充足的身份保障和资金保障，这使得智库得以稳定、高效和有序发展。反映在现实中则表现为西方各国的老牌智库得以不断发展壮大，各种新生智库、新型智库层出不穷，这使得各种新研究、新观点和新思想也随即产生。另外，优惠扶持政策也促进了各国的咨询业和思想市场的发展和壮大，思想产品需求和思想产品供给的良性循环在政府的引导下得以形成，智库与政府、智库与社会、智库与公众也因此得以有机结合为一体。

二　多样化的消费需求

系统化的制度为西方智库的运行发展提供了坚实的平台保障，依托制度平台西方各国智库得以快速化和多元化的发展，并逐渐在公共治理中彰显出巨大的能量和多样化的功能。智库的发展过程以及功能发挥过程，亦是各治理主体对智库认知、认可并进而产生信任和需求的智库影响力实现过程。在智库影响力的逐渐形成过程中，西方各国的政府、媒体、社会组织和公民等多元治理主体对智库及其思想产品产生了大量需求，这些需求作为智库的原材料和外部拉力又进一步保障和促进了智库的产生和发展。

1. 政府对智库的需求

源于智库在西方各国发展过程中所表现出来的强大能量以及公共治理的复杂性与政府理性的局限性之间的矛盾，西方各国政府普遍十分重视对于智库及其思想产品的购买和运用，在公共治理过程中疲于应付各类问题的各国政府迫切需要引入用于公共治理的各类信息、知识和创新思想，以保证公共治理的有效性。正如亨利·基辛格指出的那样："决策者所承受的时间上的压力意味着他们在陷入旋涡之前，要依赖已经创造出的思想和智力资本。"① 在公共治理日益复杂化、专业化的大背景下，在科学和理性日益渗透于西方各国政府的治理理念和实践的过程中，西方各国政府对智库的需求日益多元化、迫切化，其不仅表现为各国政府对智库所具有的知识、信息、方法、技术的需要，更表现为政府对智库人才及其精神的迫切需要。以美国为例，除了将决策咨询作为决策过程的法定程序以外，美国历届政府均十分重视对智库所具有的信息、知识和思想的引入，其中颇具代表性的如：里根政府对于传统基金会《领导人的职责》中建议方案的大量采纳；克林顿政府将政策部门进步研究所《变革的使命》和《改革政府——以企业家精神改造政府》的建议大量转化为具体公共政策和政府改革方案；布鲁金斯学会向奥巴马政府提出的《大赌注和黑天鹅》系列建议，以及国家战略研究中心约瑟夫·奈所提出的"巧实力"在2010年《国防安全战略》中的体现等。在引入智库的信息知识和理念思想以外，美国政府还通过著名的"旋转门"机制大量引入智库的优秀人才，例如："卡特政府曾吸纳了三边委员会、对外关系委员会、布鲁金斯学会等智库的数十位成员"②；里根就任总统以后吸收了来自国家战略研究中心、传统基金会、胡佛研究所、美国企业研究所、兰德公司等智库的人员，他们纷纷在里根政府中被委以重任；克林顿政府的国务卿和国家安全政策助理国务卿等也都来自布鲁金斯学会；小布什政府有如副总统切尼等来自美国企业研究所的20多位人员；奥巴马政府上台以后，布鲁金斯学会更是有36人进入政府。与美国思想库类似，欧洲思想库虽不存在"旋转门"机制，但也十分注重对智库思想产品和人员的运用，这不仅可以从英国政府作为本国智库1/3的业务雇主中得以反映，也可以从德国和法国对智库的大量财政拨款（多数以政府项目或合同为形式）得到体现。而"日本智库研究多为政府

---

① ［美］詹姆斯·麦甘恩、查理德·萨巴蒂尼：《全球智库》，韩雪、王小文译，上海交通大学出版社2015年版，第43页。

② ［美］唐纳德·E. 埃布尔森：《智库能发挥作用吗》，扈喜林译，上海社会科学院出版社2010年版，第133—135页。

委托,智库高度依赖研究委托的局面"① 更印证了政府对智库及其思想产品的重视和运用。综上所述,在西方各国政府对智库及其思想产品的充分认知以及由此而催生的大量需求下,西方智库凭借庞大而多元的政府需要得以快速和健康的发展。在政府对智库及其产品的巨大需求,带给智库的不仅是资金、研究项目等直接支持,更使得智库能够获得有效参与政策、获取第一手信息、与政府及其人员建立交流渠道和关系、赢得政府信任和重视等社会资本,其为智库有效影响政府,在公共治理中充分发挥功能奠定了良好的基础和平台,通过智库与政府的有效互动,不仅能够使智(智库及其思想产品)与治(政府治理)各自得到有效发展,还使得智与治的良性互动得以形成,这也解释了西方智库体系与治理体系相对应的现实图景。

2. 媒体对智库的需求

除政府以外,对智库及其思想产品的另一个庞大的需求方是被称为"第四种权力"的媒体。媒体之所以被称为"第四种权力",源于其强大的影响力。而同样源于日益增强的影响力,智库在西方国家也被称为继媒体之后的"第五种权力"。作为两种公共治理中的重要影响力,媒体与智库各自影响力之间存在着形式上各自独立,本质上紧密关联的微妙关系。形式上的独立表现为媒体主要通过其广泛的覆盖面以及强大的媒体技术来获得影响力,而智库则主要通过其思想产品的内在理念和精神被受众所认知、认可和共鸣来实现其影响力;本质上紧密联系表现为智库与媒体影响力的内在关联性,即思考的需要被传播,传播的需要有思考。换句话说,智库的思想产品需要借助媒体的广泛覆盖面和强大媒体技术实现被有效传播,进而实现大众的认知、认可和共鸣;媒体虽有强大的传播能力,却不具备广泛的专业知识和丰富的研究经验,这使其缺乏对各类问题的分析能力,而智库正好填补了媒体的缺陷。智库的特质与媒体短板的契合,使各类媒体产生了对智库及其思想产品的巨大需求,智库专家和智库产品也成为了西方各国媒体"争相采购"的"热门商品"。例如,"美国的《华盛

---

① 刁榴、张青松:《日本智库发展现状及其问题》,《国外社会科学》2013 年第 3 期。

顿邮报》《纽约时报》、美国之音、《新共和报》、彭博通讯社、美联社、路透社等都有大量对不同智库专家的采访。常驻 C-SPAN 发表经济学研究政见的布鲁金斯的学者就有亨利·亚伦（Henry Aaron）等26 名。"[1] "在美国各地的报纸版面上，不难发现高调地引用一个或几个智库专家的政策观点的文章⋯⋯在实际报道内容之外，记者们还惯于用'非正式'形式向智库专家咨询特定政策的背景资料。"[2] 又如众所周知倾向于直接渠道影响力的德国智库，在近年来也呈现出与媒体密切合作的趋势。"智库与志趣相投的纸质媒体之间的战略同盟已经成为智库传播研究成果的重要方式。一些全国性报纸，例如，《商报》《法兰克福汇报》还一直密切关注各大智库及其成果"。在此基础上，智库也逐渐成为电视和广播等媒体的关注焦点，"智库的经济政策专家同电视和广播的经济专栏总编辑间的联系有所加强。越来越多的智库分析人士成为评论节目的邀请对象。"[3] 与上述两国相类似，西方其他各国为了及时、权威地提供各类资讯，以实现收视率与高额利润，也都纷纷开展了对各类智库的多元化"采购"，这使得各类智库专家频频现身于各类媒体，智库产品及其内含思想得以广泛传播和争论。西方各国媒体对于智库及其思想产品巨大需求虽源于智库特质与媒体短板的天然契合以及对自身利润的追求，但在客观上却为智库提供了传播思想与外界交流的媒体平台，促进了智库功能的多元化、创新化和系统化发展，在智库为媒体实现深度报道的同时，媒体也使得智库的思想和理念在传播的广度上大为增强，第四种权力和第五种权力的有机结合和相互促进，构成了当代西方智库运行和发展的独特风景。

3. 公众对智库的需求

西方媒体对于智库的需要源于其目标群体对于专业知识和深度分

---

[1] 龙利蓉：《美国智库与媒体的互动——以 CNAS（新美国安全中心）、CSIS（国际关系战略学会）、Brookings（布鲁金斯学会）为例》，《湖北社会科学》2014 年第 10 期。

[2] ［美］斯蒂芬·奥尔森：《美国智库的发展或可供中国借鉴》，《开放导报》2014 年第 4 期。

[3] ［德］马丁·W. 蒂纳特、杨莉：《德国智库的发展与意义》，《国外社会科学》2014 年第 3 期。

析的要求，因此，媒体对智库需要的本质实为其目标群体对智库的需要。换句话说，媒体对于智库的需要是一种源于需要的需要，这种需要背后的需要正是公众对于智库的多元化需要。西方国家公众对于智库的需要主要源于两方面原因：知识供给和利益代言。

  知识供给方面。首先，西方广泛而深入的公民参与使公众在行使权力的过程中面临专业知识和权威信息缺乏的困境，这一困境催生了公众对相关专业知识和信息的多元化需要。例如，美国一贯将公众咨询作为公共政策过程中的重要程序，联邦、州、市（县）都十分重视公众舆论和咨询，常常主动征求社会组织和公众的意见和建议。然而缺乏专业知识和全面信息的公众显然并不能单独有效行使该项权力，这使得智库及其专家凭借其专业性、独立性和客观性成为支持公众参与的不二选择。也正因为如此，公众咨询与专家咨询在美国的公共政策咨询过程中往往是相互依赖和相互补充的环节："美国政府提交公共咨询的政策方案往往会附有专家的咨询意见和评估报告，以便公众对政策方案有更全面、更专业的认识。因此，公众咨询依赖于专家咨询，而专家咨询也正是由于公众对于独立、客观、公正的专业政策分析的需求才成为了政策决策过程中一个不可或缺的环节。"[①] 其次，公众对于智库的知识供给需要还表现在通过媒体获取智库所提供的各类相关知识和建议，以有效理解各类公共政策及事务，从而指导自身的思想和行为上，而在此过程中智库也有效实现了对社会思潮的不断重构。例如，在美国"不同流派思想库的公众影响力（也就是受公众欢迎程度）反映了当时美国社会的思潮……'9·11事件'后，美国社会思潮开始重构，其间的推动者就是美国的思想库。"[②] "'9·11事件'后，面对美国公众的恐慌和迷茫情绪，美国智库的政策研究者们纷纷出现在各大媒体上，就美国当前的局势和未来的政策进行深入的分析。布鲁金斯学会学者保罗·皮勒出版了《恐怖组织与美国外交政

---

  ① 王佩亨：《海外智库——世界主要国家智库考察报告》，中国财政经济出版社2014年版，第6页。
  ② 朱旭峰：《美国思想库对社会思潮的影响》，《现代国际关系》2002年第8期。

策》一书,及时、深入分析了美国的处境,确定了反恐政策的必要因素并提出了具体的应对策略。"① 而除了向公众提供知识和理念影响公共舆论,构建社会思潮以外,西方智库还通过多种形式向公众提供政治经济、文化教育、地理历史等多元化知识和经验,这使得公众的整体素质得到较大提高,公民社会得以发展,对智库的需求也更加多元和迫切。

利益代言方面。西方政治文化中对于政府的怀疑促使公众更倾向于依靠智库来实现对政府的监督和评估。正如奥尔森所说:"美国对小政府的偏爱为智库的茁壮成长提供了最优良的土壤。套用罗纳德·里根的一句名言,'如果你相信政府无力解决,那就敞开大门迎接其他机构的解决方案。'"② 正是在这样的背景下,公众希望通过独立、客观和公正的智库来监督和评估政府正在真正实现公共利益,而不是他们所担心的侵蚀着公共利益。而且公众也希望在智库的帮助下,通过广泛的政治参与有效反映他们的政治观点,推动他们支持的政策议程,并最终实现其所期待的利益。这也从一个方面解释了为什么美国公众乐于为智库提供财力支持,乐于公开支持某些智库。而智库在此过程中则扮演着"利益代言者""可信任的捐客""传统思维挑战者"等多重角色,这些角色的出演不仅将有利于公共利益的实现,政府与公众的交流互信,更实现了对公民政治素养的有效培育。

三 多元化的发展机遇

多元的制度保障和需求为西方智库的产生和发展提供了稳定的平台和强劲的动力,其在表象上解释了西方智库得以蓬勃发展的原因。然而,透过制度和需要思考西方智库发展的内在动因,则能够发现西方独具特色的政治文化和体制对智库发展的多元化机遇。

1. 政治文化与智库机遇

政治文化的提出者阿尔蒙德认为:"政治文化是一个民族在特定

---

① 王莉丽:《智力资本》,中国人民大学出版社2015年版,第77页。
② [美]斯蒂芬·奥尔森:《美国智库的发展或可供中国借鉴》,《开放导报》2014年第4期。

时间内对政治潮流的态度、信念和情感的总和,是政治体系的基本倾向。任何政治体系或国家都有自己独特的政治文化,它通过各种途径直接决定着每个社会成员的政治态度,也影响着政治体系中每个政治角色的功能。"政治文化的一个重要功能在于能够有效指导和规约政治行为:"政治文化首先作用于人们的期望,进而决定人们政治行为的倾向,影响人们的偏好和对政治行为方式的选择。"① 政治文化同样直接和间接地影响着智库的发展和功能的实现,为智库带来了多元化的发展机遇。正是在西方各国独具特色的政治文化下,各国智库呈现出了各自独特的发展路径和不同的发展状况。例如,作为美国的政治文化重要组成部分的个人主义、自由主义和实用主义对美国智库便产生着重要影响,为其发展带来了诸多机遇。个人主义是指:"个人先于社会而存在。个人是本源,社会是派生的。社会、国家是个人为了保障自己的某种权利或利益而组成的人为的机构。除了个人的目的之外,社会或国家没有任何其他目的。"② 自由主义的要义在于:"自由主义在所有时代的典型特征是,它坚定地相信自由对于实现任何一个值得追求的目标都是不可或缺的。对个人自由的深深关切激发自由主义反对一切绝对权力,不论这种权力来自国家、教会或政党。"③ 个人主义与自由主义是一脉相承的,"自由主义是一种代表个人主义的政治语言"④。实用主义主要内含重结果而轻过程的原则:"实用主义的方法,不是什么特别的结果,只不过是一种确定方向的态度。这个态度不是去看最先的事物、原则、范畴和假定是必需的东西;而是去看最后的事物、收获、效果和事实。"⑤ 个人主义与自由主义共同塑造了美国诚实、奋斗、竞争、自由、民主、法治等精神以及政治参与、怀疑政府、公共责任意识等政治观念和行为倾向。这些精神、观念及其

---

① 俞可平:《政治学教程》,高等教育出版社 2010 年版,第 305 页。
② 同上书,第 155 页。
③ 李强:《自由主义》,中国社会科学出版社 1998 年版,第 19 页。
④ [法]夏尔·托克维尔:《论美国的民主(上卷)》,董果良译,商务印书馆 1988 年版,第 49 页。
⑤ [美]威廉·詹姆斯:《实用主义》,陈羽纶、孙瑞禾译,商务印书馆 1979 年版,第 31 页。

触发的政治活动为智库功能的实现提供了诸多机遇。在公民参与政治、监督政府、有效履行公共责任的过程中,智库的专业知识、独家观点和创新思想成为各方关注和利用的焦点和重要资源,智库也借此不断获得政治文化所带来的诸多机遇。美国政策创业家们用以实现传播价值观、促成公共政策以及实现领导作用而创建的布鲁金斯学会、卡内基研究所和传统基金会等智库正是美国特有政治文化为智库发展带来机遇的实体化表现。而这在保守、传统且倾向于国家主义和精英主义的英国和加拿大是难以想象的,"加拿大和英国官衔制度中的'官僚圈子'歧视那些向政府提供建议的外部团体"[①],浓厚的官僚风气使智库的建言献策面临诸多障碍,智库的诸多功能被政府和公务员所替代。此外,在自由主义所带来的宽阔的政治空间中,智库在言论自由、出版自由等基本权利的保护下,能够自由表达思想,辩论观点,批评政府,献计献策,其对于智库有效实现社会影响力并发展自身能力有着颇多助益。在实用主义方面,实用主义所塑造的务实精神,使美国重事实而轻理论,并逐渐形成了不拘于传统、不迷信权威、勇于开拓、善于创新等精神,正如托克维尔对美国这一政治文化特征所评论的:"美国是世界上研究笛卡尔的学说最少,但却实行最好的一个国家。"[②] 实用主义精神为敢于挑战传统权威,善于前沿创新的智库提供了基本的创新和发展机遇,正是在实用主义的基本支撑下诸多智库才获得了被认知、被认可和被信任的机遇,诸多创新思想才能够最终转化为公共政策并有效发挥功效,前沿的知识和理念才最终得以与公共权力乃至公民权利有机结合。

2. 政治体制与智库机遇

智库在西方各国的蓬勃发展还源于西方各国政治体制为智库提供的一系列契机,正是西方各国各具特色的政治体制为各国智库的发展提供了不同的发展空间。例如,在美国,立法(国会)、行政(总

---

① [美]唐纳德·E.埃布尔森:《智库能发挥作用吗》,扈喜林译,上海社会科学院出版社2010年版,第68页。

② [法]夏尔·托克维尔:《论美国的民主(上卷)》,董果良译,商务印书馆1988年版,第518页。

统)、司法(联邦最高法院)三权分立,相互制衡是其以宪法形式确立的基本政治体制。在三权相互制衡的过程中,智库的专业知识、权威信息以及创新思想往往成为各权力行使机构赢得支持、获得主导权从而有效制胜的关键。在三权相互制衡而催生的智库需要以外,各权力行使机构内部也存在着大量对智库及其思想产品的迫切需要,这既表现在国会内部参众两院的相互制约过程中,也表现在行政机构内部各部门不同政策取向间的竞争过程中。最后,各权力机构在处理各自事务时将面对来自不同领域的各类问题,这也为智库功能的实现提供了多元契机:"在国会山上所讨论、审议和立法的问题涉及内政、外交的各个领域,可谓无所不包,而各委员会的议员不可能具备各个领域的专门知识,这就势必需要思想库这一'外脑'的智力支持。"① 如果说三权分立所导致的权力分散化和制衡化催生了美国智库的政治需要,为美国智库提供了发展契机,那么英国政党社会下各党派与智库的紧密联系,以及智库鲜明的党派属性,则反映了西方政党制度对智库发展的深刻影响。英国政治环境中特有的"威斯敏斯特模式"② 使英国智库必须依托政党才能获得资金和参与政策的途径,从而有效发挥作用。英国的意识形态主要包括右翼保守主义和左翼激进主义两大思想阵营,与之相对应的是英国两大政党保守党和工党,两种意识形态和政党的相互竞争为智库的发展带了机遇。"英国主要的一些智库都是由保守党或工党这两大党成立的,其目的是参与政治意识形态的辩论"③。按照意识形态和政党分类,英国智库主要有中左派智库(与工党联系紧密,包括费边社、青年费边社、公共政策研究会等)、中右派智库(与保守党联系密切,包括亚当·斯密研究所、政策研究中心、经济事务研究所等)、非党派智库(规模和影响相对较小,包

---

① 王莉丽:《旋转门——美国思想库研究》,国家行政学院出版社 2010 年版,第 136 页。
② 威斯敏斯特模式以"议会主权加法治"为核心要旨,司法独立,具有固定的公务员制度和拥有较强势的文官集团,因此决策时不太依赖外部建议;首相来源于议会席位最多的第一大党;"简单多数制"强化了党派之间的对抗性和意识形态分化。
③ 王莉丽:《智力资本》,中国人民大学出版社 2015 年版,第 132 页。

括"狄莫斯"公共政策研究所、海外发展研究所等）。具有党派属性的各类智库积极为各自政党献计献策，各政党也越发重视对智库知识和思想的有效利用。例如，布莱尔成为工党领袖以及工党新党章第四条的通过就来源于青年费边社的智力支持，撒切尔政府推行的私有化政策则源于政策研究中心等中右派智库，还有对卡梅伦现代化进程影响极深的政策交流研究所和社会正义研究中心等。除向政党内部献计献策外，智库还能够对外充当各政党代言人的角色。例如，极为敏感的福利制度已使国家不堪重负，但类似"第三轨"不可触碰的担心，使各政党迫于失去选票的担心而不敢发声，而智库正弥补了政党特质所带来的功能缺陷。最后，西方各国的选举制度也为各国智库的发展提供了机遇。正如各国选举过程中反复重演的那样，各党派在竞选过程中制胜的关键在于如何吸引公众、打动公众认可自己，为自己投票。这不仅需要大量资金和活动作为保障，更需要使公众眼前一亮的新思想、新理念以及作为其具体形态的新的政策构想和倡议。智库的专业知识、权威信息、独立客观可信的特质以及丰富的社会资本显然正是各竞选团队和候选人所迫切需要的，而智库显然也乐于以积极的献计献策回应候选人的求计求策，因为通过对竞选过程中的充分参与，将为智库带来影响政策、传播思想、提高影响力以及获取资金甚至职位等多方面的丰厚回报。当然，在此过程中智库也将面临如过度参与政治活动导致权威性、独立性和可信度下降的风险。

第二节 西方智库"聚散效应"实现的内部驱力

在西方智库多元外部拉力不断为智库发挥"聚散效应"提供外部支持，不断推进智库及其功能发展的同时，各国智库内部多元的内驱力又进一步为智库"聚散效应"的充分实现和全面拓展增添了强劲动能。由管理、融资、交流、推广等机制所组成的智库内部体系正如一台由许多精密部件构成的机器，通过各组成要件的联合运作产生整体效应进而释放巨大能量。在强劲的智库内驱力推动下，西方各国智库在公共治理过程中不断呈现卓越表现，这为其赢得了广泛的公信力、影响力和美誉度。以西方智库内驱力视角审视我国智库，在内驱力构成要件及其协同运作上都存在着较大差距，其直接制约了我国智库在公共治理中功能的实现和发展。因此，理解西方智库内在组成要件及其运作机制对我国智库内驱力形成和发展具有重要的借鉴意义。

一　系统化的内部管理体系

内部管理的系统化是西方各国智库共有的显著特征，也是西方智库获得持续内驱力进而得以持续健康发展的有效保证。西方智库对于以组织管理、科研管理和人才管理为主要内容的智库内部管理体系普遍给予了高度重视，这在西方智库内部各机构和人员分工明确、协调运行的良好状态，以及大量高端人才汇聚，不断创造高质量思想产品的繁荣景象中得以表现，也从一个方面解释了西方智库在竞争异常激烈的思想市场上能够求得生存和发展，甚至获得巨大国内国际影响的原因。

在组织管理方面，西方智库的最高决策机构一般多采用董事会或理事会形式，其主要由一些知名学者、企业家和卸任高官等组成，主要负责选举以及对智库进行整体监督和管理。在最高决策机构以下，各国智库均有着较为系统的机构设置，其中较有代表性的是"矩阵式组织构架"。矩阵式组织构架是一种兼具直线管理和横向协作较为灵活的组织构架，即在纵向上按照专业学科进行部门划分和行政管理，在横向上又按照研究业务进行研究机构的设置。这使得组织在保证有效垂直管理的同时，又能实现以研究业务为基点的动态化管理。例如兰德公司实行的就是"二元矩阵系统"组织架构，其在纵向上按照学科专业建立由行为与社会科学部、经济学与统计学部、国际与安全政策学部、政策科学部、管理学部和技术与应用科学部六个部门组成的研究人员管理学部，主要负责各部的人事管理和学科建设；在横向上按照研究业务建立11个研究部门（研究所、研究中心、项目部和研究部），主要负责研究项目的开展和经费管理。另外，研究项目负责人可根据研究业务需要从六部中调配研究人员，待研究项目结束，各人员回归原来部门。矩阵式组织构建的优点在于：使纵向的行政管理与横向的业务管理有机融合，在保障整体性垂直管理有效性的基础上，又使以业务为核心的动态管理成为可能，真正实现了静态体系与动态运作的完美结合，正因为如此，矩阵式的组织构架成为理想的智库组织形式被美德等国智库广泛采用，成为其强劲内驱力的主要组成部分。

科研管理方面，课题的研究过程亦是智库思想产品的创造过程，课题从选题到研究再到结题每一个环节都深刻影响着思想产品的质量。西方各国智库对从课题的选题到研究过程再到最终成果评审整个科研过程的管理普遍十分重视，其管理也十分严格。各国各类智库都有整体相似的涉及选题、研究和结题等科研全过程的，较为完备的科研管理制度，且根据自身定位和发展理念，各国智库的科研管理制度又都有着各自的特色和侧重点。我们可通过科研管理颇为严格也独具特色的兰德公司科研管理加以窥见。首先，兰德公司十分重视科研项目的选题。正如兰德公司原总裁赖斯所说："发现、找出什么是需要加以研究和咨询的问题，是研究过程中一个极为困难和关键的部分，这需要委托者和研究组织之间自一开始就建立一种宽容的、熟悉的联系。理解和做到这一点，对于研究工作的成功是十分重要的。"[1] 兰德公司在研究课题的选题上可谓颇费心思，"课题经费中约有10%用于选题的必要性和可行性论证。"[2] 而在正式立项研究后，公司内部也通过"各研究项目周报，各人员日报进行实时监测，研究人员每天要填写自己在每个项目上花费的时间。"[3] 在课题成果最后的审查环节，兰德公司建立了著名的"内部评审机制"（又称同行评审机制）。通常聘请2—3名资深研究人员做评审员，负责项目期中和期末审查并撰写评审报告。在评审后，课题负责人需在评审会议中进行答辩，并最

---

[1] 王春法：《美国思想库的运行机制研究》，《社会科学管理与评论》2004年第2期，第36页。

[2] 王佩亨：《海外智库——世界主要国家智库考察报告本》，中国财政经济出版社2014年版，第17页。

[3] 同上书，第18页。

终由评审人决定是否通过。值得注意的是，"对于学术水平不够，或因故审查未能通过的论文，即便委托单位同意接受，也不能以兰德报告的名义发表。对于研究有错的课题，一般采取改换研究人员的办法重新研究。"[①] 与兰德公司相类似，西方智库系统化和严格化的科研管理体制为其思想产品的质量提供了可靠保障。正是源于近乎苛刻的管理体制，以及严把思想产品"生产线"上每一道关，才有了今天西方智库领域智库因产品而闻名，产品因智库而可信的智库与产品交相辉映的繁荣图景。

人才管理方面，源于对智库人力资源存量、质量与智库思想产品质量高度正相关性的共识，西方智库普遍十分重视人才管理，在智库人才的招收、协作和考核等多方面建立了较为系统的管理机制。首先，在人才招收上，西方各国智库十分重视对高学历、高知名度以及经验丰富的高端人才引入，这使得博士毕业生（知识与创新思想）、知名专家（知识与经验）以及卸任的官员（经验、知名度、影响力）成为智库人才招收的首选，从而为智库人力资源的质量提供了有效的保障。在注重引入人才的整体质量外，各国智库还十分强调智库整体人才结构在学科、年龄、能力等多方面的均衡性。例如，兰德公司研究人员的平均年龄仅为35岁，学科结构文理学科背景人员比例较为均衡，人员来自54个国家，人员的知识和能力结构具有较强互补互助性。在研究人员个人的知识和能力结构上，西方各国智库普遍强调引入人才在知识和能力结构上的博中有专、专博相济，即所谓"T型化"的一专多能人才。"T型人才"的优势在于既能够从事跨学科研究，也能够运用不同方法和视角实现创新，并为多领域的专家合作和交流提供了学科背景支持。其次，在人员协作上，西方智库十分重视人员在学科结构和能力结构上合作所产生的整体效应。各国智库多采取以研究项目为中心，多位不同学科背景专家跨学科合作研究的模式，其不仅实现了知识和能力的互补，更使得思想的交流与碰撞带来

---

① 王佩亨：《海外智库——世界主要国家智库考察报告本》，中国财政经济出版社2014年版，第19页。

创新的灵感。除专家间协作以外，西方智库还注重研究院与研究辅助人员的协作效应。"兰德公司的经验是'两个研究员不如一个研究员加两个秘书的效率高'，在布鲁金斯学会，专职研究员与辅助人员（秘书和研究助手等）的比例是1∶2，在胡佛研究所这一比例更是高达1∶2.5。"[1] 辅助人员的有力支持可以使研究人员及时获取如信息资料等各种帮助，免予各种杂事烦扰，从而有效提高了研究的效率和质量。最后，在人员考核上，西方各国智库对研究人员所做研究的质量和数量都有着严格的考核机制，且考核结果与薪酬、培训挂钩。由于各国智库对研究人员的录用方式多为合同制和聘任制，因此当研究人员的研究成果不能够满足所在岗位要求时，将面临被解雇的危机。

二　多元化的外部推进机制

外部推进策略的多元化是西方各国智库的又一重要特征，是西方各国智库吸纳外部资源，实现公共治理功能和影响的重要保障。西方各国智库的外部推进策略各有侧重，但其表现出来的共性也十分明显，主要表现在多样化的融资机制、多样化的交流推广机制和市场化的运营机制三个方面。正是在这三个机制的有机运行下，各国智库有效实现了与外界的物质、能量和信息交换，从而建立起一套内聚能量、外释影响的良性循环外推机制。

在多元化的融资机制方面，西方智库普遍希望通过多元化的融资渠道以获取稳定的机构运行和科学研究所需经费，也试图通过资金来源的多元化实现智库在科学研究上的独立性、客观性和科学性。西方各国智库融资的渠道主要包括政府财政拨款、政府资助、基金会捐赠、企业和个人捐款，以及通过接受包括政府、社会组织和企业等委托的研究项目、出版专著、收取会员费和参会费、提供有偿培训和咨询服务等。各国由于国情不同，在上述融资渠道上各有侧重，例如，美国发达的基金会制度和税收优惠制度保障使智库资金除了委托合同以外，多来源于基金会、企业和个人的捐赠；英国、德国、法国等欧洲智库则不同，其资金主要来源于政府拨款，也正因为如此，其独立

---

[1] 穆占劳:《外国思想库：怎样用人？怎样管理？》，《学习时报》2004年6月7日。

性往往受到美国智库质疑。另外，西方各国获得拨款或资助的机会和数目往往与智库本身的知名度、影响力以及倾向性有着紧密联系。在一般情况下，知名度越高、对决策影响力越大那么智库获得拨款或捐赠的机会就越大；在隐性规律中，是否符合某一捐赠团体的政策倾向也是包括美国在内的西方智库获得捐赠的关键影响因素，这显然必将影响智库的独立性。例如："当美国企业研究所总裁小威廉·鲁巴迪没有按照奥林基金会、《读者文摘》基金会等右翼基金会的要求而兑现其支持保守议程的承诺后，上述捐赠方和其他与他们怀有共识的捐赠者理科撤销了大笔财务捐助，使得美国企业研究一度濒于破产的边缘。……位于华盛顿的保守型智库稳健经济公民基金会发现，自从他们1998年开始反对耗资数百万美元恢复佛罗里达埃弗格雷湿地的联邦计划后，该基金会收到了佛罗里达三大糖业公司捐赠的70万美元。"① 在拓展多元化的外部资金渠道以外，为保障真正能够获取资金各国智库也可谓各有策略。例如美国传统基金会曾通过给潜在捐赠者写信，告知捐赠带来的减税、入会以及获得接近决策者机会等方式诱导捐赠；英国伦敦国际战略研究所的资本吸引计划则通过为个人及企业捐赠者提供硬件设置署名权以及参与智库活动等方式吸引捐赠。与此相类似，美国国际战略研究所也通过以捐赠者命名研究项目和基金等方式吸引捐赠。

在多样化的交流推广机制方面，西方智库普遍表现出对多元化交流和多渠道产品推广的高度重视。在交流中获取资源，在推广中获得认知已成为西方各国智库的共识。正如美国传统基金会主席埃德温·福尔纳所说："因为你的观点就像生产出来的产品，必须适当地进行营销以吸引消费者的注意……你写了多少本书，你做了多少研究这些都不重要，你必须营销你的产品，并且把他们从书架上卖出去。"② 在以交流获取资源、以推广获得认知的理念指导下，西方各国智库普遍

---

① ［加拿大］唐纳德·E. 埃布尔森：《智库能发挥作用吗？》，扈喜林译，上海社会科学院出版社2010年版，第66页。

② 王莉丽：《旋转门——美国思想库研究》，国家行政学院出版社2010年版，第119页。

构建了系统化、制度化的交流和推广机制。比较而言，西方各国智库的交流推广机制在各具特色以外，更多表现出的是智库本质所决定的相同构建路径，具体包括以下几个方面：

首先，通过大众传播媒体（出版物、广播、电视、网络等）实现交流推广。大众传播媒体覆盖范围的广泛性、传播手段的多样性以及功能的多样性为智库思想的传播和与多元治理主体的交流提供了多样化的渠道：以书籍、杂志、报纸等出版物传播智库思想，实现对读者（决策者、社会组织、公民等）思想上的影响乃至交流是各国智库固有的也是极为有效的传播手段，例如，美国著名的《外交》杂志曾经发表过的"文明的冲突"、"建立一个新北约"等文章就对美国乃至全球产生了一系列重要而深远的影响；以电视广播为平台实现智库思想的传播与交流是各国智库可利用的又一重要手段。通过多媒体手段实现的视觉听觉刺激，能够保障智库的思想和信息更为生动、直观地传递给受众，从而有利于给受众留下深刻影响乃至被理解和认同。另外，智库见诸媒体的频率越高，越会给人留下一种政策影响力很强的"感觉"；以网络实现智库思想、信息的传播和交流是当今智库传播推广的新趋势。网络化的传播推广优势在于其交互性、全球性和及时性。各治理主体可以利用网络随时获取智库的思想和信息，并能够真正实现与智库及其专家的交流，这不仅有利于智库实现其影响力，也有利于智库对信息意见的收集。

其次，通过举办研讨会、报告会、培训会、讲座等形式实现交流推广。各国智库往往通过举办各类会议的形式实现对多元治理主体的直接影响和意见的交流。通过邀请政府首脑、社会组织、企业、公民等治理主体参会，不仅为智库传播思想、分享信息乃至影响政策议程提供了平台，也为智库及时获取各治理主体的信息、意见，有效调整完善研究，保持研究的时效性和超前性提供了保障。此外，各种会议中的直接交流也将为维系智库与各治理主体的关系带来极大帮助，这不仅使得智库传播和交流思想的渠道得到拓展（如受邀提供政策建议、到议会进行听证以及在电视广播中发表评论等），也将进而使智库获得信任和影响力的机会大为增加。例如布鲁金斯学会（Brookings)、美国战略与国际问题研究中心（CSIS）、美国进步研究中心（CAP）、美国企业研究所（AEI）等每年都会举办数百场各类会议用以传播交流思想和信息；而由荷兰亲王组建的彼尔德伯格俱乐部则被英国学者认为"它在世界决策方面发挥的作用堪比G8或G20。"[①]

最后，通过人员"进出"机制实现交流推广。人员"进出"机制也是西方多国智库推广思想产品，交流思想和意见的重要手段，通过人员"进出"机制，各国智库能够实现思想、信息和经验的交流，从而为智库产品的研究和推广提供了重要保障。在西方多国的"进出"机制中以美国"旋转门"机制最具代表性。旋转门机制是指智库研究人员与政府官员间的一种流动机制。即智库研究院可进入政府担任要职，而卸任的官员也可进入智库从事研究。"旋转门"的功能在于，其不但能够使智库获得对其极为重要的关系网，更能够使智库的思想随着智库人员一起进入政府的决策层，从而有效影响政策议程；而引入的卸任高官将为智库带来一手信息、丰富经验等宝贵资源，这对智库研究的有效性、超前性极为重要。与美国"旋转门"相似，日本施行的是"派遣研究员制度"，"即政府、大学、研究机构向智库派遣研究院，带薪工作一段时间后再返回原单位工作"[②]，而与美国"旋转门"所产生的效果类似，日本智库与政府的紧密联系在客观上也促进了智库研究的针对性和有效性。

在市场化运行机制方面，西方各国普遍建立了较为完善的智库思想市场，智库思想市场带来的发展机遇和竞争环境为各国智库的发展提供了强劲动力。一般而言，"'智库思想市场'是指从事公共政策思想生产的知识分子与其需求方通过各种媒介进行的思想商品交换活动。供给方是智库，需求方是公共政策制定者、影响公共政策制定的相关群体、社会公众，在智库思想市场上连接供需双方的是各种信息传播的媒介，主要包括人际传播媒介、组织传播媒介和大众转播媒

[①] 王佩亨：《海外智库——世界主要国家智库考察报告本》，中国财政经济出版社2014年版，第50页。

[②] 同上书，第180页。

介。"[①] 与物质商品市场的运行机制相类似，智库思想市场中作为生产方的智库要想在智库思想市场中赢得生存和发展的机会，就必须按照市场化的运行机制锁定市场需求、及时供给产品满足并引领市场消费，赢得需求方的信任和青睐，从而最终抢占智库思想市场。如果我们以此运行机制审视西方各国智库运行和发展过程就会发现，密切关注思想市场需求、高度重视产品质量和品牌效应、多元化多层次的产品面向共同构成了各国市场化运行机制的核心内容。

在市场需求的动态锁定上，作为"问题的解决者"，西方各国智库十分重视对于市场需求的监控和快速反应，能够及时发现市场需求并及时供给产品满足需求，对于智库获得影响力、可信度以及美誉度等智库竞争力的核心要素尤为重要。这解释了为什么西方智库总是千方百计地通过如旋转门、多种形式会议、多种媒体手段以及各种非正式场合的策略实现对政府、社会和公众的交流，这一方面是为了推销已有思想产品；另一方面也是为了实现对多元治理主体产品需求的密切跟踪。因为只有密切关注思想市场需求方的各种需求，才能够及时满足需求，甚至创造需求、引领需求，成为思想市场的主导者。密切关注市场需求已成为西方各国智库运行机制中的重要环节和发展趋势，即使是侧重学术研究的德国智库，近年来也开始向关注社会需求和分析方向转变。

在以产品质量塑造品牌上，与物质商品市场相似，思想市场也存在着高度的竞争性，货比三家、择优购买、品牌效应乃至消费忠诚和惯性等物质商品市场中存在的内在机制规律也广泛、深刻地存在于思想市场。如何有效保持智库竞争力、影响力和号召力成为各国智库在思想市场中必须面对的难题。为了在数量庞大的智库群中脱颖而出，在竞争激烈的思想市场中抢占先机，西方智库普遍以产品质量作为智库生命力和竞争力的根本，以塑造智库品牌为运营目标，强调智库及其产品对于外部的影响力。例如，美国布鲁金斯学会一贯以"质量、独立性和影响力"为智库的核心价值，强调思想产品质量对于智库生

[①] 王莉丽：《智力资本》，中国人民大学出版社 2015 年版，第 154 页。

存和发展的重要意义。而在美英德法日等西方各国建立的近乎苛刻的成果评审机制和责任机制也反映出各国智库对产品质量的高度重视。西方各国智库以质量换取竞争力进而塑造品牌的运行模式，一方面促进了智库自身的发展和壮大，另一方面也实现了思想市场的竞争遴选和优胜劣汰，当前西方智库的繁荣和强大正源于思想市场中激烈残酷的竞争洗礼。

在多元化、多层次的产品面向上，智库种类和定位的多元化决定了思想产品的多样化乃至服务的多元化。这既是西方智库的典型特征，也是西方智库思想市场繁荣的具体表现。多元化多层次的产品面向反映出西方智库在自身定位上的准确性和智库整体布局、分工上的合理性，这使得西方各国能够以完善的智库体系回应各层次公共治理中多元化、动态化、创新化需求。例如在英国除了已有的老牌智库外，"新成立的智库会选择现有智库没有涉及的，或不擅长的某一领域的细分领域开展深入研究，避免了研究资源的浪费"[①]；而在美国和其他欧洲国家，规模不一的各类智库也都有自身的研究特长和服务面向，如多国普遍存在的由几个成员组成的，以特定问题为研究对象的迷你型（mini）智库，虽然规模很小，但小而精的特点决定了其具有自身独特的研究优势和服务面向。奥尔森曾提醒中国智库建设者："美国智库体系的优势之一就是其显著的多样性。从某种程度上来说，中国也应当发展一个在结构、专业和意识形态上多样化的智库体系，这将创建一个思维缜密的政策环境。否则只会制造如同一个'回音室'的政策环境，而不是提供挑战性分析和辩论的场所。"[②] 多层次、多元化的思想产品面向使西方各国有效回应了思想市场多元化的需求，从而在供需动态平衡中实现了思想市场和智库的循环发展。

---

① 王佩亨：《海外智库——世界主要国家智库考察报告本》，中国财政经济出版社2014年版，第46页。
② ［美］斯蒂芬·奥尔森：《美国智库的发展或可供中国借鉴》，《开放导报》2014年第4期。

第三节　西方智库在公共治理中
功能实现的启示

经过数百年的发展,西方各国现已形成了较为完善的智库运行模式。在外推力与内驱力的联合作用下,西方国家"智"(智库体系)与"治"(公共治理)的良性循环得以实现,智库与公共治理在相互依赖、相互作用的动态图景中实现了各自的现代化发展。西方智库建设发展以及功能实现的经验和教训对我国智库的建设发展有着极为重要的借鉴意义。当前我国正处于国家治理现代化和智库发展的关键时期,智库在发展和功能实现等多方面面临大量困境和挑战,有效汲取西方智库建设发展历程中获得的经验无疑将为我国智库发展和功能实现带来颇多助益。需要强调的是,由于我国国情与西方各国国情的不同,在借鉴西方智库建设和发展经验的过程中,应始终坚持"相同与不同""可取与不可取""借鉴与创新"的基本分析思路,以辩证的、客观的、务实的思想理念看待西方智库发展经验对我国智库建设发展乃至功能实现的启示价值。

一　多元化的外部支持保障

西方各国智库的快速健康发展是多元因素综合作用的结果,而非某一或某几个因素的直接产物,这要求我们应以系统的思维去看待西方智库的发展,以多元化的视角实现对西方智库发展经验的借鉴。

从外部多元化支持来看,西方智库的发展与功能实现来源于西方政治体制和文化为智库提供的多元化机遇,多元化制度为智库发展提供的系统化保障,以及多元而庞大的思想产品需求为智库提供的市场推力。正是在西方各国宽松的政治和社会环境中,系统化的制度平台上,以及各治理主体对智库及其产品基于充分认识和信赖而产生的巨大市场需求下,西方智库才获得了产生发展乃至不断实现扩展功能的机遇和资源。我国政治文化与政治体制与西方不同,这决定了我国智库发展并不同于西方依靠松散的政治体制和分散的权力为智库带来的机遇。我国的国家性质决定了智库在发展过程中必须坚持中国共产党的领导,必须立足于中国特色社会主义制度,必须符合我国的基本政治制度,以服务决策、服务社会、服务公民进而最终实现公共利益为目标,不断在国家治理现代化进程中发挥并扩展功能,实现自身价值,为提升国家软实力做出应有的贡献。党的十八届四中全会决定指出当前我国全面建成小康社会进入决定性阶段,改革进入攻坚期和深水区,国际形势复杂多变,我们党面对的改革发展稳定任务之重前所未有,矛盾风险挑战之多前所未有。在这样的大背景下,我国智库既担负着为国家建设发展提供多元智力支持的重任,更获得了在国家治理现代化进程中不断实现发展功能的多元契机。

在多元化制度保障方面,智库作为一个社会组织,要实现自身的发展和影响,就必须不断与外界发生物质、能量和信息的交换。是否能够有效地完成这一交换过程,则需要多元化制度的保障和规范。西方各国与智库相关的多元化、系统化制度体系对智库发展的支撑和规范已充分显现出制度对智库的重要平台作用,而我国在智库相关制度上的缺乏所导致的瓶颈效应也越发体现出制度建设的必要性和迫切性。因此,借鉴西方智库相关制度建设经验,系统建立健全我国智库发展和功能实现的核心制度与边缘制度应成为我国智库建设的当务之急。

在多元化需求方面,没有需求就不会形成市场,也就不会形成智库思想产品的供给和功能的实现。西方各国思想市场的繁荣,智库及其产品的多元化和优质化,正源于政府、社会和公民的多层次、多样化的思想产品需求。正是在思想市场供需机制的持续作用中,各治理主体不断向智库提出新的要求,逐步实现了对智库的认知、认可、信任乃至依靠,形成了购买和使用智库思想产品的消费习惯,才使得智库能够获得持续动力,不断研发进而实现了多元化和特色化发展。与西方各国相比,我国智库发展和功能实现面临的巨大现实困境正是对于智库及其产品的需求缺乏。这种需求的缺乏表现在包括政府、社会和公民在内的多元治理主体未能正确认识智库及其功能,从而未能产生对智库及其产品的真正需求和消费动机,这导致我国智库及其产品因缺乏市场需求和消费者而发展缓慢,即使仅有的少量消费,也因为消费主体消费能力的缺乏而流于形式。

二 动态化的内部运营管理

在多元化外部因素所构成的平台支持以外,西方各国智库在快速发展和发挥功能过程中所表现出来的另一重要共性是:动态化的内部运营管理体系。相对于外部因素而言,智库内部的动态化管理对于智库的发展壮大和功能实现更具本源性和决定性。西方各国智库内部运营管理体系的动态化主要表现为资金人才信息管理的动态化、科研管理的动态化、交流合作的动态化。这要求我们应以动态化的视角看待我国智库的建设发展和功能实现。

在资金人才信息动态化管理方面,资金、信息和人才的动态化管理是西方各国智库较为典型的特征。资金的动态化管理主要表现为资金来源的动态多元,虽然各国智库资金来源各有侧重,如美国智库主要源于捐赠,欧洲和日本智库主要源于政府拨款,但改变对某一或某几个资金来源的过度依赖,实现资金来源的动态化扩展、多元化构建已成为各国智库资金管理的共识和趋势。资金来源的动态化管理不仅有利于缓解智库资金困境问题,更为重要的是为智库的独立、客观研究提供了有效保障。在信息动态化管理方面,强调信息来源的多元化、及时化以及动态化管理已成为各国智库重点关注的焦点。作为思想工厂的重要原材料,信息对智库思想产品的质量和功效发挥着决定性作用。信息动态化管理中的多元化保证了信息的全面性,及时化保证了信息的时效性,规范化保证了信息的准确性,从而为智库思想产品的生产提供了优质原料保障。在人才动态管理方面,西方智库虽然在一般情况下对智库人才引进均有着很高的标准,如知名学者、企业家、卸任高官和博士毕业生等,但在需要时对无学历人士乃至乞丐的引入凸显出西方智库在用人和引入新思想方面不拘一格的动态性。除在人才引入机制上的动态化管理外,西方智库在人才培养和输出上也表现出极为活跃的动态化特征。以人才发展观念替代人才使用视角,以人才输出实现思想输出已成为西方多国智库的动态管理理念。在动态化的人才管理机制下,西方智库成为了人才及其思想的汇聚地,更成为了人才和思想的来源地。与西方各国动态化资金、信息和人才管理机制形成反差的是我国较为单一和僵化的资金、信息和人才管理机制。由于相关制度的缺乏以及我国智库体系结构的不合理（多为官方智库）。因此我国资金主要来源于政府拨款，这不仅对智库的独立研究产生了一定影响，也使智库缺乏市场化运作的意识和能力。在信息获取方面，获取信息渠道的匮乏是当前我国智库面临的又一困境，其不仅使智库的研究难以开展，更使得智库思想产品质量缺乏保障。在人才管理方面，受编制、经费、观念以及用人规定等限制，我国智库在人才引进方面面临重重阻碍，这不仅使很多优秀人才无法进入智库，也使智库出现大量人才流失。

　　在科研项目的动态化管理方面，西方智库十分强调从选题到研究再到成果评估全程的动态化管理，这与我国所谓"重申报、轻研究"以及形式化研究、阐释化研究形成了鲜明对比。在选题上，西方各国智库尤为重视对选题的论证，一般要经过多次协商和讨论才能予以立项；且在选题内容上既重视智库长期从事的研究特长和侧重方向，也重视对热点问题和重大现实问题的迅速锁定以及隐性问题的预见性研究。在项目的研究过程中，西方智库除对研究进展实施动态化监控外，十分强调以项目为中心的动态化研究团队构建，即打破机构、部门以及专业界限，以项目需要为核心，从各部门机构引进不同专业特长的人员，共同为项目的开展提供多元支持，待项目完成团队解散，人员各自回到所属机构。动态化的监控和研究团队为智库研究项目的顺利开展提供了有效的内外保障。在研究成果的评审上，评审制度的严格甚至苛刻是西方各国智库共有的特征。无论是如美国兰德公司著名的"内部评审制"还是如法国智库普遍采用的"第三方评价机制"，西方智库严格而动态化的评审机制为智库研究成果的质量提供了有效保障。值得注意的是，西方智库普遍十分强调研究成果的针对性、实用性和可操作性，这使得智库研究仅仅通过理论化的阐释是无法达到西方智库评审要求，而必须在扎实理论的基础上开展广泛的调研、实验和实践，通过理论与实践的有机结合得到切实可行的创新方法和思想。与西方各国智库的科研管理相比，当前我国科研管理在选题、研究以及评审等多方面还存在许多不足。选题上缺乏创新性意识、创新的勇气和创新的能力,多以阐释替代创新是当前我国智库在选题上存在的普遍问题。在研究过程中,以理论研究为主,缺乏实践意识和经验,存在想当然思想导致智库研究过于空泛、观点与实际情况不符、观点相互重复等情况频出。在评审上,由于缺乏系统和严格的评审制度,"人性化"的评审机制使智库的研究成果往往能够以满足委托人要求、人际关系以及成果的唯一性和急迫性等原因弥补成果质量的不足而最终得以通过。这导致智库研究在某种程度上被"符号化"和"空洞化"。

在交流合作的动态化管理方面,西方智库旺盛的生命力和巨大的影响力与其动态化的外部交流合作机制有着密切关系。西方各国普遍强调智库与外界的多元化、动态化交流合作,这使得智库一方面能够广泛宣传推广自身的思想产品,进而获得多元治理主体的认知、认可和信任;另一方面也能够通过与多元治理主体的交流合作构建广泛的社会关系网络,进而获取影响政策的途径、权威信息、创新思想、专业知识和社会资本等重要资源。需要强调的是,近年来西方各国智库动态化交流合作的趋势日益明显,这一方面反映出随着公共治理的日益复杂化,智库凭借一己之力已难以有效应对复杂化的公共治理问题,加强与包括其他智库在内的多元治理主体交流合作,形成多元合作的智网以实现对日趋复杂的公共治理问题的共治已成为必然趋势。另一方面也反映出在日趋饱和的思想市场中,在日益激烈的市场竞争下,智库要发挥自身在公共治理中的功能进而获得竞争力和影响力,就必须加强与外界交流合作。只有通过不断地与外界发生物质、能量和信息的交换才能获得发展所需资源进而实现自身价值,故步自封和孤芳自赏的运营模式必然会被时代所淘汰。最后,西方各国智库的交流合作并非仅仅局限于政府决策咨询的静态化单一交流合作,而是涉及包括政府、社会组织、媒体、公民等多元治理主体的动态化交流合作;且其交流合作并不仅限于所谓"出主意、出点子、出对策"等工具性或技术性辅助作用,而更强调通过引导社会思潮,改变多元治理主体认知结构,塑造各治理主体的创新精神、探索精神、批判精神以及责任意识、奉献意识和合作意识等实现合作共治乃至治理现代化的核心思想理念。因此，应转变传统将智库及其产品作为公共治理中的工具化理念，应意识到作为公共治理重要组成部分的智库，其发挥功能的过程在本质上并非是一个技术过程，而是一个社会过程。与西方高速运转的交流合作机制相比，我国智库在对外交流合作上还存在较大差距。智库大多缺乏系统的宣传推广部门和机制，也没有建立制度化、常态化的外部交流机制。除与政府和媒体尚有一些交流外，我国智库在智库与智库之间、智库与社会组织之间，特别是智库与公民之间的交流上还存在许多亟待填补的空白。这种封闭性和孤立性将使我国智库多元化、社会化和特色化成长发展和功能扩展受到极大限制。因此，有效实现动态化、多元化的合作交流，加强智库之间以及智库与政府、社会组织、企业、媒体以及公民的交流与合作应成为当前我国智库建设发展以及功能扩展的重要路径。

第六章　智库在公共治理中功能实现路径的构建

"智"与"治"相互依赖、协同发展的内在关系，我国在新时期国家治理现代化中繁重而艰巨的各项任务，以及西方各国智库在公共治理过程中迸发的巨大能量，共同指向了加快我国智库发展，充分发挥智库在公共治理中功能任务的重要性和紧迫性。如何借鉴西方智库在公共治理中功能实现的经验，并结合我国国情构建具有中国特色的智库功能实现路径，进而推进智库与公共治理的协同发展，实现以"智"为中轴的"智治"模式已成为当代我国全面推进国家治理现代化和构建中国特色新型智库的重要课题。纵观西方智库发展历程以及我国智库当前所面临的现实困境，坚持党的领导和政府的主导下智库的制度化建设、多元化发展、市场化运行以及社会化服务是中国特色新型智库在公共治理中有效发挥功能进而实现与公共治理协同发展的现实路径。

第一节　以特色化路径引领智库功能发展方向

全面推进智库建设发展，充分发挥智库在公共治理中的功能，必须坚持正确的发展方向。我国是中国共产党领导下的社会主义国家，我国的智库是以实现公共利益为目标，以服务党和政府决策为宗旨，以政策研究咨询为主攻方向的中国特色新型智库，这决定了我国智库的建设发展和功能实现必须坚持党的领导和政府主导的特色化发展路径。

在坚持党的领导方面。我国是中国共产党领导的中国特色社会主义国家，社会主义制度是我国的根本制度，坚持四项基本原则，以马克思列宁主义、毛泽东思想、邓小平理论、"三个代表"重要思想、科学发展观为指导，深入贯彻习近平总书记系列重要讲话精神，以实现公共利益为目标和价值取向，努力服务于中国特色社会主义事业，服务于党和政府决策，全面推进国家治理现代化是我国智库建设发展和功能发挥所应坚持的基本政治方向。这一方向是中国特色新型智库功能实现和扩展的基本根本政治原则和根本前提，偏离这一正确的方向，智库的建设发展以及功能实现将面临方向性错误所导致的重大危机。因此，加强中国特色新型智库建设进而全面发挥智库在公共治理中的功能必须首先坚持党对智库的领导。近年来，党中央对智库的建设和发展高度重视，多次对我国智库的发展提出了要求和指示。例如，2004年1月，中共中央发布《中共中央关于繁荣发展哲学社会科学的意见》，在党的历史上第一次以中共中央的名义明确指出："党委和政府要经常向哲学社会科学界提出一些需要研究的重大问题，注意把哲学社会科学优秀成果运用于各项决策中，运用于解决改革发展稳定的突出问题中，使哲学社会科学界成为党和政府工作的'思想库'和'智囊团'"；2012年11月，党的十八大报告提出："坚持科学决策、民主决策、依法决策，健全决策机制和程序，发挥思想库作用"；2013年11月，十八届三中全会提出建设中国特色新型智库，建立健全决策咨询制度。它表明加强中国特色新型智库建设，已成为推进国家治理体系和治理能力现代化的组成部分；2014年10月27日，中央全面深化改革领导小组第六次会议审议了《关于加强中国特色新型智库建设的意见》。习近平提出：要从推动科学决策、民主决策，推进国家治理体系和治理能力现代化、增强国家软实力的战略高度，把中国特色新型智库建设作为一项重大而紧迫的任务切实抓好；2015年1月，中共中央办公厅、国务院办公厅印发了《关于加强中国特色新型智库建设的意见》，并发出通知，要求各地区各部门结合实际认真贯彻执行。正是在党中央的正确指引下，在决策的科学化和民主化过程中，我国智库地位得以不断提高，发展方向和价值目标得以明确，从而在努力加强自身建设发展的同时，积极为国家发展、社会进步以及人民的幸福献计献策，为我国的社会主义事业做出了巨大贡献。为人们所熟知的"383"方案、"官邸制"、"医疗卫生体制改革"乃至党的十八届三中全会《中共中央关于全面深化改革若干重大问题的决定》等都源于智库卓越的智力贡献。从改革开放以来智库在党领导下的快速发展和为社会主义事业做出的巨大贡献来看，坚持党对智库的领导，加强党对智库的方向引领是我国建设中国特色新型智库以及实现智库与国家治理现代化协同发展的基本前提。离开党的领导和方向指引，缺乏党的先进理论武装的智库，必然会迷失方向，必然是缺乏生命力和影响力的。

在坚持政府主导方面。"中国现代化至今没有改变'政府主导型'的特质。政府主导的范围和强弱是和社会自主的空间和强弱成反比的，在中国，治理活动就过程而言，落在此二者中间；就历史和现实而言，则偏向于前者。换句话说，以政府为主体和为主导的治理，仍然是治理的重心。"① 政府治理作为治理的重心，一方面体现在政府所拥有的资源和权力是其他治理主体所不具备的，这使得在公共治理中充分发挥政府治理的主导作用，构建权力与责任对称的责任政府仍是我国公共治理的核心；另一方面体现在政府应积极转变职能，加强对多元治理主体的协调和管理，释放多元治理主体参与公共治理的空间，积极引导、培育和规制多元社会组织和社会力量，充分发挥社会组织以及公民在公共治理中的作用，构建多元合作共治的现代化治理格局。政府在公共治理中的主导作用同样体现在对智库的引导、培育和管理上。诚然，智库作为政府的外脑，能够在公共治理过程中通过向政府提供权威信息和政策建议发挥资政辅政的功能，但这一过程并不会自行发生而是以多元化的前提为条件的。这些前提条件包括对智库角色和地位的明确，智库功能的充分理解和重视，智库发展和功能实现所需制度保障平台的构建，智库有效运行所需思想市场的培育和

---

① 人民论坛编：《大国治理：国家治理体系和治理能力现代化》，中国经济出版社2014年版，第35页。

规制，智库体系结构的合理化布局，智库多元化服务面向的有效引导等。对于智库发展和功能实现所需的前提和条件的构建，政府具有其他治理主体所不具备的能力和资源，也承担不可推卸的义务和责任。充分发挥政府对于智库建设发展以及功能实现扩展的主导作用，是我国中国特色新型智库的本质特征和内在需要。只有在政府在战略上对智库建设发展和功能实现的高度重视下，在对智库及其思想产品的巨大需求下，智库才能获得生存和发展的巨大空间；只有在政府多元化的制度保障和政策扶持下，智库才能实现多元化、现代化和国际化的发展；只有在政府的积极培育和规制下，智库才能在思想市场的竞争中不断实现功能扩展和发展壮大；只有在政府的有效引导和衔接下，智库才能以公共利益和人民福祉为目标实现服务的社会化。需要强调的是，政府主导与智库独立性之间并不存在矛盾或冲突。纵观西方智库发展历程和现实图景，也仅有美国智库与政府保持着形式上的距离。而如英国、德国、法国等西欧国家，政府都既是智库的主要资助者也是智库产品的主要需求者。因此，智库的独立性实质是其思想上的独立而非形式上的独立，政府主导下的智库并不会对其独立性形成影响；相反，在政府的引导、培育和规制下，在政府与智库的互动过程中，智库将能够获得更多的发展空间、支持帮助，从而能够更好地融入到公共治理活动中。总之，中国特色新型智库的建设发展和功能实现是在政府主导下不断攻坚克难和开拓创新的过程，中央及各级政府在智库的发展和功能实现中发挥着不可或缺的关键性作用，离开政府主导的智库必然是缺乏生存土壤和生长活力的。

总之，党的领导为我国智库的发展指明了方向，政府主导将在我国智库的发展和功能实现过程中发挥引领、培育、支持和保障等多种功能。因此，坚持党的领导和政府主导是中国特色新型智库建设发展和功能实现的基本前提和基础。

第二节　以系统化制度保障智库功能稳定运行

制度化是西方各国智库建设发展和功能实现的显著特征。正是在西方各国系统化制度保障下，西方智库才得以实现规范化、高效化、多元化的发展，并形成了与公共治理相对应的智库体系。与之形成反差，我国智库当前正身陷制度缺乏所导致的各种困境之中，制度匮乏使我国智库面临身份危机、功能危机、信任危机，进而使智库的建设发展和功能实现失去了基本的平台和能力。西方各国智库的制度化建设与我国智库的制度化瓶颈共同反映出加强智库相关制度建设，为智库提供系统完善制度平台的重要性和迫切性。综观西方各国为智库提供的制度平台以及我国智库当前存在的多元制度瓶颈，加强智库核心制度与外围制度的共建是当前我国智库发展和功能实现的有效路径。核心制度主要包括：完善智库的登记管理制度，明确智库的法人地位；健全决策咨询制度，实现智库决策咨询的规范化、程序化和高效化。外围制度主要包括：完善信息公开制度、完善财税制度、完善人事管理制度。

一　完善登记管理制度

智库的建设发展和功能实现以智库身份资格的明确和认同为基本前提。主体身份资格的明确和认同一方面决定了主体所具有的权利、义务和责任，进而决定了主体所采取的行为及其方式；另一方面决定了社会其他群体对主体的认知、理解和相互关系。换句话说，主体身份资格的明确和认同是主体在一定社会中有效实现自我认同和社会认同进而产生符合自我预期和社会预期行为的前提和基础。然而，如何有效地明确主体的身份资格并使这种身份资格得到广泛认同和持续保障呢？答案是：通过制度。人类学家玛丽·道格拉斯认为制度赋予了人们"身份"（identity）。人们的认知不能在社会制度之外产生。人们必须首先在基本范畴上达成共识，才能有认知、讨论的可能性。而制度正是在这一环节起到了重要作用，即人们必须通过观念制度对事物加以分门别类。首先，制度产生凝固性、稳定性，为基本范畴的建立提供了基础。其次，制度制造出相同性，即它将各种事物放入不同的类别，并赋予道德和政治的内容，加上价值判断。这样，"当人们在选择甄别自然中的类比加以确认时，他们同时已在选择甄别他们的盟友和对手，以及他们间未来相互关系的模式……简言之，他们在建造一个替他们思考决策的机器。"① 按照道格拉斯的思路，正是制度创造并保存着社会分类系统，塑造了社会思维方式（共识），从而构建了社会主体的身份认同、角色分类乃至其行为方式。缺乏制度保障的社会主体将面临身份危机、认同危机并导致其社会关系和行为方式受到严重制约。以制度视角审视当前我国智库现状不难发现，登记管理制度的缺乏正使我国智库深陷身份危机和管理困境。当前我国不同类型智库隶属于不同的政府登记管理体系，"如属于企业型思想库咨询公司需在各级工商行政管理机关登记注册；科技及软科学研究的民非型思想库需在科技部和民政部进行登记；按照级别高低，事业单位型思想库将在不同级别的政府主管部门中进行登记，并统一由国家编制委员会管理；而大学下属型思想库则没有统一的政府注册和登记口径。"② 不同的登记管理系统导致智库缺乏统一的管理和身份认定，而对于部分智库（如非企业型智库和社会组织型智库）登记管理系统的缺乏或缺陷则将导致其面临身份和认同的双重困境。因此，有效地完善我国智库的登记管理制度，明确各类智库法人资格是当前我国智库建设发展和功能实现的首要制度保障。只有通过制度形式赋予各类智库在公共治理中的"身份"，才能使各类智库实现自我认知和社会认知，进而获得建设发展和功能实现的平台和机会。为此，应建立统一的智库登记管理制度和系统，使各类智库能够在统一归口下实现统一管理。在智库登记管理制度中应明确各类智库的法人主体资格、体制、权利、义务、内容、方式、目的等方面内容，从而使各类智库的

---

① 周雪光：《制度是如何思维的》，生活·读书·新知三联书店2001年版，第10—18页。

② 薛澜、朱旭峰：《"中国思想库"：涵义、分类与研究展望》，《科学学研究》2006年第3期。

身份和法人资格得以明确，使各类智库（特别是民间智库）的建设发展和功能实现有法可依、有规可循。应在民法中明确非企业法人制度，从而为民间智库明确身份、开展业务以及接受捐赠等活动提供制度规范。在完成基础立法后，各地方应根据《加强中国特色新型智库建设的意见》指导，从本地区实际出发，积极探索符合地方智库发展的配套登记管理制度体系建设，及时修改不合时宜的原有制度，及时制定出台符合智库发展的新制度和新举措。并按照法制统一原则，建立健全法律法规间的冲突协调机制。

二 健全决策咨询制度

在获得身份和法人资格也即明确在公共治理中的角色地位后，智库便需要发挥与其身份和地位相适应的多元功能，以获取其生存发展所需要的资源、影响力和价值。在智库多元化的功能中，决策咨询功能处于核心和首要位置，对智库本身以及智库其他功能发挥着决定性的影响。作为一个知识与权力、理性与实践相结合的过程，决策咨询功能是智库通过向外界输出思想产品，为决策提供信息、知识和创新思想，以有效影响决策、服务决策，从而最终影响公共治理，实现"智"与"治"的协同发展的过程。这一过程对于公共治理而言能够有效保障公共决策乃至公共治理的科学化、民主化、法治化，对于智库而言是其获取认可、影响力以及存在价值进而扩展功能、谋求发展的关键所在。决策咨询功能对于公共治理以及智库的重要性共同决定了有效、全面实现该功能的必要性和紧迫性，然而，决策咨询功能的有效实现并不会自然发生，其往往需要系统化的制度保障作为基础和前提。当前我国智库在实现决策咨询功能过程中所遭遇的困境和功能瓶颈正源于决策咨询制度缺位对智库决策咨询功能所带来的严重影响。因此，加强决策咨询制度建设，完善决策咨询制度体系便成为当前我国智库建设发展和功能实现的重要基础和必要前提。

结合我国国情以及西方各国决策咨询制度建设的经验，完善我国的决策咨询制度应从法律与法规细则相结合两个方面加以展开：

在法律建设方面。应在《中共中央关于全面推进依法治国若干重大问题的决定》指导下，按照《行政法》或《行政程序法》中规定决策咨询的相关制度内容，对决策咨询的总则、范围、条件、基本程序、法律责任等基本内容加以规定。西方各国的决策咨询制度均以法律的形式存在，如美国的《联邦咨询委员会法》、德国的《德国联邦行政程序法》、日本的《国家行政组织法》中相关规定等。以法律形式规范决策咨询，赋予决策咨询制度较高的法律位阶和层次，一方面能够使决策咨询制度具有较高的法律权威，从而使行政部门更加重视决策咨询，进而将决策咨询纳入行政决策中，使其成为行政决策的必需环节；另一方面能够为地方决策咨询法规或细则的制定提供统一的原则性指导，从而避免各地决策咨询制度的良莠不齐、各行其是。

在法规和细则建设方面。各地方政府应在《行政法》或制定的《行政程序法》以及决策咨询相关制度的指导下，结合地方具体情况和特点制定《重大行政决策咨询制度》的地方性法规和规章。对本地区决策咨询的总则、重大行政决策的范围和内容、决策咨询的程序以及责任追究等关键问题加以规定。依法确立行政组织重大决策的咨询环节和原则，以及相应的例外原则；应明确规定缺乏决策咨询环节的重大决策和议案的无效性和违法性。此外，在地方性法规和规章的基础上，地方政府建立《行政决策咨询工作细则》，应明确规定行政决策咨询的咨询程序、方法和内容，咨询组织和专家的权利、义务和责任，决策咨询的评估、监督和激励问责措施，行政组织对决策咨询的回应程序和内容，决策咨询的信息公开等内容；应注重对包括决策、执行、监督、评估反馈在内的整个政策环节的各阶段决策进行系统化、逻辑化决策咨询规范和设定，避免只强调决策前咨询，忽视决策后咨询，缺乏跟踪决策咨询的决策咨询形式化、单一化和静态化情况出现；应通过建立各种机制保障决策咨询主体在决策咨询过程中的独立性、权威性和客观性；应建立对决策咨询进行监督、评估的组织或机构，注重在决策咨询过程中专家理性与社会价值之间的平衡。

三 落实信息公开制度

全面、真实和及时的信息如同源源不断的营养持续滋养着智库的生长发展，影响着智库功能的实现和扩展。缺乏信息保障的智库如同缺乏营养供给的有机体，必然是缺乏生命力和影响力的。当前我国信息公开制度建设和落实存在的一系列问题正使智库面临缺乏"营养匮乏"的困境。如前文所述，当前我国智库面临着信息公开制度不完善、信息公开制度与其他法律法规矛盾、行政机关缺乏公开意愿和能力等困境，这不仅使得我国智库在获取信息过程中举步维艰，也导致智库的建设发展和功能实现严重受限。因此，完善和落实信息公开制度，为智库建设发展和功能实现提供有效的信息支持和扶持便成为亟待解决的问题。

完善信息公开制度方面。我国于 2007 年发布的《中华人民共和国政府信息公开条例》属于行政法规层次的规范性文件，按照下位法服从于上位法的原理，当该法与《保密法》《统计法》《档案法》等发生矛盾时，条例必然要服从于法律，这使得信息公开面临重重制约和障碍。为此，一方面应制定《政府信息公开法》提高信息公开制度的法律位阶和地位，赋予信息公开制度更高的法律权威、法律效力，保障信息公开制度具有更广泛的适用性和约束力。《政府信息公开法》的制定不仅有利于对智库的信息支持，更是信息时代、大数据时代背景下，信息日益庞大、多样化和复杂化，治理主体对信息需求多元化、迫切化的客观要求。并且在《政府信息公开法》以外，应参照西方以一整套法律体系（如美国的《信息公开法》《阳光下的政府法》《削减公文法》《电子信息自由法修正案》等）对信息进行系统化、动态化规范的做法，逐步建立信息规范、管理、处理、供给等的相关专门法律，以保障信息管理和使用的程序化、制度化、法治化；另一方面应完善政府信息制度的内容以及与相关法律的衔接。应对《政府信息公开制度》中过于笼统的规定加以细化和明确。对与现行《政府信息公开条例》相冲突的如《保密法》《统计法》《档案法》等相关法律中存在问题或不合时宜的规定进行修改和完善。

落实信息公开制度方面。正如习近平所说："法规制度的生命力在于执行"①，制度的有效制定是前提和基础，制度只有被有效执行才

---

① 《习近平：法规制度的生命力在于执行》，http://news.sina.com.cn/o/2015-06-28/051932020082.shtml，2015-06-28。

能转化为现实绩效。当前我国信息公开过程中信息管理部门信息公开意愿和能力不足的问题较为突出，其一方面表现为信息管理部门不愿意公开信息，以各种理由直接拒绝或部分拒绝信息公开；另一方面表现为由于缺乏系统管理能力，各部门无法有效提供申请人所需要的信息。上述情况的发生导致我国信息在供给、获取、流动和推广等多个环节受到限制和固化，这导致智库因缺乏基本的信息平台而面临生存发展危机和不公平竞争环境。因此，建立信息部门人员服务理念，加强信息部门能力建设应成为当前我国信息公开制度落实的重点。具体来说，应将依法的信息公开制度实施方式转变为依服务的信息公开制度实施方式。首先，应建立政府信息公开平台，对治理主体所需要的信息提供一站式服务。积极利用如政府门户网站、微博、微信等新兴媒体技术为社会提供多元化的信息服务和技能教育。其次，"应加强信息申请的内部流转。允许相同业务部门就政府信息公开申请进行内部流转，减少申请人知情权行使负担。"① 最后，应以服务方式实施信息公开制度。即在强调灵活性与变通性的理念上，通过加强沟通实现对需求方的引导，通过便民答复为信息获取排忧解难，从而减少不必要纠纷；"在任何情形下都考虑是否使用部分公开机制决定那些依法不能公开的政府信息"。②

四 建立扶持性财税制度

非营利组织和资金密集型组织的双重特点，决定了智库必然面临一种内在特点所决定的发展悖论（或称为"先天困境"）：一方面智库机构的运行需要大量资金作为保障，缺乏资金的智库不仅难以实现扩展功能，甚至将面临生存危机；另一方面智库所生产的思想产品并不以获取资金利润为目的，而是以追求影响力为目标。如仅从成本与利润角度看，入不敷出的智库机构将始终面临资金困扰，其先天基因决定了其运行和发展的不可能性。面对如何维持智库运行发展的难

---

① 肖卫兵：《信息流通视野下的政府信息公开制度实施：以上海市 A 区为例》，《中国行政管理》2014 年第 7 期。

② 同上。

题，各国的各类智库往往选择了两条截然不同的路径：一条是通过政府的财税政策倾斜和资金扶持以及对社会资金的引导，保障智库的建设、运行、发展进而促进智库功能的有效实现和不断扩展；另一条是在缺乏制度保障以及政府社会的支持下，智库在困境中以牺牲独立性、客观性和科学性为代价换取生存资金，以维系机构运行。纵观西方各国智库发展历程，系统健全的财税政策和多样化的资助方式有效保障了西方各国智库的快速健康发展；而我国智库相关财税制度的不健全，正使部分智库（特别是社会智库）迫于资金匮乏所导致的生存危机被迫选择第二条道路。因此，建立健全扶持性财税制度，有效形成政府与社会共同支持智库发展的良性机制便成为保障我国智库健康、快速和多元发展的关键。

在建立健全财政制度方面。西欧各国智库主要经费均来自政府的财政拨款和项目合同签订。政府的财政支持使智库获得了项目研究和运行发展的稳定环境，而大量的采购计划更使智库获得了广阔的研究空间。与西方较为完善的财政制度相比，我国智库相关的财政制度缺陷一方面表现为总体资金的不足；另一方面表现为财政资金主要集中于体制内的官方智库。为此，中央及各地政府应建立健全智库相关财政制度，加大对智库特别是社会智库的扶持力度。各地应建立哲学社会科学以及智库的相关发展规划，并以规划为指导对财政资金进行有目标、有计划和有重点的拨付，避免"大锅饭"或"散播式"的财政拨款方式；应加强对社会智库的财政保障，有效保障本地区社会智库的产生和发展，实现地区智库的多元化和特色化发展；应按照《关于加强中国特色新型智库建设的意见》指导，建立政府向智库购买决策咨询服务的指导意见，将对智库思想产品的采购纳入财政预算；应结合本地区情况，建立多种智库研究创新激励机制，对贡献突出、成果卓越的智库予以示范性和激励性奖励；应探索设立"智库发展基金"，对民间智库在启动经费和课题研究资助上给予倾斜与扶持；应完善财政资金管理制度，加大资金的监管、审计、查处和问责力度，保障资金使用的程序化、高效化和科学化。

在建立健全税收制度方面。美国系统化和颇具导向性的税收制度对我国智库的建设发展具有很好的借鉴意义。美国系统化的税收减免制度既有效促进了本国慈善事业和基金会事业的发展，又使智库获得了来自于社会的丰厚资金支持。当前我国与智库相关的税收减免制度和基金会制度还存在许多问题和缺陷，税收制度尚未发挥对智库（特别是社会智库）形成有力扶持，尚未实现促进慈善和基金会事业发展，从而有效引导社会资金投入智库建设发展的功效。因此，应建立健全税收制度，将各类智库分门别类地纳入到减免税收制度范围内，并根据不同智库类型赋予不同税收减免标准；应扩大对作为非营利组织的智库税收减免的种类，加大智库的税收优惠标准；应建立健全多种捐赠的税收优惠制度，发挥税收在促进社会捐赠和基金会发展过程中的催化剂作用，有效引导社会资金对智库的投入；应建立健全与税收制度相配套的如基金会制度、公益捐赠制度等相关制度，从而保障捐赠的法治化、高效化和科学化；应建立健全捐赠资金的监管、审计、查处和问责程序，保障捐赠资金获取、使用的效益和合法性。

五　强化人才保障机制

作为知识密集型组织，知识和创新思想是智库的核心资源和价值所在，其直接决定着智库功能的发挥和影响力的实现。然而，知识和创新思想并不能自发产生、传播、整合进而实现创新发展，这一过程往往需要依靠知识和创新思想的重要载体和生产者——人才加以实现。西方各国智库十分重视对人力资本的储备和扩展，其多元化、动态化、系统化甚至不拘一格的人才保障机制有效实现了智库对人才的广泛吸纳、高效利用、创新培养和动态交流，从而为智库人力资本的储备和扩展提供了有力保障。人才匮乏是我国智库在资金以外面临的又一困境，而这一困境究其根源在于我国智库人才保障机制的缺乏，正是当前过于单一、僵化和脱节的人才管理体系制约了我国智库的人才储备与扩展。因此，系统改革完善人才保障机制，以机制创新推进智库人力资本和智力资本扩展便成为智库建设发展和功能实现的必由之路。

在人才引进机制方面。各级各类智库应改变原有侧重人文社会科学单一学术背景和以科研机构或高校的专家学者为主体的单一人才结构。在人才引进上应突出领军人物引领下,不同专业背景、不同能力结构、不同经验文化等的多元化人才构成。多元化的人才结构决定着对于问题的多元化视角以及知识、思想的优势互补,其对于知识的汇聚、碰撞以及创新思想的迸发尤为重要。正如兰德亚太政策中心董事托马斯·麦克诺尔所说:"我的项目团队都是从公司的950名专业人员中选拔组成,他们的研究专长几乎涵盖了从经济学和行为科学到医学和工程的所有学术和专业领域"。[1]为保障智库广纳贤士、集思广益,各地方应按照国家有关事业单位改革和人事制度改革的政策指导,对原有人事管理制度进行部分调整。根据各地具体情况适当扩大智库研究人员的编制,合理精简压缩行政部门和人员。应积极推行聘用制,通过竞争和考核下的优胜劣汰机制,保障智库人才队伍的生命力和创新力。应构建柔性人才引入机制,通过动态化、多元化和临时化的甚至不拘一格的人才队伍组建,最大限度地实现智库人才引进上的低成本和高效率。

在人才管理机制方面。应对原有侧重使用、忽视培养的人才管理机制进行全面改革。在为智库人才发挥才能提供广阔平台的基础上,应通过人才梯队建设、人才发展规划、人才交流合作机制、人才奖惩机制等人才管理机制为智库人才(特别是中青年人才)提供发展平台。通过人才梯队建设,一方面能够有效实现智库人才在年龄结构、知识结构和经验结构的优化组合,另一方面也能够通过发挥"传帮带"作用实现对中青年人才在知识、经验和精神等多方面的传承,其对于中青年人才发展以及智库本身意义重大。通过人才发展规划,为智库人才制定个人发展规划,使智库人才能够获得有效引导,在积极实现个人发展的过程中不断壮大智库的人力和智力资本;通过人才交流合作机制,使智库人才能够走出去,从而有效避免当前我国智库普遍存在的"经院式"研究所导致的理论与实际的脱离,以及智库与其他部门之间相对封闭所造成的信息流通不畅和社会资本缺乏。美国的"旋转门"机制为我国智库人才交流合作提供了有益的示范和借鉴,

---

[1] 刘德海:《江苏新型智库体系建设研究》,江苏人民出版社2014年版,第192页。

我国不必照搬其旋转模式，可根据我国各地具体情况通过挂职、借调、访问等多样化的创新形式实现人才的流动与合作；通过人才奖惩机制，构建智库内部的评估、竞争和激励机制，能够有效激发人才的积极性和创新性，从而使智库既留得住人才，更能够吸引人才。

第三节　以多元化结构推进智库功能均衡发展

　　公共治理的多元化、动态化和复杂化决定了为其提供智力支持的智库及其体系的多元化，这种多元化既表现为整个智库体系中智库类型的多样化、布局的合理化、结构的网络化以及协同合作的群体化，也表现为各类智库研究类型及内容的多样化、专业化和特色化。多元化是西方各国智库较为显著的特征，如前所述，西方各国业已形成了与公共治理相对应的、较为完善的多元化智库体系，这使西方智库在公共治理中的"聚散效应"无论在范围还是强度上都获得了有效保障，进而为公共治理提供着持续而强大的智力支持，最终成为了公共治理的重要组成部分。与西方多元化的智库体系和研究形成反差，当前我国智库在体系上的单一化，在分布上的失衡化，在研究上的集中化和重复化都反映出我国智库在多元化发展上的缺陷，这种缺陷在当前已显露出其对我国智库建设发展和功能实现的瓶颈效应，随着公共治理和智库的发展，这种缺陷所带来的弊端将日益扩大化和深刻化。因此，促进智库多元化发展，有效实现我国智库体系、分布和研究的均衡化、多元化及其随即产生的特色化、网络化、合作化发展便成为当前我国智库发展的重要路径。

　　一　构建多元化的智库体系结构

　　单一化是我国智库体系的显著特征，我国智库体系结构的单一化集中表现为党政军智库、科学院智库在数量、规模、资源以及影响力等方面的独大，高校智库身份困境所导致的功能性障碍，民间智库的弱小和建设发展的举步维艰。我国智库体系结构的单一化主要源于"体制"这堵"无形的墙"所导致的不同类型智库的不同发展境遇。

正是体制所导致不同智库的不同资源和机会禀赋造就了今天所谓"官方智库大而不强,高校智库曲高和寡,民间智库弱而无力"的智库体系困境。具体而言,官方智库的大而不强主要源于体制内行政隶属以及项目和资金的依赖所导致的独立性、前瞻性和质量的缺失;高校智库的曲高和寡主要源于体制内高校智库的身份、定位和功能认识的缺失;社会智库(民间智库)弱而无力主要源于体制外社会智库受体制所限在资源和机遇禀赋上的匮乏,生存空间受到严重挤压所导致社会智库的缓慢发展。此外,伴随着高校智库与社会智库因发展滞后所导致的竞争力缺乏,官方智库的"大而不强"的情况又将由于思想市场中竞争性的缺失而持续恶化,而智库之间合作下的优势互补和集群效应更无从谈起。总体而言,智库体系结构的单一化已成为当前我国智库建设发展和功能实现的又一瓶颈,而这也使全面推进我国智库体系结构的多元化建设成为当务之急。

推进官方智库的高端化建设。官方智库是我国首先出现并领先发展的智库类型。1949年我国第一个现代意义上的智库——政务院参事室正式成立,这标志着官方智库作为首个现代智库的诞生。改革开放以来,随我国经济社会发展,决策咨询需求的日益增加,官方智库在政府的大力支持下进入了蓬勃发展时期,经过数十年的发展,官方智库无论在数量还是质量上都取得了长足发展,至今已成为我国智库领域的绝对主体和领军者。当前,官方智库占智库总数的95%,在数量上占据绝对优势;并且受体制内身份的长期保障,官方智库凭借资金、人才、信息、项目和影响渠道等多方面的先天优势,已逐渐发展壮大成为我国智库领域绝对的中坚力量。此外,鉴于我国社会智库较为滞后的发展现状,承担重任尚需时日,可以预计,官方智库将在相当长的一段时期承担着我国公共治理智力支持的重任。因此,推进官方智库的高端化建设应成为智库多元化发展的核心。具体而言,应按照《智库意见》指导,"紧紧围绕'四个全面'战略布局,以服务党和政府决策为宗旨,以政策研究咨询为主攻方向,以完善组织形式和管理方式为重点,以改革创新为动力,优先选择若干基础条件较好、专业特色突出的机构进行试点,建设一批国家亟须、特色鲜明、制度创新、引领发展的高端智库"。①

在高端智库建设的基础上，应通过高端智库引领并带动其他各类各级智库发展，从而构建起以高端智库为核心的智库研究和发展集群。

加强高校智库的品牌化建设。高校智库是我国智库体系中不可替代的重要组成部分，与其他智库相比高校智库的优势在于：人才资源丰富（高校研究人员占全国研究人员的80%以上）、基础理论（学科门类齐全且从事长期研究）、综合研究优势（学科综合实现综合研究）、更具独立性和客观性（与官方智库相比的超然身份）等。这些独特的特质和优势使高校智库成为公共治理中不可或缺的组成部分和重要智力来源。当前我国高校智库还处于初步发展阶段，高校智库在身份、定位、发展方向和制度规范等多方面还存在许多缺陷，高校智库尚未厘清如问题意识与学科意识、人文精神与社科发展、教学与科研、贡献与成绩等多重关系，高校智库及其研究人员也尚未完全改变经院式的研究方式，走出书斋实现理论与实践的有效结合。这些问题严重限制了高校智库在公共治理中功能的有效实现和扩展，使颇具实力、潜力和能力的高校智库在思想市场中被边缘化。因此，应按照《意见》和《中国特色新型高校智库建设推进计划》的指导，并结合《2011协同创新中心建设发展规划》相关内容，加强高校智库品牌化建设。应建立健全高校智库的相关制度，明确高校智库身份、定位和发展方向等智库建设发展和功能实现的基本问题并理顺各种关系；应加大对高校智库的项目、财政、信息支持和扶持，并建立政府、社会与高校智库相联系的决策咨询平台，有效实现决策需求、信息和意见的持续化、快速化反馈交流；应建立高校智库的调研、交流和访问机制，使高校智库研究人员获得实践的机会和平台，实现高校智库研究由"曲高和寡"向"接地气"的转变。总之，应通过高校智库的品牌化建设，将高校智库不断做大做强，充分发挥高校智库的优势和能

---

① 习近平：《依靠改革为科学发展提供持续动力》，http://cpc.people.com.cn/n/2015/1109/c64094-27795006.html，2015-11-09。

量,使高校智库成为国家和地方公共治理过程中"逢治必咨"的"必需品"和卓越品牌。

扶持社会智库的多元化和特色化建设。社会智库是我国智库体系的最大短板,当前我国智库体系的单一化集中表现为社会智库发展滞后所导致的智库体系严重失衡。"目前中国民间智库仅占智库总数的约5%,规模很小,最大的也只有20人左右,年运作资金仅约200万元(人民币)。而其他的市场全部归于官方和大学附属型智库。"① 而社会智库的极端匮乏与智库体系的严重失衡所带来的是智库整体功能的重大缺失和智库体系结构的畸形发展。综观西方各国智库体系,社会智库均作为智库体系中最为坚实基础和最具活力的组成部分而发挥着主导作用。"在西方发达国家,一个社会智库组织的数量和质量,已经成为衡量这个国家发达水平和社会进步程度的重要标志";② 并且随着公共治理的日益复杂化、多元化和动态化,仅靠官方智库将无法满足公共治理对思想产品日益多样化、特殊化和基层化的需要,而民间智库将凭借其多元化、特色化的特点日益担负起各类各层公共治理智力支持的重任。与其他类型智库相比,社会智库的优势在于其来源于社会,能够较好地代表和反映社会和公民的利益和需求,能够为公共治理问题提供不同视角和声音;能够聚焦特定的、局部的、地方的治理问题展开专业化、特色化和持续化研究,从而弥补了官方智库侧重于国家级宏观战略研究所导致的思想产品供给缺陷和空白;社会智库的多元化发展还有助于我国思想市场的形成,能够促进其智库间的竞争与合作,其对于我国智库的整体发展助益颇多;社会智库的壮大和发展还有利于实现公民的参政议政,其对于我国公民社会的发展意义重大。因此,应大力扶持社会智库的多元化、特色化发展。应完善相关制度规范,打破社会智库"体制外智库"的身份困境,赋予社会智库以非营利组织的身份和保障,使社会智库获得生存空间和发展平

---

① 苏一鸣:《中国智库生存现状之一:官强民弱:中国民间智库生存难》,http://blog.sina.com.cn/s/blog_503c1c520100e2pe.html,2009-09-28。

② 李安方等:《中国智库竞争力建设方略》,上海社会科学院出版社2010年版,第145页。

台；应发挥政府在扶持社会智库过程中的主导作用，通过政府对社会智库在信息、资金、项目、参与途径以及社会引导等多种形式的扶持下，使社会智库获得政府及社会的认可和信任，获得生存发展所必需的资源；应通过完善税收制度、基金会制度和捐赠制度等相关制度，使社会智库能够拓宽资金来源，从而实现资金来源的多元化；应给予社会智库一定的思想和言论空间，不应将与政府意见不同或有偏差的意见予以完全否定，应建立社会智库与政府、社会、企业、媒体和公民等多元治理主体的信息共享和交流沟通内外部平台，坚持研究无禁区，宣传有纪律；应发挥政府在社会智库发展过程中的引导和规范作用，保障社会智库能够沿着正确的方向健康快速发展。

二 构建均衡化的智库分布格局

智库分布格局的非均衡化和集中化是制约我国智库在公共治理中功能全面有效实现和扩展的又一突出问题。当前我国分布结构非均衡化主要表现为区域分布和层级分布的非均衡化：在区域分布上，东部沿海地区智库无论在数量还是质量上相比其他地区都具有绝对优势，且东部沿海地区智库相对较少关注中西部地区问题；在层级分布上，关注国家层面问题的"国字号"党政军智库影响力较大，而关注区域问题的地方智库影响力较小。区域与层级分布非均衡化的结果是大量中西部地区和地方基层亟待研究和解决的公共治理问题因缺乏有效的智力支持而不断发展、恶化。这使得"智"与"治"的关系走向了反方向：智库智力支持的缺乏导致公共治理的混乱，公共治理的混乱将进一步制约智库及其功能的发展。因此，大力发展中西部地区和地方基层智库，构建均衡化的智库发展格局便成为当前我国智库建设发展和功能实现的又一重要任务。

构建均衡化的智库区域分布格局。智库区域分布的非均衡化究其根源主要来源于我国区域发展水平的非均衡性。各地经济社会发展的不同水平决定着智库的生长环境和发展机遇，正是由于各地智库所能获得的如制度、资金、信息、观念意识、人才等多种资源的不同，导致了当前不同地区智库发展的巨大差距，而这种差距将在智库与地方经济社会的相互制约中不断扩大。因此，如何将当前中西部地区智库与地方经济社会发展的相互制约有机转变为智库与地方经济发展及公共治理相互促进的良性互动机制是当前我国智库以及中西部智库面临的现实问题。对于该问题的解决应遵循"外拉内推"的基本思路。在外拉方面，应按照十八大关于"国家要加大对农村和中西部地区扶持力度，支持这些地区加快改革开放、增强发展能力、改善人民生活"，"把推进西部大开发放在区域发展总体战略的优先位置"的基本精神，按照十八届三中全会《决定》的战略部署以及《智库意见》的指导，加大对中西部地区哲学社会科学发展和智库建设的扶持力度。应加大对西部地区智库建设的财政扶持，使中西部地区智库获得建设发展以及功能实现、扩展的资金保障；应加强对西部地区研究项目的重视和倾斜，使中西部地区公共治理中的问题得以解决，中西部智库的能量得以释放；应加强东部沿海地区和中西部地区智库的交流与合作，通过东部沿海智库对西部智库人才、信息和资金等资源的输入，充分发挥高端智库在智库领域中的引领作用和帮扶作用，并使各方智慧得以汇集进而迸发新知；应加强对中西部智库的引导和规范，有效保障中西部智库的快速、健康发展；在全面推进西部智库快速发展的同时，应以服务于国家、服务于地方、服务于人民的基本思路，加强中西部智库对本地区的地方化、特色化研究，注重发挥中西部智库对地方公共治理智力支持的中流砥柱作用。

构建均衡化的智库层级分布格局。智库层级的非均衡化主要表现为纵向上国家级智库与地方智库（特别是县市智库）在能力和影响力上的较大差距以及国家层面研究和地方性研究在数量和质量上的巨大差异上。这两种差异的出现一方面源于地方智库与国家智库在资金、信息、人才和影响政策渠道等多方面的差距，另一方面也源于地方政府未能转变观念，未能对地方智库正确认知，未能较好地对地方智库给予政策扶持并提供参与公共治理的途径。如前文所述，地方智库对于国家治理的现代化、地方治理的现代化以及基层治理的现代化具有重要的承上启下作用。中央的精神、思想能否有效地被地方理解贯彻，地方如何结合本地区情况因地制宜地实现国家的政策方针，地方公共治理中的突发问题、核心问题和潜在问题的预警、解决和评估等都需要地方智库以其多元化功能发挥核心作用。因此，加强地方智库特别是基层智库建设，实现我国智库结构在纵向上的均衡化应成为中央及各级地方政府重点关注的智库建设要点。各级地方政府应结合本地区情况，加大对本地区各级智库的扶持与规范。应加强对各级智库的政策扶持力度，保障各级智库获得建设发展和功能实现所必需的资金、信息、人才、社会认可等核心资源；应通过建立地方决策咨询制度使向地方智库的决策咨询和政策评估成为地方政府决策中的必需环节，从而使地方智库被地方政府及其各部门所真正重视和认知，且在决策咨询过程中应保障地方智库的独立性、前瞻性和科学性；应通过出台各类办法、措施和意见保障地方智库沿着正确方向实现法治化、规范化和科学化发展；应建立包括政府、智库、企业、社会组织、媒体和公民为一体的信息交流平台，通过广泛的信息共享和交流实现多元治理主体的有效合作，并进而实现多元治理主体对智库的认知、认可和信任；应加强对县市智库的重点扶持，各级政府应改变原有"仰视"的智库发展观念，应结合本地经济社会发展水平和智库发展现状，在国家和省级智库的帮助下有针对性地扶持基层智库发展，充分发挥基层智库在基层治理中的核心作用，这一作用是其他智库无法替代的。

三 构建系统化的智库研究体系

智库体系结构和分布结构的多元化、均衡化是智库在公共治理中有效实现并扩展功能的基本构架，在此基础上智库在公共治理中"聚散效应"的有效实现和扩展更依赖于智库研究体系的多元化、特色化和网络化。如前文所述，科学研究一般分为基础研究、应用研究和对策研究，各类研究各有侧重，但又呈阶段性、层级性的相互依赖、相互作用，在动态化的相互作用中三种研究共同构成了完整的科学研究体系。智库作为一个重要的研究主体，必然遵循着科学研究的基本规律及其内在关系，这使得智库在研究体系上也必然呈现出基础研究、应用研究和对策研究的相对划分。国务院发展研究中心"国外智库管理体系研究"课题组将智库体系划分为"基础研究层、综合研究层、超前研究层和应急研究层"[①] 正是这一内在关系的基本体现。然而，当前我国智库研究体系的核心问题是研究的单一化，即研究相对过于集中于对策研究，大量重要的基础研究和应用研究处于被忽视的状况。近年来部分专家对一些基本概念的错误理解，对形势的错误预计以及昏招层出已逐渐反映出研究单一化的弊端和其对公共治理的危害。因此，有效适应公共治理复杂化、动态化和多样化的特点，推进智库研究体系的多元化、特色化和网络化便成为当前智库功能实现和扩展的关键。

在智库研究体系多元化方面。研究体系三个环节（或称为类别）在发展阶段和理论层级上遵循着从基础研究到应用研究再到对策研究的基本发展逻辑。因此，越过基础研究和应用研究的断裂式对策研究必定是缺乏理论基础和实践支撑的空泛研究。然而，为什么基础研究和应用研究易被忽视，而对策研究如此受青睐呢？这主要源于对策研究相对于基础研究和应用研究出成果快，影响力大，能获得的各种资源多，带给智库及其专家的收益也就更多。在这样的逻辑下，我国便出现了"跟风式"、"运动式"研究的"学术热潮"。薛澜曾对智库热提出冷思考的警示，钟南山也对当前我国科技界"浮躁作风埋没才华"的现状进行过批评。的确，离开"是什么"和"为什么"去谈"怎么办"显然是不可能完成的任务。因此，应建立健全智库研究体系，大力加强智库基础研究和应用研究建设。应基于高校智库和科学院智库学科齐全、人才密集、资金稳定等优势，发挥二者在基础研究和应用研究上的优势，使其成为基础研究和应用研究的中坚力量；应大力发展产学研相结合的企业智库，发挥其在应用研究上的特点和优势；应出台各级各类政策措施，加大对基础研究和应用研究的扶持力度，使从事基础研究和应用研究的智库能够获得运转和发展的稳定资源，从而有效保障其稳定化、持续化和深入化的研究；应建立健全智库成果转化机制，使智库研究成果能够快速转化为公共治理现实绩效，从而实现智库与治理的双赢；应加强智库内部管理体系改革，创

[①] 包月阳：《中国智库（3）》，中国发展出版社2013年版，第201页。

新组织形式，整合优势资源，优化评估激励机制，激发智库内部研究的积极性和创新性。

在智库研究体系特色化方面。公共治理的复杂化、动态化和多样化特质决定了智库在公共治理中所涉及研究领域的广泛和多元，因此，各类智库在选择研究领域时应基于对自身的SWOT分析，而不是盲目跟风式地对热点问题进行重复研究。良莠不齐的重复研究不仅浪费了大量稀缺智力资源，也使许多智库在智库研究体系中因找不到自己的位置而迷失方向。当我们把视角移向西方就会发现，西方许多新生的或规模较小的智库往往会选择那些从未涉足过的新领域和从未研究过的新问题，这使其成为了智库研究体系中的新势力和不可或缺的组成部分。因此，各地方政府应结合本地区特点和资源，积极引导地方智库进行特色化和专业化的持续化、深入化和综合化研究。例如，当前我国西部大开发过程中面临的各类社会经济问题、历史文化问题、民族宗教问题等都亟待地方智库的深入研究和智力支持；应在各级研究项目规划中加强对地方研究项目的倾斜，使地方研究获得项目资金保障；应加强国家级智库和省级智库与地方基层智库的交流合作，加大顶级智库对基层智库的帮扶，使智库的优势资源与地方的特色化项目有机结合；应建立各级各类研究规划和基金，积极推进地方自然科学和社会科学发展；应依托信息技术、网络技术和大数据技术，建立省情、市情和县情数据库，建立各级各类智库数据库，建立政府、企业、社会组织以及公民沟通交流的网络平台，以电子信息化手段全面支持智库的特色化建设。

在智库研究体系网络化方面。智库研究的网络化要求主要源于研究体系和类别的复杂性：即使最完善和综合的全球顶尖智库，其研究内容也不过是所有研究领域和研究类型的冰山一角，这决定了智库研究体系应以"小实体，大网络"的网络化形式存在。另外，公共治理的复杂性也决定了智库研究必须具备综合性、多元性和动态性的特征，这也要求智库研究应以多元网络化形式应对。当前，智库研究体系的网络化已成为全球智库发展的趋势，无论是由多国组成的如"council of council"、东亚思想库网络等国际化智库网络，还是西方各国国内组成的如布鲁金斯—美国企业研究所、日本战略研究机构联盟等小型智库网络，都反映出智库研究网络化的重要性和迫切性。智库研究的孤立化、单一化和封闭化一直是我国智库的显著特征，其表现为各智库之间缺乏基本的信息、知识和思想的交流，缺乏汇集不同类型智库对某一问题的合作性研究，这使我国智库研究呈现出所谓"仁者见仁，智者见智"的认识差异，这是一种由于缺乏合作所造成的知识、信息和思想单一性引发的对事物的片面认识，其将对公共治理问题的正确认知及相关对策建议有效性产生极大危害。因此，建立网络化的智库研究体系应成为我国智库建设和功能实现的核心要务。应通过IT技术搭建各级各类智库内部网络和数据库，实现智库的资源共享与信息交流；各级地方政府应通过出台各种激励措施，搭建各种交流平台，积极推动各类智库的广泛合作与交流；各级地方政府应出台各种法律法规，有效引导和规范智库网络的形成、运行和发展；各级各类智库应转变固有的"闭门造车"、"故步自封"、"孤芳自赏"等思想，应在"走出去，引进来，共发展"思想的指导下，通过开展国际国内的广泛交流，以实现优势互补、扬长避短，进而迸发灵感与新知。

第四节　以市场化机制增进智库功能内在效能

智库的建设发展和功能实现是内外部因素综合作用的结果，这一过程正如一个人的成长发育，既需要有良好的外部环境滋养，更需要内在身体机能的有机运行。当前我国智库建设发展和功能实现所面临的困境，一方面来源于尚需完善的外部环境，另一方面则来源于智库自身管理运行机制和意识所导致的能力不足。而相对于外部环境，智库自身管理运行机制和意识的不足对智库的建设发展和功能实现起着更为核心的决定性作用。纵观西方智库发展历程，在发达的市场经济体制环境下，西方智库往往呈现出高度一致的质量意识、创新意识、竞争意识和责任意识，在这些意识的指导下各国智库普遍构建了较为灵活和高效的管理运行机制，这使西方各国智库实现了内在机能的有效运行和发展，其颇具竞争力和影响力的思想产品正是最好的印证。我国智库由于长期受计划经济体制的影响，在信息、经费和项目等资源上更多地依赖于政府拨付和指导，这使得我国智库往往由于缺乏竞争环境所带来的压力和优胜劣汰机制，而与传统官僚机构一样将"低效率"写入其基因。针对当前我国智库的管理运行机制和观念意识存在的问题以及西方智库发展给予的启示，推进智库的市场化运行应是今后我国智库的发展方向。智库的市场化运行是指智库依托思想市场平台，通过树立建立优良的智库文化，优化自身管理运行机制，以高质量的思想产品在激烈的市场竞争中获取影响力和公信力，从而获得生存发展资源，进而有效实现并扩展功能的过程。需要指出的是，智库的市场化运行过程也是智库领域实现优胜劣汰和资源优化的过程，但这一过程并非像商品市场那样是一个逐利的过程，而是一个在党和政府的领导下，以公共利益和福祉为目标，以扩大自身影响力和公信力为目的，以实现更好地为国家、社会和公众服务的发展过程。

一 建立市场化的智库新思维

我国智库的市场化运行首先表现在构建多元化、市场化的智库运行发展新思维上，在市场经济中竞争机制是核心，竞争机制决定了生产者的生存和发展是以多种思维和意识为前提的，具体包括：①质量意识，即以产品质量赢得社会认可、公众信任并建立品牌；②创新意识，即以不断地推陈出新来吸引消费、抢占市场和获得生机；③竞争意识，即时刻保持优胜劣汰的危机感，并进而建立勇于通过提高经营管理水平赢得竞争胜利的意识和信念；④责任意识，即对组织自身所应具备的社会责任和义务的清醒认识，并进而通过一系列活动对自身责任和义务的有效履行。与商品市场相类似，思想市场中思想产品的竞争表现为产品质量和创新性的竞争：思想工厂是否能够基于其社会责任和义务进行合格生产，所生产的思想产品是否优质、是否新颖直接决定了该产品的竞争力、销量和口碑，进而影响着思想工厂本身的影响力和公信力，并最终决定了思想工厂的生存和发展。需要特别强调的是，与商品市场中商品质量直接影响消费者收益相类似，思想市场中思想产品的质量也直接影响着公共治理的有效运行：一个优质创新的思想产品将为公共治理带来新的机遇、新的动力，而一个劣质落后的思想产品也将使公共治理乃至整个国家为之付出巨大代价。智库运行发展规律和"智"与"治"的内在关系共同指向了新时期、新形势下新型智库所应具备的新思维，新思维将为智库带来新的机遇和动力，进而为我国治理现代化提供有效智力保障和创新动力。

质量意识。质量是智库生存发展的根本，这不仅是西方智库发展给予我们的重要启示，也是我国智库需要牢固树立的基本理念。与商品市场相类似，思想市场中思想产品的质量（即产品具备的功能及其所产生的效用和收益）直接决定了该产品及其生产者在思想市场中所能获得的认可度、公信力、影响力和消费忠诚度。当思想产品的功能及其所产生的效益被证实和认可，思想产品的生产方——智库将获得知名度、认可度和影响力等直接收益，而不断增加的社会地位、委托项目和资金捐献等间接收益也将伴随直接收益而随即发生。而与商品生产相类似，智库高质量产品所带来的直接和间接收益将为智库的进一步发展和思想产品质量的进一步提高注入强劲动力。综观西方各国，质量意识是其核心价值观的重要组成部分，无论是布鲁金斯学会"质量、独立性和影响力"的核心价值观，还是以兰德公司"内部评审制"为代表的各国智库评审制度，都集中反映出质量意识在各国智库价值观中的核心地位。各国智库正是通过质量意识指导下的良性发展实现了智库品牌和资源的名利双收，并逐渐发展成为了在本国乃至全球都颇具影响力的思想工厂。与西方智库相比，我国智库的质量意识较为淡薄，这也是我国智库及其专家失信于政府、社会和公众的一个重要原因。质量意识的淡薄究其根源在于计划经济体制下智库对政府的依赖性，以及体制内保护对智库以质量赢得市场、谋求生存的危机感剥离。当生存资源与产品质量不挂钩，以质量为核心的产品竞争被剥离，产品质量的检验被异化，产品质量当然也就不那么重要了。当智库思想产品失去了质量保障，其就变得十分危险，公共治理乃至整个国家将可能因为其劣质性而付出沉重代价。因此，建立智库的质量意识应是中国特色新型智库新思维的首要构件。

创新意识。创新是影响智库生存发展的又一核心要素，如果说质量是智库生命力的重要保障，那么创新则是智库生机活力的主要来源。智库的创新性要求源于其组织性质，作为思想库或思想工厂，智库是信息、知识和创新思想的聚集地，是为多元治理主体提供决策支持的研究机构。是否能够想他人之所想，想他人之未想，为多元治理主体提供创新的思想产品，为公共治理提供有效的智力支持，直接决定了智库是否实现了与其社会角色和组织性质相对应的功能和价值，进而决定了智库生存发展的环境和机遇。在公共治理方面，公共治理的复杂性、动态性和多样性决定了公共治理问题的有效解决必然以创新的方法、前瞻的思维和系统化的布局为前提，这就要求作为公共治理智力支持主体的智库必须以新思维、新视角和新理念去思考公共治理问题、思想产品及二者的关系，从而实现以创新性应对复杂性的时代要求。西方各国智库普遍将创新视为核心竞争力，其对内强调以创新推动智库发展，对外强调智库以新思想、新方法和新理念对外界产生的积极影响。与西方各国相比，当前我国智库的创新意识还存在一定程度的欠缺，这种欠缺集中表现为我国智库思想产品创新性的缺乏。长期以来，我国智库思想产品存在以阐释为主、观点重复、照搬拼凑、老生常谈、脱离实际等问题，这些问题共同导致了我国智库在国际领域的失声，在决策咨询时的失误，在回应治理需要时的失责。而作为对智库失声、失误和失责的回应，我国智库也将失去其赖以生存和发展的公信力、影响力。当前我国部分专家被比喻为"砖家"、"叫兽"等，正是这种社会不信任和社会排斥的表现。因此，牢固树立创新意识，以创新意识优化智库内部管理运行机制，以创新意识提升智库思想产品，以创新意识全面推进智库建设发展和功能实现扩展是中国特色新型智库的又一重要价值构件。

竞争意识。竞争意识是推动西方智库快速、健康发展的又一智库核心价值观。由于建立了较为完备的思想市场，西方各国智库往往能够自由地实现思想产品的交换活动，而排除了所谓体制内智库在项目、信息、资金等方面垄断情况的出现。与商品市场相类似，思想市场中的竞争机制往往使各国各类智库面临如在思想市场中如何使自己的思想产品成为市场中热需产品,如何有效树立产品品牌,如何保持自身的竞争力从而避免在激烈的市场竞争中被淘汰等一系列问题。在回答这一系列问题的过程中,西方智库逐渐树立了以产品质量和创新赢得市场和影响力的竞争意识。竞争意识使西方智库变竞争压力为发展动力,通过不断优化内部管理运行机制和创新优化思想产品谋求自身的生存和发展。而经过多年市场竞争历练和洗礼的西方智库,往往具备超前、多元和持续的竞争意识,这使其往往能够正确预见市场变化,主动回应市场需求,有效引领市场发展,从而始终处在市场最高端和最前沿。可以说,正是竞争意识成就了当代西方智库的发展状态和当前的繁荣图景。我国智库由于长期受计划经济体制的影响,在资金、信息、项目和行政隶属等多方面形成了对政府的依赖,这使得智库更多地体现出以政府为主要对象的依赖性;另外,由于缺乏有效思想市场,思想产品难以实现自由交换、流通和竞争,这使得市场机制中的竞争机制难以发挥效用,进而导致智库由于缺乏竞争压力而难以树立起竞争意识。我国智库当前以依赖意识替代竞争意识的思想理念无论对于智库本身还是我国社会经济的发展都有着巨大危害。长期缺乏竞争压力将导致我国智库由于缺乏危机感而丧失竞争意识进而丧失创新发展动机,而发展动机的缺乏又将导致智库产品质量和创新性的缺乏,其最终的结果是我国智库滞后发展及其受智力支持匮乏所导致的公共治理困境。因此,建立健全我国思想市场,转变我国智库传统依赖思想,建立超前化、多元化和国际化的竞争意识,实现以竞争提升品质,以竞争谋求发展的智库新思维应成为当前我国智库的核心价值观。

责任意识。作为非营利组织,智库建设发展的目标并非是为谋求私利,而在于更好地为实现公共利益和公共福祉服务。能否有效代表公共利益,反映公共需求,履行公共责任,进而实现公共福祉决定了智库功能实现的方向和价值。当智库的建设发展和功能实现能够有效履行其公共责任,智库将获得持续的影响力和公信力;而当智库的功能偏离了其应具备的责任和义务,其也将因丧失生存发展根基而被社会所淘汰。因此,责任意识成为了智库核心价值观的又一重要组成部分。对于智库的责任意识，政要和学者们从不同角度进行了分析：国务院原副总理曾培炎认为："智库应当自觉承担更多的社会责任。智库在公共政策的制定过程中有一定的话语权，其主张有社会影响力，因此智库的研究应当正确反映公众的意见，体现公众的利益，审慎地提出意见和建议。"① 俞可平认为："一个合格的智库必须对社会发展担负起公共责任，智库的主要成员应当对社会进步具有强烈的责任意识。"② 林芯竹认为："衡量一个智库是否成功，不仅仅是看它能够获取执政当局的重视，同时也要看它是否能代表广大群众的利益对政府行为进行监督。"③ 从学者们的分析不难看到，智库角色和功能的多元化决定了其责任的广泛化和多样化，这使得智库的责任不仅限于以政府为唯一面向的资政辅政，而更多包含了从中央到地方，从国家到公民的如决策咨询、利益代言、思想引领、公众教育、监督评估等多层多类责任。当前我国智库的责任意识还较为淡薄，大部分智库更多保持着"向上看"的服务视角，更强调通过与政府的密切联系扩大影响力进而实现自身发展，对于大量中层和基层需要则存在一定程度的忽视。然而，公共治理的问题广泛存在于社会，公共治理的需求大量来源于公众。当前我国智库以政府视角替代智库视角，以政府需求替代治理需求，缺乏对社会和公众的深层关怀，缺乏对公共治理的深刻理解和认识，势必造成智库功能的局限和偏离，其最终的结果必然是对公共治理智力支持的偏废。因此，建立健全智库责任意识，树立智库高度的社会责任感和使命感，建立以天下事为己任的价值观，实现以责任诠释功能，以责任发展功能的智库新思维应成为我国智库基础价值构件。

二 建立智库市场化的管理运行机制

新思维的建立为智库的市场化运行提供了思想基础和价值前提，

---

① 朱剑红、曾培炎：《智库要在解决全球性问题中发挥作用》，《人民日报》2009年7月15日。
② 俞可平：《智库影响力从何而来》，《思想政治工作研究》2010年第2期。
③ 林芯竹：《为谁而谋——美国思想库与公共政策制定》，知识产权出版社2007年版，第22页。

但新思维并不会自发转化为智库的实际能力和绩效，智库功能的有效实现与扩展还需要依靠新思维指导下的管理运行机制才能得以完成。纵观西方各国智库发展历程，系统化、科学化的管理运行机制是其显著特征，这一管理运行机制既包括提升智库效率和能力的组织管理机制，也包括赢得外界认可和支持的推广、交流机制。正是通过内聚能量、外扩影响的市场化管理运行机制的有效运行，西方各国智库才得以不断壮大发展，形成了今天如此繁荣的智库图景。市场化的管理运行机制在我国智库领域尚未形成，管理效率的低下，宣传交流机制的滞后是当前我国智库领域的现实状况，过于行政化的管理运行机制正使我国智库面临诸多困境和瓶颈。当前我国智库管理运行机制的滞后性极大地限制了智库的发展和功能实现，其将导致智库新思维难以有效转化为现实能力和绩效，从而使智库的低效率不断持续，而公共治理也将因缺乏有效的智力支持而呈现出同样的低效状态甚至无效状态。因此，构建市场化的管理运行机制，以新机制全面实现智库新思维则成为了当前我国智库建设发展的核心任务。

建立健全组织管理机制。当前我国智库组织管理机制最为突出的问题是行政化，智库的行政化主要表现为资金或行政隶属所导致的独立性缺乏、以研究为核心的组织形式的缺乏以及柔性运行机制的缺乏。在独立性缺乏方面，由于受计划经济体制影响，长期以来我国智库多以政府内部部门机构或事业单位的形式而存在，在资金、项目、信息等多方面对政府具有很强的依赖性，这导致智库并不具有完全的决策权和管理权。而为了保障资金、项目和信息等重要资源的稳定性，智库往往以牺牲研究的主动性、创新性和科学性为代价，将自己的角色由批判者、创新者和前沿者转化为政府决策的阐释者和传声筒；在组织形式方面，我国智库的组织形式是以学科为标准进行的设置和管理，然而仅以学科刚性化地划分和管理各部门显然很难满足公共治理问题对多学科综合性研究、及时性应用和跨部门合作式研究的需要，这就为智库研究埋下了片面甚至失误的隐患。在柔性运行机制方面，当前我国智库行政化的管理运行机制过于刚性，这使得智库在资金、人才以及信息等多种资源的获取以及对外的交流合作上存在诸多障碍。刚性化的管理运行机制如一道围墙在很大程度上阻碍了智库与外界的交流，进而限制了智库及其功能的有机运行和发展。例如，我国智库常因人事制度和人事编制的限制而错过了引入多种人才的机会，这导致我国智库往往因缺乏新生力量而逐渐丧失发展的原动力。通过上述分析不难发现，当前我国智库的行政化已严重限制了我国智库的建设发展和功能实现，这使得建立健全智库组织管理机制，实现智库由行政化向市场化乃至社会化的发展成为我国智库内聚能量及外扩影响的关键。具体包括以下措施：首先，为保障智库的独立性，政府及上级部门应积极发挥宏观指导作用，积极制定各项发展规划和政策措施促进智库改革创新。各级政府和部门应制定各项措施和办法赋予智库独立的研究地位和客观研究成果评价体系，确保智库研究不受外部因素干扰，确保研究成果的客观性、科学性和创新性。各级政府应允许智库提出与政府不同的观点，应"减少研究禁区，增强社会脱敏能力，为政府调整政策提供更广阔的空间。"[1] 其次，应实现以问题研究为核心的动态组织形式与以学科为核心的静态组织形态的有机结合。"围绕问题专业化的学科建设和问题社会化的研究整合两个环节的结合，围绕研究部门或课题组来进行智库研究的业务组织。"[2] 应建立以问题或研究项目为核心的灵活组织形式，通过各学科、各部门的有机合作和优势互补，促进智库内部资源和智慧的整合，从而实现智库效能的最大化。最后，应建立柔性的管理运行机制。政府应积极指导和推动智库各项管理制度的改革，帮助智库建立更具动态化、人性化和系统化的柔性管理运行机制，从而保障智库能够获得生存发展的必要资源，能够开拓更为广泛的生存发展空间。例如，通过柔性的资金管理机制能够有效扩大资金来源从而有效保障智库的稳定独立运行；通过建立更为灵活的人事管理制度能够使智库广纳各方人才，从而保障智库持续获得新鲜血液，并真正成为人才和思想的聚集地；通

---

[1] 薛澜：《智库热的冷思考：破解中国特色智库发展之道》，《中国行政管理》2014年第5期。

[2] 李安方等：《中国智库竞争力建设方略》，上海社会科学院出版社2010年版，第160页。

过智库内部信息运行平台的建设，能够将智库真正整合为一个整体，从而在信息共享和思想碰撞中获得新知。

建立健全宣传推广机制。在商品市场中，作为生产者不仅需要生产优质、创新的思想产品，还需要将其产品全方位地进行广泛传播，使社会对其产品及其性能获得较好的认知，进而引发对其产品的消费需求和行为。每天我们总能在街道边、建筑物上以及报纸、电视、手机和网络等多媒体中看到各种各样的广告，这背后一方面是生产者为之付出的巨大宣传推广成本，另一方面则是广而告之即将带来的巨大消费需求和利润。与商品市场相类似，在思想市场中智库的思想产品也需要进行广泛的宣传和推广，或者说，以理解、认知和认同为消费前提的思想产品比其他产品在宣传推广上具有更高的技术标准和更广的范围要求。西方智库普遍十分重视智库产品的推广和宣传，这不仅反映在西方智库与媒体紧密的联系中，也可以从西方智库每年用于宣传推广的经费中窥见。传统基金会主席埃德温·福尔纳认为："因为观点就像你生产出来的产品，必须适当地进行营销以吸引消费者的注意。……你写了多少本书，你做多少研究这些都不重要，你必须营销你的产品，并且把他们从书架上卖出去。"[1] 与西方相比我国智库的宣传机制还处于较为滞后的状况，其集中表现为宣传推广意识的不足和宣传推广机制的落后。如前文所述，当前我国智库尚未形成积极主动宣传推广其产品的营销意识，尚未建立面向全社会的宣传推广机制，更多的情况是以政府为主要甚至唯一面向的单一供给。我国智库这种滞后的宣传推广意识使落后的宣传推广机制成为必然，而后者则为智库发展和功能扩展带来了诸多障碍。因此，应转变智库固有观念，建立积极营销的宣传推广意识和机制，使智库思想产品被社会所广泛认知和消费，进而通过智库功能的实现与扩展为社会持续提供滋养。具体来说，第一，应通过智库的市场化运行使智库内部建立起面向社会各层次各领域的宣传推广意识，应建立智库的竞争意识和品牌意识。

---

[1] 王莉丽：《旋转门——美国思想库研究》，国家行政学院出版社 2010 年版，第 119 页。

第二，应在智库内部建立专门的宣传推广部门，建立以策划、营销以及设计等宣传推广人才为核心的团队，专门负责智库产品的宣传推广工作，从而保障智库的思想产品能够被全面、及时、广泛和生动地在社会中宣传推广。第三，应通过借鉴西方智库与媒体的合作经验，通过智库与媒体各自优势的互补，在二者双赢的基础上充分利用媒体的广泛覆盖面和影响力扩大智库思想产品的认知度、影响力和公信力。第四，应依托信息技术和多媒体技术建立智库自身的产品传播平台，通过如智库信息传输平台、智库网站、智库微博、智库数据库等IT技术实现智库与政府（T to G）、智库与社会（T to S）、智库与公民（T to C）、智库与智库（T to T）的多元化、多层次、多样化和交互式的信息传播与交流。需要强调的是，为保障智库的国际化发展和交流，上述项目应配备英文版。

　　合作交流机制。与商品市场中企业间通过强强联合以增强竞争力进而谋求进一步发展的战略相类似，在思想市场中智库与外界的合作交流也是智库增强自身能力、促进自身壮大发展的必要路径。从智库自身的发展来看，通过与外界的交流合作智库不仅能够获取和整合各种资源，实现自身与外界的优势互补，还能够借此扩大影响、扩展视野；从公共治理对智库的要求来看，当前公共治理的复杂性决定了其并非单一或几个智库能够应对，阿什定律以复杂性应对复杂性的基本逻辑要求作为公共治理智力支持主体的智库应建立系统、广泛的交流合作机制以增强自身能力从而有效应对日益复杂的公共治理问题。西方各国智库十分强调对外的交流合作，它们通过旋转门机制、举办各种会议、建立各种交流和培训项目、与媒体的持续合作以及建立智库网络等交流合作机制成功实现了内外资源的整合与竞争力、影响力的提升，从而成为了本国乃至全球公共治理中不可或缺的重要部分。与西方智库相比，当前我国智库在对外合作交流的发展方面还较为滞后。这种滞后性一方面表现为我国智库对外合作交流意识的欠缺，另一方面表现为由于合作交流意识缺乏所导致的合作交流机制运转不畅。在合作交流意识方面，由于受计划经济体制影响，我国智库长期以来形成了对政府的依赖性，这使得智库的关注点集中于能够给予其

第六章 智库在公共治理中功能实现路径的构建 / 243

资金、项目和信息的政府及其意向，而忽视了关注社会问题、发展自身能力、提高研究质量、履行社会责任的智库使命。以依赖性替代竞争性的我国智库，缺乏基本的竞争意识、责任意识和发展意识，这使得以提高竞争力、履行社会责任以及谋求创新发展等意识为前提的合作交流意识缺乏生长的环境。在这样的背景下，我国智库研究的孤立性则成为必然。在合作交流机制运转方面，合作交流平台的欠缺以及合作交流成效的有待提高是当前我国智库合作交流机制的突出问题。前者主要表现为我国智库尚未建立包括政府、企业、社会组织、专家以及公民在内的多样化、多层次的合作交流平台和机制，特别是面向基层和公民的各类各层交流合作平台还存在一定程度的空白；后者主要表现为智库交流合作的成效欠佳，我国智库的交流合作机制尚未真正形成智库与其他治理主体在知识、经验和能力上的优势互补和联合效应。例如，"从智库学术交流平台建设现状来看，仍有重视数量和规模，而学术质量和学术交流的实际效果有待提高的情况，这与建设创新型国家的需求不相适应。"[1] 基于当前我国智库合作交流的现状，建立智库的交流合作意识，完善智库的交流合作机制应成为智库建设发展和功能实现的重要任务。第一，应转变智库固有孤立和封闭观念，以市场化运行机制为智库树立竞争意识、责任意识、创新意识和开放意识，从而促使智库为提升竞争力、扩大影响力积极加强对外交流合作。第二，应建立多层次多类别的合作交流会议和论坛。各类会议中既要有包括多元治理主体参与的综合性会议和论坛，也应有汇聚政府高官、专家学者、企业精英、社会组织负责人以及媒体精英等在内的高端会议（或称为内部会议）；既要有针对特定问题的各类专项研讨会议和论坛，也要有广泛征求社会意见、广纳社会信息、有效交流多方思想的各层级交流会和恳谈会。需要特别指出的是，当前我国智库普遍未建立旨在实现与基层部门、社会组织以及公民沟通交流的合作交流机制，这使得智库难以获取公共治理最前沿的信息，势必对

---

[1] 李安方等：《中国智库竞争力建设方略》，上海社会科学院出版社2010年版，第160页。

公共治理问题的预见、解决以及智库功能的实现和扩展带来不良影响。第三，应注重各级各类会议的实效，树立举办精品会议的理念。应完善各项会议管理和总结评估机制，根据不同会议论坛的性质，明确会议目标、事项、参加人员、流程和预期成果等内容，保障各类各级会议取得预期成效。在会议结束后应及时总结和评估会议成果，从而为后续会议提供经验借鉴。第四，应建立多元化、国际化的交流合作机制。应建立智库与不同国家的政府、企业、社会组织、智库以及基层社区等的交流合作机制，通过交流合作的制度化、持续化和规范化实现智库与外界的资源共享、优势互补和联合效应，从而最终保障智库在公共治理中始终站在最前沿，广泛获取新资源，有效发展新能力。

第五节 以社会化服务扩展智库功能辐射范围

从政府管理走向公共治理，是一个由国家走向社会，由单一走向多元，由强制走向自愿，由命令服从走向共识合作的过程。公共治理的到来使集体行动的原动力由规则命令的权威转变为认同共识的权威，治理的主体由单一的政府发展为政府、社会组织、企业和公民等多元治理主体，治理的方式由命令服从转变为自愿的合作共治和自治。同样，公共治理带来的社会化发展趋势也对智库产生了深刻影响，对智库提出了新的要求和期望。由于公共治理主体的多元化发展，这使得智库原有集中于政府的单一决策咨询面向将随着各治理主体智力支持需求的激增而变得多元化；由于公共治理方式由原有命令服从转变为认同、共识基础上的共治和自治，这使得作为认同和共识前提的智库教育启智功能变得日益重要；由于多元主体必然带来多元利益和冲突，这使得旨在表达各方观点，协调各方利益的智库协调平衡功能成为必需。上述公共治理所引发的智库责任和功能的扩展，既是公共治理对智库提出的新的要求，也是社会发展所决定的智库今后的发展趋势，我们将这一过程或趋势称为智库的社会化服务过程。当前我国智库的社会化服务还处于十分滞后的状况，这一方面源于我国智库仍以政府为思想产品的主要供给对象，对社会的智力支持需求还存在一定程度的忽视；另一方面则源于我国公共治理中除政府以外的多元治理主体尚未具备消费智库及其思想产品的意识和能力，这导致智库因缺乏消费市场而丧失生产动机和发展动力。智库社会化服务的滞后对公共治理的危害极大，其将导致"智"与"治"的良性循环在社会治理层面难以形成，进而导致我国公共治理因缺乏广泛而强大的社会治理力量而始终呈现出单一政府治理的态势，这将导致我国的公共治理因缺乏社会治理动力而难以实现现代化发展。因此，如何推动我国智库的社会化服务，使智库思想产品被社会所需要，使智库成为全社会的大学，使智库专家成为公共教授，以智库智力支持培育和发展社会治理力量，是当前我国智库能否全面发挥"聚散效应"，进而推动国家治理现代化的关键。

一 建立健全智库的社会决策咨询功能

智库社会决策咨询功能的实现和发展是智库功能伴随管理向治理转变而向社会层面的扩展。随着政府管理转向多中心治理以及被动管理向主动共治和自治的转变，原有的来自于政府治理的单一决策咨询要求逐渐发展为多中心、多层次公共治理对于智库多样化、持续化和动态化的智力支持需要。面对公共治理对智库的新要求，智库能否转变固有观念，以更加社会化、多元化和动态化的功能面向积极回应，从而实现"智"与"治"在社会层面的良性互动，将对我国社会治理的有效开展以及智库的建设发展产生深刻影响。具体而言，当前我国社会组织的发展还较为滞后，社会治理力量还较为薄弱，广大社会组织和公民尚未形成良好的共治和自治的治理意识，尚未具备协同治理的知识和技能。如何将分散的社会力量实现有效凝聚，如何帮助社会组织和公民积极有效应对各类各级治理问题，如何实现对社会组织和公民的意识和技能培育，智库的智力支持尤为重要；而从智库视角来看，各类各级智库履行社会决策咨询功能的过程亦是其有效实现和扩展功能的建设发展过程。薛澜认为："智库的研究成果不仅向政府部门输出，还以各种形式向其他任何关心政策问题的群体输出，因此，智库实现影响力的行为是丰富多样的。"① 通过融入社会、面向基层，智库不仅能够站在公共治理的最前沿，以最为直观的视角审视当前公共治理的突出问题、潜在问题并厘清其内在关系，还能够在各种实践活动、经验交流和思想碰撞中迸发灵感、获得新知，这对于克服当前我国智库存在的"仰视"、"近视"以及脱离实际等问题助益颇多。不难发现，当前我国智库的社会决策咨询功能的有效实现，既是一个有效引导和支持社会治理力量发展壮大的过程，也是一个智库不断扩展功能从而获取社会影响力和公信力的建设发展过程，更是一个"智"与"治"在社会层面互动协同发展的过程，其对于我国国家治理现代化以及中国特色新型智库建设意义重大。基于上述分析，建立健全智库的社会决策咨询功能便成为了当前中国特色新型智库建设的重要任务，对于该功能的实现应通过以下措施加以保障：首先，当前我国智库的社会决策咨询功能缺乏相关法律法规的制度化规范，这将导致智库的社会决策咨询功能的实现面临身份危机和路径障碍。为此，应在党和各级政府的领导和支持下，建立各级各类智库社会决策咨询的相关制度规范，从而保障智库的社会咨询功能得以制度化、规范化和科学化实现和发展。其次，当前我国多元治理主体对于智库及其思想产品的认知度还存在严重不足，这直接导致了我国思想市场中对于思想产品消费需求和能力的严重不足。表现在实际中，即多元治理主体普遍不了解智库及其功能，更不知道智库能帮助自己做什么。在面对治理难题时，多元治理主体往往不会选择向智库求助而以其他方式替代。由于缺乏认知而丧失消费动机，这将导致公共治理低效与智库发展缓慢的双重困境。因此，各级政府和部门应积极搭建智库与企业、社会组织与公民等多元治理主体的交流合作机制和平台，促进智库与多元治理主体的合作交流，从而使多元治理主体能够在交流合作中对智库实现从认知到认可再到信任最终激发消费思想产品需求的思想市场激活过程。再次，智库应转变固有的以政府需求为社会需求

---

① 薛澜：《智库热的冷思考：破解中国特色智库发展之道》，《中国行政管理》2014年第5期。

的思想，应改"仰视"为"平视"和"俯视"，应走出办公室，融入社会，走进基层，去真正观察问题、认识问题和发现问题，从而在社会决策咨询功能的实现和发展中不断提升智库的能力，扩大智库的视野。最后，智库应通过与媒体合作以及举办各层级会议论坛等形式积极实现外部推广，通过不断扩大社会知名度和影响力激发社会对其思想产品的消费需求，并进而提高社会对思想产品的消费能力。需要强调的是，应充分利用现代信息技术和互联网技术，通过智库官网、BBS、QQ、微信、微博等多种形式实现智库与多元治理主体的即时性、多样性和交互性交流，从而保障智库的社会决策咨询功能能够通过现代技术支持及时扩展到社会的神经末梢。

二　全面完善智库的社会教育启智功能

"一个好的智库应该具备政治深度和人文热度，具有公开性和良好的科研环境，从而达到准确性。"[①] 在以社会决策咨询功能为多元治理主体提供即时智力支持以外，智库的社会化服务功能还表现在对多元治理主体价值观塑造和能力培养上。与以往统治和管理不同，公共治理更强调一种基于认同、共识和信任而产生的自愿合作共治和自治。公共治理的这一内在特质决定了多元治理主体的认同、共识和信任是实现有效治理的前提，多元治理主体共治和自治能力的培养和提升是有效治理的基础，而多元治理主体优秀核心价值观和美德的塑造则是有效治理的保障。以公共治理的特质审视当前我国公共治理现状，其状况是难尽如人意的。当前我国的社会组织和公民尚未形成合作共治和有效自治的意识，尚不完全具备合作共治和自治的知识和能力，社会治理力量也尚未实现有效聚合后的规模效应，这种状况极大地限制了我国社会治理能力的形成和发展，进而阻碍着我国国家治理现代化进程。如何有效实现我国由传统工具化治理向现代价值化治理的转变，智库的社会教育启智功能尤为重要。智库在推进传统工具化治理向现代价值化治理过程中的教育启智功能主要表现为三方面：首先，智库将通过对党和政府方针政策的专业化阐释，实现对公民的启

---

① 赵博：《智库必须思考如何以新形式传播成果》，《文汇报》2014年7月27日。

智教育。党和政府的方针政策是在社会经济发展的一定阶段,集全党和全社会智慧对国家发展和社会整体布局的宏观设计,一般通过高度精练的语句加以表达。如何将国家的宏观指向转化为社会治理各领域各层级具体方案和措施,如何使社会各层次各领域的公民充分理解国家的方针政策并对其行为进行指导,需要智库以其专业化的知识和创新性的思想进行阐释和指导。其次,智库将通过对社会组织和公民的知识和技能输送,培育社会合作共治和自治的能力。共治和自治以一定专业知识和政治文化素养为前提,而智库对于该前提的形成发挥着至关重要的作用。智库能够通过书籍、报刊、电视、广播和网络等媒介以及会议、调研、培训等活动,实现专业知识和治理技能的社会输出,从而能够提高全社会的知识水平和整体素养,为社会治理能力的形成奠定坚实的基础。最后,智库将通过对社会思潮的引领以及社会组织和公民价值观的构建,实现他治向自治的转变。默里·韦登鲍姆在《华盛顿的智库及其挑战》一文中指出:"主要智库的真正使命不应该是试图抢占印刷出版物或晚间新闻,甚至也不该是在法律法规上影响政府决策。那个高于一切、毫无疑问的独特使命,应该是提升对这个社会面临的重大问题所进行的全国性讨论。"[①] 智库社会服务功能的核心并非简单的方案、知识和技能的提供,而是以这些为形式和过程引发公众对社会问题的关注、思考和热议,并最终实现对全社会认知结构的改变和主流价值观的构建。通过智库对国家政策方针的解读,对专业知识和技能的输入,以及对全社会政治和人文素养的提升,多元治理主体的认知结构将得以转变,良好的价值观将得以形成,而作为其结果各治理力量将逐渐形成。这样,由传统他治向自治和共治的有机转变将在智库的引领下得以完成。基于智库教育启智功能的重要性,充分发挥智库的教育启智功能,实现智库的社会化服务便成为当前急需解决的重要课题。对于该功能的实现可通过以下措施加以落实:第一,各级政府和部门应通过建立各种措施和办法,为智库与社会的沟通交流提供多种平台和制度化保障;第二,智库应充

---

① 唐磊:《当代智库的知识生产》,中国社会科学出版社2015年版,第3页。

利用现代媒体和信息技术，及时发出权威声音，引领社会主流价值。应通过对公民提供即时、交互和系统化的知识和技术服务，提升全社会知识水平和整体素养，从而使更多的治理资源转化为治理力量；第三，智库应通过举办各类会议、论坛、研讨会、培训会等活动，实现与本地区社会组织和公民的积极交流，从而实现从研究所走向基层，走进群众心中，最终建立起智库在本地区乃至全社会的公信力和影响力；第四，全社会对智库应给予一定的宽容度和言论空间，应转变原有对智库的误解和苛刻要求，允许智库失误和表达不同意见，从而使智库敢于发出声音，善于与多元治理主体交流意见，最终使全社会在不同观点和意见的交流和碰撞中获得新知和发展。

三 充分发挥智库的社会协调平衡功能

公共治理中多元化治理主体的参与不仅会带来多元化的资源和力量，也带来了多样化的甚至相互冲突的利益和思想，这使得多元治理主体的合作共治和有效自治并非一个必然的、自然发生的过程。相反，由于不同利益、文化和思想等差异以及外部噪声的影响，多元治理主体的参与在缺乏有效协调和引导的情况下，不仅不会形成治理能力，反而可能会异化为治理问题。多元治理主体参与和合作的潜在问题使对这一过程的有效协调和引导显得尤为主要，而作为专业领域的前沿者、信息收集和发布者、公共利益的代表者、公共理性促进者的智库应发挥其协调平衡的社会化服务功能。

在社会信息的降噪方面。网络信息技术在带给人们各种便利的同时，也使各种虚假信息、蛊惑骗局有了生存和发展的空间。"在信息社会中存在着大量所谓'超能力个体'，这部分群体有倾向性的政治主张或者意见，谙熟新媒体运作流程，利用煽动性的政治观点和话语影响民众，他们的影响往往还会超越一国或者地区的边界，带来国际性影响。有些强度还很大，达到灾难性的后果。"[①] 如何从混沌的网络空间中过滤各种噪声并获取有价值的知识和信息，使多元治理主体在健康信息的滋养中，不断提升自我、超越自我，进而实现以公共利益

---

① 赵博：《智库必须思考如何以新形式传播成果》，《文汇报》2014年7月27日。

为取向的共治与自治,则需要智库站在信息社会和网络空间的最顶端和最前沿,通过对社会的专业知识输送、多元信息过滤、社会主流价值观的塑造发挥其降噪功能。

在公共理性的构建方面。"公共治理是以多中心的规范合作为治理形式,在公共治理中传统权力逻辑逐渐失去了效力。如何实现缺少强制力下多元主体的有效合作,发挥多元整合效力,成为了公共治理中的难点。智库构建的公共理性为公共治理中共识与合作的形成提供了新的动力。"[1] "'公共理性'是指在公共领域里起作用的理性,或理性在公共领域里的展现。没有理性的公共性,也就没有公共理性。公共性所表明的是理性的共通性、共同性,或理性成果为所有有理性的存在者所共享,即理性的公用。"[2] 当前我国尚未形成个人理性向公共理性的转化,公民尚未从私人世界转换到一种公共的世界中来思考问题,这使得人们更多地以个人理性(自利)甚至是"无知的理性"来指导行为,这导致多元治理之间冲突和矛盾频发,以公共利益为取向的合作共治和自治难以实现。作为社会发展的瞭望者和公共理性的探索者,智库的社会服务功能在于发现理性的公用,发现理性的公共性,使理性成为一种公共资源,以理性构建公共世界。具体而言,智库应通过向全社会输送知识和观点,使多元治理主体能够在理解个人利益、公共利益以及二者的关系基础上,对未来产生合理预期,从而学会以妥协和共赢来化解矛盾和冲突,进而引发合作共治和有效自治。

在公共利益的代表方面。多元治理主体具有多元利益,多元利益是否能够得到有效的表达和实现关系着各治理主体在公共治理中的心理状态和行为倾向,进而影响着公共治理的成效以及国家社会的稳定。作为社会的研究者,智库来源于社会,身处于社会,观察着社会,这使得其往往能够敏锐、深刻地发现社会边缘和深处的问题、需要和困难。智库的特质促使其成为社会利益代言者,智库往往能够通

---

[1] 张欣:《发挥智库在公共治理中的作用》,《理论探索》2015年第1期。
[2] 龚群:《理性的公共性与公共理性》,《哲学研究》2009年第11期。

过撰写联名信、研究报告和政策建议等形式向决策层反映社会的利益诉求和困境，从而既实现了民情、民意、民生的上传，又搭建了政府与社会互动的桥梁。另外，智库还可以通过发表评论文章、媒体访谈、召开各种会议以及出版著作等多种形式向全社会反映边缘群体和弱势群体等的利益诉求和困境，从而引发社会各界关注，最终实现治理力量的汇聚和共振。"近年来，我们在许多领域都听到了智库的声音，感受到了智库所发挥的特有作用。而大量社会政策议题也越来越多地出现在智库的研究中，这些研究涉及社会福利与社会保障、文化教育、医疗卫生、人口政策、劳动就业、住房保障、食品安全等多个领域，这反映出智库正在逐渐表现出卓越的'政策企业家'职能，并成为了公共利益的代言人"。

第七章 结论

我们所处的时代正悄然发生着深刻变革,随着知识经济时代的到来,知识和信息取代物质成为了社会发展的主要动能,而在人类迈向复杂性时代的过程中,复杂性问题正使传统治理模式面临功能失调的危机。复杂性问题多元化、动态化和复杂化的特质决定了当代公共治理应以一种更为创新化、多元化、随机制宜和预见性的治理理念和模式加以应对,也即阿什定律:"以复杂性应对复杂性",而这使以"智"为中轴的治理理念和治理模式成为了时代发展和社会进步的共同指向。"智治"内含知识与权威的辩证逻辑关系,是"智"与"治"内在特质天然契合的产物,其强调在"智"与"治"的相互作用和协同发展过程中实现知识与公共权力的有机融合以及知识对社会治理能力的有效培育。因此,智治是一种集显性治理与隐性治理,应急治理与长期治理,知识治理与思想治理为一体的治理模式。与传统治理理念和模式相比,智治不仅强调对公共决策的智力支持,更强调通过对多元治理主体认知图式的改变,在他治向自治和共治乃至治他的转变中实现对多元治理力量的培育与整合。作为智治中"智"的重要来源,智库凭借其知识聚集地、思想聚集地和人才聚集地的特质,成为了公共治理中知识、信息和创新思想等思想产品来源地和智力支持主体。这使得对于"智"与"治"的内在关系逻辑在公共治理实践中发展为智库与公共治理的关系,而对于智库在公共治理中的功能的探索也随即成为有效实现智治的关键。

系统澄清智库概念是探索智库在公共治理中功能的前提和基础。对于智库的理解,中西方学者从不同角度进行了各有侧重的界定,这使智库以多元化的形式和多样化的功能特点呈现在人们面前,造成了智库概念在理解上的混乱和歧义。本书认为应对智库进行狭义和广义的以点到面的系统理解，只有将智库的特定功能与整体属性相结合，才能实现对智库的真正理解和把握。另外，公共治理与智库在实践中已呈现出相互依赖、相互作用的协同发展关系，以"智"启"治"，以"智"咨"治"，以"智"辅"治"，以"智"治"治"的智力支持正使公共治理呈现高效化、科学化和动态化的发展趋势，而公共治理的现代化进程也正为智库功能的实现和扩展提供了广阔的平台和空间。中国特色新型智库正是在"智"与"治"的协同发展中应运而生，成为了应时代感召和社会呼唤，基于中国政治、经济、社会、文化等基本国情，以实现公共利益和公共福祉为目标，以服务国家、服务社会、服务人民为己任，具有多元功能的非营利性政策研究机构。

　　智库在公共治理中的功能是什么？这些功能的运行机理又是怎样？功能与功能之间又呈怎样一种逻辑关系并发生着哪些"化学变化"？对于这些问题的理解和准确把握深刻影响着智库在公共治理中功能的有效实现和扩展。然而，当前学术界对于智库内在功能机理的研究还较为缺乏，人们对于智库功能研究的尝试还停留在"智库表象和形式"，"尽快转变研究焦点和维度，对智库进行更深层次的理论分析，并加强对'智库内容'的研究"也成为了智库研究者的呼唤。因此，系统分析智库在公共治理中的功能及其运行机理对当前中国特色新型智库建设和国家治理现代化的发展具有重大意义。智库在公共治理中的功能主要通过其"聚散效应"得以实现。"内聚"效应主要表现为智库在公共治理中三个场域（问题域、方法域、资源域）的功能实现效应：聚焦问题、聚汇方法和聚集资源；"扩散"效应主要表现为在各子域发生内聚后，治理力能量外扩的三阶过程："空心Y域"的扩散、"Y域扩散"和治理场域的能量外扩。具体而言，智库在公共治理中的"聚散效应"既是一个准确锁定和剖析公共问题，有效构建问题方法对策，全面汇集治理力量和资源，从而有效应对公共治理问题的过程；也是一个在公共治理中不断释放治理能量，不断探索治理资源，不断发展新的治理力的过程。正是在智库"聚散效应"的作用下，"智"与"治"的良性互动才得以发生，智库体系与国家治理现代化的协同发展才成为可能。

与所有社会组织一样，智库功能的实现与扩展既需要内部能量（人才、知识、思想、结构等）提供的充足动力即"推"的效应，也需要外部环境（制度、思想市场需求和社会认同等）的保障和支持即"拉"的效应。以"推拉"效应审视当前我国智库功能实现和扩展的内外环境，外部拉力不足、内部推力匮乏是当前影响我国智库在公共治理中功能实现面临的现实困境。在外部拉力方面，我国智库缺乏一套完整的制度体系作为发展平台和功能实现的保障，这使智库在身份、影响渠道、资金、信息、人才、公平竞争环境等多方面陷入困境；而受缺乏思想市场和固有观念影响，我国智库的思想产品缺乏有效的消费需求和消费能力也使智库功能的有效全面实现和扩展受到极大抑制。在内部推力方面，我国智库在体系结构、分布结构和研究结构上的非均衡分布直接导致了我国智库功能体系的失衡，而智库在创新力、宣传能力和影响力等能力上的匮乏更从根本上制约了智库建设发展和功能实现的活力，其导致智库在公共治理中的功能最终只能以残缺的形态和虚弱的状态加以呈现。

智库源于西方，盛于西方。以比较的方法探讨中西方智库发展的异同，实现对西方智库发展经验的借鉴，对我国智库的建设发展和功能实现助益颇多。西方各国智库的发展虽各有特点和侧重，但总体上还是表现出基于智库本质特点和发展要求的相似建构路径。在外部拉力方面，西方各国系统化的制度保障，多元化的市场需求和发展机遇为智库的建设发展和功能实现提供了系统化的保障、多元化的空间和丰富的外部资源；在内部推力方面，西方智库系统化的内部管理体系和多元化的对外推进机制使智库始终能够以优质的思想产品和广泛的知名度和影响力在激烈的思想市场竞争中脱颖而出，进而成为影响本国乃至全球的重要思想源。正是在强劲的"外拉内推"效应作用下，西方智库才得以实现快速发展，进而成为了西方公共治理中不可或缺的重要组成部分。需要强调的是，由于我国国情与西方各国国情的不同，在借鉴西方智库建设和发展经验的过程中，应始终坚持"相同与不同"、"可取与不可取"、"借鉴与创新"的基本分析思路，以辩证的、客观的、务实的思想理念看待西方智库发展经验对我国智库建设发展乃至功能实现的启示价值。

智库在公共治理中的功能是"智治"内在逻辑的外在表现,"智"与"治"相互依赖、协同发展的逻辑,决定了中国特色新型智库建设与国家治理现代化的协同发展关系。在借鉴西方智库发展经验的基础上,基于我国国情社情民情,充分发挥智库在公共治理中的功能,从而使智库体系真正成为国家治理体系中的重要组成部分,使智库为国家治理现代化提供创新的、持续的、多元的发展动力是时代和国家赋予我国智库的重任。我国智库功能的有效实现和扩展关键在于坚持党和政府的领导,这是智库建设发展和功能实现的最大前提,只有坚持党和政府的领导,智库才能真正代表先进生产力、代表先进文化、代表人民利益,才能沿着正确的方向健康快速发展。在党和政府的领导下,我国智库可通过系统化的制度建设、多元化的发展格局、市场化的运行机制以及社会化的服务面向的四位一体发展体系推进智库外部拉力与内部推力的形成与融合,从而在全面推进智库建设发展和功能实现的过程中,实现中国特色新型智库与国家治理现代化的协同发展。

综上所述,智库在公共治理中的功能不仅是一个现实问题和实践问题,也是一个理论问题和学术问题。这一问题不仅反映出日益复杂化的公共治理对传统工具化治理向价值化治理的变革需求,也反映出公共治理日益以"智"为中轴的发展趋势。因此,建构公共治理的智治之维,以"智治"视角审视当前我国公共治理,进而推动我国公共治理的知识化、科学化和创新化,应是当前我国国家治理现代化发展的应有之义。另外,智库是公共治理中"智"的重要来源,但其并非唯一来源。本书在系统分析"智"与"治"关系的基础上对智库在公共治理中功能的初步分析为智库的社会化发展和面向提供了一个新的分析框架和思路,如何以智库为中心,通过智库与社会各类智力资源的互动,实现智库与社会智力资源的整合与协同发展还需要继续的深入探索和研究。我们深信,在党和政府的卓越领导下,在全体人民不懈的奋斗中,在学界全体同仁积极的探索中,中国特色新型智库与国家治理现代化即将迎来美好的春天。

参考文献

一 中文著作类

［1］习近平：《习近平谈治国理政》，外文出版社2014年版。

［2］王莉丽：《智力资本》，中国人民大学出版社2015年版。

［3］本书编写组：《十八大后中国共产党治国理政新方略：深入学习习近平总书记系列重要讲话》，中共中央党校出版社2014年版。

［4］俞可平：《论国家治理现代化》，社会科学文献出版社2014年版。

［5］俞可平：《中国治理评论：第1，2，3，4辑》，中央编译出版社2014年版。

［6］俞可平：《推进国家治理体系和治理能力现代化》，当代中国出版社2014年版。

［7］张康之：《合作的社会及其治理》，上海人民出版社2014年版。

［8］胡鞍钢：《中国国家治理现代化》，中国人民大学出版社2014年版。

［9］胡鞍钢：《中国特色新型智库》，北京大学出版社2014年版。

［10］王辉耀、苗绿：《大国智库》，人民出版社2014年版。

［11］王佩亨、李国强：《海外智库》，中国财政经济出版社2014年版。

［12］李泉：《治理思想的中国表达》，中央编译出版社2014年版。

［13］刘德海：《江苏新型智库体系建设研究》，江苏人民出版社2014年版。

［14］人民论坛编：《大国治理：国家治理体系和治理能力现代化》，中国经济出版社2014年版。

[15] 上海社会科学院智库研究中心：《2013 中国智库报告》，上海社会科学院出版社 2014 年版。

[16] 刘波、李娜：《网络化治理：面向中国地方政府的理论与实践》，清华大学出版社 2014 年版。

[17] 康晓光、冯利：《2014 中国第三部门观察报告》，社会科学文献出版社 2014 年版。

[18] 本书编写组：《习近平总书记系列讲话精神学习读本》，中共中央党校出版社 2013 年版。

[19] 孙柏瑛：《当代地方治理——面向 21 世纪的挑战》，中国人民大学出版社 2014 年版。

[20] 俞可平：《推进国家治理与社会治理现代化》，当代中国出版社 2013 年版。

[21] 许海清：《国家治理体系和治理能力现代化》，中共中央党校出版社 2013 年版。

[22] 麻宝斌：《公共治理理论与实践》，社会科学文献出版社 2013 年版。

[23] 何五星：《政府智库》，国家行政学院出版社 2013 年版。

[24] 包月阳：《中国智库》，中国发展出版社 2013 年版。

[25] 任玉岭、于今：《中国智库》，红旗出版社 2013 年版。

[26] 褚明：《美欧智库比较研究》，中国社会科学出版社 2013 年版。

[27] 于今：《中国智库发展报告 2012》，红旗出版社 2013 年版。

[28] 孙柏瑛：《地方治理中的有序公民参与》，中国人民大学出版社 2013 年版。

[29] 吴稼祥：《公天下——多中心治理与双主体法权》，广西师范大学出版社 2013 年版。

[30] 包雅君：《地方治理指南——怎样建立一个好的政府》，法律出版社 2013 年版。

[31] 池忠军：《公共管理考辨与范畴》，知识产权出版社 2012 年版。

[32] 孔繁斌：《公共性的再生产》，江苏人民出版社 2012 年版。

[33] 王健：《智库转型》，生活·读书·新知三联书店 2012 年版。

［34］谭维克：《建设首都社会主义新智库》，中央文献出版社 2012 年版。

［35］冯书君等：《智库谋略》，生活·读书·新知三联书店 2012 年版。

［36］俞可平：《西方政治学名著提要》，江西人民出版社 2012 年版。

［37］孙耀君：《西方管理学名著提要》，江西人民出版社 2012 年版。

［38］杨冠琼、蔡芸：《公共治理创新研究》，经济管理出版社 2011 年版。

［39］陈庆云：《公共政策分析》，北京大学出版社 2011 年版。

［40］何增科、包雅君：《公民社会与治理》，社会科学文献出版社 2011 年版。

［41］罗蔚、周霞：《公共行政学中的伦理话语》，中国人民大学出版社 2011 年版。

［42］王俊秀、杨宜音：《2011 年中国社会心态研究报告》，社会科学文献出版社 2011 年版。

［43］张康之、张乾友：《公共生活的发生》，高等教育出版社 2010 年版。

［44］杨光斌：《政治学导论》，中国人民大学出版社 2010 年版。

［45］李建军、崔树义：《世界各国智库研究》，人民出版社 2010 年版。

［46］梁文松、曾玉凤：《动态治理》，中信出版社 2010 年版。

［47］谭功荣：《西方行政学思想与流派》，北京大学出版社 2010 年版。

［48］颜昌武、马骏：《公共行政学百年争论》，中国人民大学出版社 2010 年版。

［49］王莉丽：《旋转门——美国思想库研究》，国家行政学院出版社 2010 年版。

［50］金芳等：《西方学者论智库》，上海社会科学院出版社 2010 年版。

［51］李轶海：《国际著名智库研究》，上海社会科学院出版社 2010

年版。

[52] 张振华：《赢在巅峰：影响中国未来的新型智库》，红旗出版社 2010 年版。

[53] 朱旭峰：《中国思想库》，清华大学出版社 2009 年版。

[54] 张康之：《行政伦理的观念与视野》，中国人民大学出版社 2008 年版。

[55] 李建华：《公共治理与公共伦理》，湖南大学出版社 2008 年版。

[56] 黄颂杰：《西方哲学名著提要》，江西人民出版社 2007 年版。

[57] 张春：《美国思想库与一个中国政策》，上海人民出版社 2007 年版。

[58] 毛寿龙：《西方公共行政名著提要》，江西人民出版社 2006 年版。

[59] 池忠军：《官僚制的伦理困境及其重构》，知识产权出版社 2004 年版。

[60] 丁煌：《西方行政学说史》，武汉大学出版社 2004 年版。

[61] 马骏、叶丽娟：《西方公共行政学理论前沿》，中国社会科学出版社 2004 年版。

[62] 陈振明：《公共管理学》，中国人民大学出版社 2003 年版。

[63] 蓝志勇：《行政官僚与现代社会》，中山大学出版社 2003 年版。

[64] 陈振明：《公共管理前沿》，福建人民出版社 2002 年版。

[65] 张成福、党秀云：《公共管理学》，中国人民大学出版社 2001 年版。

[66] 杨诚虎、李文才：《发达国家决策咨询制度》，时事出版社 2001 年版。

[67] 北京太平洋国际战略研究所课题组：《领袖的外脑》，中国社会科学出版社 2000 年版。

[68] 俞可平：《治理与善治》，社会科学文献出版社 2000 年版。

[69] 徐大同：《西方政治思想史》，天津教育出版社 2000 年版。

[70] 唐兴霖：《公共行政学——历史与思想》，中山大学出版社 2000 年版。

[71] 张国庆：《行政管理学概论》，北京大学出版社 2000 年版。

[72] 夏书章：《行政管理学》，中山大学出版社 1999 年版。

[73] 李强：《自由主义》，中国社会科学出版社 1998 年版。

[74] 毛寿龙、李梅、陈幽泓：《西方政府的治道变革》，中国人民大学出版社 1998 年版。

[75] 张春兴：《青年的认同与过失》，台湾东华书局、世界图书出版社 1993 年版。

二　翻译著作类

[1] [美] 詹姆斯·G. 麦甘：《2013 全球智库报告》，上海社会科学院出版社 2014 年版。

[2] [美] 理查德·C. 博克斯：《公民治理：引领 21 世纪的美国社区》，孙柏瑛等译，中国人民大学出版社 2014 年版。

[3] [荷] 米歇尔·S. 德·弗里斯等：《公共行政中的价值观与美德：比较研究视角》，熊缨等译，北京出版社、中国人民大学出版社 2014 年版。

[4] [美] 罗伯特·J. 阿特、罗伯特·杰维斯：《政治的细节》，陈积敏、聂文娟、张键译，世界图书出版公司 2014 年版。

[5] [加] 卜正民、傅尧乐：《国家与社会》，张晓涵译，中央编译出版社 2014 年版。

[6] [美] H. 乔治·弗雷德里克森：《公共行政的精神》，张成福译，中国人民大学出版社 2013 年版。

[7] [美] 艾尔·巴比：《社会科学研究方法：第十一版》，邱泽奇译，华夏出版社 2013 年版。

[8] [英] 维克托·迈尔-舍恩伯格、[英] 肯尼思·库克耶：《大数据时代》，盛杨燕、周涛译，浙江人民出版社 2013 年版。

[9] [美] 伯格鲁恩、[美] 加德尔斯：《智慧治理》，朱新伟等译，格致出版社 2013 年版。

[10] [美] 拉尔夫·P. 赫梅尔：《官僚经验——后现代主义的挑战》，韩红译，中国人民大学出版社 2013 年版。

[11] [美] 托马斯·库恩：《科学革命的结构》，金吾伦、胡新和译，

北京大学出版社 2013 年版。

［12］［美］哈罗德·D. 拉斯韦尔、亚伯拉罕·卡普兰：《权力与社会——一项政治研究的框架》，王菲易译，上海世纪出版集团 2012 年版。

［13］［美］斯科特：《国家的视角——那些试图改善人类状况的项目是如何失败》，王晓毅译，社会科学文献出版社 2012 年版。

［14］［美］埃莉诺·奥斯特罗姆、罗伊·加德纳、詹姆斯·沃克：《规则、博弈与公共池塘资源》，王巧玲、任睿译，陕西人民出版社 2011 年版。

［15］［美］詹姆斯·G. 马奇、［挪］约翰·P. 奥尔森：《重新发现制度》，张伟译，生活·读书·新知三联书店 2011 年版。

［16］［美］加图研究所：《加图决策者手册（第七版）——美国智库如何影响政府决策》，上海金融与法律研究院译，世纪出版集团 2011 年版。

［17］［英］克里斯托夫：《重要的公共管理者》，孙迎春译，北京大学出版社 2011 年版。

［18］［美］托马斯·R. 戴伊：《理解公共政策：第十二版》，谢明译，中国人民大学出版社 2011 年版。

［19］［美］希拉·贾萨诺夫：《第五部门——当科学顾问成为政策制定者》，陈光译，上海交通大学出版社 2011 年版。

［20］［美］威廉·N. 邓恩：《公共政策分析：第四版》，谢明、伏燕、朱雪宁译，中国人民大学出版社 2011 年版。

［21］［美］小约瑟夫·斯图尔特戴、［美］维·M. 赫奇：《公共政策导论：第三版》，韩红译，中国人民大学出版社 2011 年版。

［22］［美］杰伊·M. 沙夫里茨、克里斯托弗·P. 伯里克：《公共行政导论：第六版》，刘俊生、欧阳帆、金敏正译，中国人民大学出版社 2011 年版。

［23］［美］艾米·R. 波蒂特、马克·A. 詹森、埃莉诺·奥斯特罗姆：《共同合作——集体行为、公共资源与实践中的多元方法》，路蒙佳译，中国人民大学出版社 2011 年版。

[24] [美] W·查理德·斯科特:《制度与组织——思想观念与物质利益》,姚伟、王黎芳译,中国人民大学出版社2010年版。

[25] [加] 唐纳德·E. 埃布尔森:《智库能发挥作用吗?》,扈喜林译,上海社会科学院出版社2010年版。

[26] [法] 让—皮埃尔·戈丹:《何谓治理》,钟震宇译,社会科学文献出版社2010年版。

[27] [美] 德博拉·斯通:《政策悖论——政策决策中的艺术》,顾建光译,中国人民大学出版社2009年版。

[28] [英] 克里斯托弗·胡德:《国家的艺术:文化修辞与公共管理》,彭勃、邵春霞译,上海人民出版社2009年版。

[29] [美] 乔恩·埃尔斯特:《社会黏合剂》,高鹏程译,中国人民大学出版社2009年版。

[30] [美] 唐纳德·凯特尔:《权力共享——公共治理与私人市场》,孙迎春译,北京大学出版社2009年版。

[31] [英] 约翰·厄里:《全球复杂性》,李冠福译,北京师范大学出版社2009年版。

[32] [法] 埃德加·莫兰:《复杂性思想导论》,陈一壮译,华东师范大学出版社2008年版。

[33] [美] 菲利普·海恩斯:《公共服务管理的复杂性》,孙健译,清华大学出版社2008年版。

[34] [美] 斯蒂芬·戈德史密斯、威廉·D. 埃格斯:《网络化治理——公共部门的新形态》,北京大学出版社2008年版。

[35] [英] 帕特里克·邓利维、布伦登·奥利里:《国家理论——自由民主的政治学》,欧阳景根、尹冬华、孙冬华、孙云竹译,浙江人民出版社2007年版。

[36] [美] B. 盖伊·彼得斯:《公共政策工具:对公共管理工具的评价》,顾建光译,中国人民大学出版社2007年版。

[37] [美] 珍妮特·V. 登哈特、罗伯特·B. 登哈特:《新公共服务——服务而不是掌舵》,丁煌译,中国人民大学出版社2004年版。

[38] ［美］金登：《议程、备选方案与公共政策》，丁煌、方兴译，中国人民大学出版社 2004 年版。

[39] ［德］乌尔里希·贝克：《风险社会》，何博闻译，译林出版社 2004 年版。

[40] ［美］托马斯·R. 戴伊：《自上而下的政策制定》，鞠方安、吴忧译，中国人民大学出版社 2002 年版。

[41] ［美］戴维·罗森布鲁姆：《公共行政学：管理、政治和法律的途径（第五版）》，鞠方安、吴忧译，中国人民大学出版社 2002 年版。

[42] ［澳］J. 丹纳赫、T. 斯奇拉托、J. 韦伯：《理解福柯》，百花文艺出版社 2002 年版。

[43] ［美］B. 盖伊·彼得斯：《政府未来的治理模式》，吴爱明译，中国人民大学出版社 2001 年版。

[44] ［美］约翰·罗尔斯：《政治自由主义》，万俊人译，译林出版社 2000 年版。

[45] ［美］埃莉诺·奥斯特罗姆：《公共事物的治理之道——集体行动制度的演进》，余逊达、陈旭东译，上海三联书店 2000 年版。

[46] ［美］C. 帕斯卡尔·扎卡里：《科学：没有止境的前沿》，周惠民等译，上海科技教育出版社 1999 年版。

[47] ［法］米歇尔·福柯：《权力的眼睛》，严锋译，上海人民出版社 1997 年版。

[48] ［英］阿兰·谢里登：《求真意志——米歇尔·福柯的心路历程》，上海人民出版社 1997 年版。

[49] ［美］丹尼尔·贝尔：《后工业社会的来临》，高铦等译，新华出版社 1997 年版。

[50] ［美］哈耶克：《自由秩序原理》，北京三联书店 1997 年版。

[51] ［美］戴维·奥斯本、特德·盖布勒：《改革政府——企业精神如何改革着供应部门》，周敦仁译，上海译文出版社 1996 年版。

[52]［美］W. E. 哈拉尔：《新资本主义》，冯韵文、黄玉馥译，社会科学文献出版社1991年版。

[53]［法］夏尔·托克维尔：《论美国的民主（上卷）》，董果良译，商务印书馆1988年版。

[54]［美］加布里埃尔·A. 阿尔蒙德等：《比较政治学：体系、过程和政策》，上海译文出版社1987年版。

[55]［美］威廉·詹姆斯：《实用主义》，陈羽纶、孙瑞禾译，商务印书馆1979年版。

三 学术论文类

[1] 池忠军、亓光：《国家治理途径的社会治理》，《理论学刊》2015年第7期。

[2] 王义保：《外部约束性视角下农村基层治理能力异化研究》，《湖湘论坛》2015年第5期。

[3] 朱旭峰、韩万渠：《中国特色新型高校智库的兴起、困境与探索——以中国人民大学智库建设为例》，《高等教育评论》2015年第1期。

[4] 张欣、池忠军：《发挥智库在公共治理中的作用》，《理论探索》2015年第1期。

[5] 张欣、池忠军：《反贫困治理结构创新——基于中国扶贫脱贫实践的思考》，《求索》2015年第1期。

[6] 段鑫星：《论行政人员独立人格的生成》，《理论学刊》2014年第5期。

[7] 张欣：《新智库在网络社会文化中的功能》，《青年记者》2014年第14期。

[8] 龙利蓉：《美国智库与媒体的互动——以CNAS（新美国安全中心）、CSIS（国际关系战略学会）、Brookings（布鲁金斯学会）为例》，《湖北社会科学》2014年第10期。

[9] 陈天祥：《刍议公共治理中的公民参与》，《人民论坛》2014年第6期。

[10] 肖卫兵：《信息流通视野下的政府信息公开制度实施：以上海

市 A 区为例》,《中国行政管理》2014 年第 7 期。

[11] 薛澜:《智库热的冷思考:破解中国特色智库发展之道》,《中国行政管理》2014 年第 5 期。

[12] 王锋:《服务型政府建设中公共行政的科学精神》,《江苏社会科学》2014 年第 1 期。

[13] 张欣:《微博在公共政策中的作用分析》,《青年记者》2013 年第 35 期。

[14] 张欣:《少数民族地区文化扶贫中的政府作为》,《理论探索》2013 年第 6 期。

[15] 池忠军:《新公共管理是持续还是死亡——基于布罗代尔"长波"理论的分析》,《江苏行政学院学报》2013 年第 2 期。

[16] 池忠军:《西方公共行政范式论题探讨》,《江苏行政学院学报》2012 年第 6 期。

[17] 钮菊生:《论政府执行力的概念、问题与对策》,《学习论坛》2012 年第 3 期。

[18] 池忠军:《公共行政民主化与新公共管理的对立及融合的可能性》,《苏州大学学报》2011 年第 1 期。

[19] 郭剑鸣:《古希腊罗马时期的政治与知识关系观及其启示》,《学习论坛》2010 年第 6 期。

[20] 张长立:《领导权威的实质及其运行规律探微》,《苏州大学学报》2010 年第 6 期。

[21] 徐湘林:《转型危机与国家治理:中国的经验》,《经济社会体制比较》2010 年第 5 期。

[22] 俞可平:《"智库"的影响力从何而来》,《思想政治工作研究》2010 年第 2 期。

[23] 龚群:《理性的公共性与公共理性》,《哲学研究》2009 年第 11 期。

[24] 王建君:《中国智库锋芒待砺》,《瞭望》2009 年第 4 期。

[25] 王成礼:《权利与权力的博弈均衡》,《天津社会科学》2009 年第 2 期。

[26] 杨思留、辛其兴：《契约、宪政与制度——兼评宪政经济学的生成》，《求索》2008年第10期。

[27] 秦菊波：《复杂性科学的基本理念与公共行政范式的转变》，《江西社会科学》2008年第9期。

[28] 时和兴：《复杂性时代的多元公共治理》，《江西社会科学》2008年第9期。

[29] 池忠军、赵红灿：《善治的德行诉求》，《道德与文明》2007年第2期。

[30] 池忠军：《善治的悖论与和谐社会善治的可能性》，《马克思主义研究》2006年第9期。

[31] 薛澜、朱旭峰：《"中国思想库"：涵义、分类与研究展望》，《科学学研究》2006年第3期。

[32] 张莹瑞：《社会认同理论及其发展》，《心理科学进展》2006年第3期。

[33] 马俊锋、袁祖社：《中国"公民社会"的生成与民众"公共精神"品质的培养与化育》，《人文杂志》2006年第1期。

[34] 姜晓萍：《地方政府建立行政决策专家咨询制度的探索与创新》，《中国行政管理》2005年第2期。

[35] 王春法：《美国思想库的运行机制研究》，《社会科学管理与评论》2004年第2期。

[36] 侯经川：《国外思想库的四大制度保障》，《中国信息导报》2003年第8期。

[37] 袁鹏：《美国思想库：概念及起源》，《国际研究参考》2002年第10期。

[38] 朱旭峰：《美国思想库对社会思潮的影响》，《现代国际关系》2002年第8期。

[39] 朱芒：《开放型政府的法律理念和实践（上）——日本信息公开制度》，《环球法律评论》2002年第3期。

[40] 张康之：《公共行政——超越工具理性》，《浙江社会科学》2002年第4期。

［41］周雪光：《制度是如何思维的》，生活·读书·新知三联书店 2001 年版。

［42］钮菊生：《论现代公共政策的功能与特点》，《江海学刊》2001 年第 5 期。

［43］钮菊生：《政策科学若干理论问题》，《学海》2000 年第 4 期。

［44］朱金鉴：《正确处理应用研究和基础研究的关系》，《探索》1987 年第 2 期。

［45］［德］马丁·W. 蒂纳特、杨莉：《德国智库的发展与意义》，《国外社会科学》2014 年第 3 期。

［46］［美］斯蒂芬·奥尔森：《美国智库的发展或可供中国借鉴》，《开放导报》2014 年第 4 期。

［47］［美］威廉·R. 安德森：《美国信息公开法略论》，《当代西方研究》2008 年第 2 期。

四 外文原著类

［1］James G. McGann. Think Tanks and Policy Advice in The U. S［M］. Routledge, 2009.

［2］James G. McGann. Think Tanks and Policy Advice in the United States: Academics, Advisor and Advocates［M］. Routledge, 2007.

［3］Abelson Donald E. A Capitol Idea: Think Tank and U. S. Foreign Policy［M］. Mc Grill–Queen's University press. MacMillan Press Ltd, 2006.

［4］James G. McGann. Think Tanks and Civil Societies: Catalysts for Ideas and Action［M］. New Brunswick and London: Transaction Publishers, 2005.

［5］James G. McGann, Johnson, Erik C. Comparative Think Tanks, Politics and Public Policy［M］. Edward Elgar Publishing Inc. , 2005.

［6］Stone Diane, and Andrew Denham eds. Think Tanks Traditions: Policy Research and the Politics of Ideas［C］. Manchester and New York: Manchester, 2004.

［7］University PresRich, Andrew. Think Tanks, Public Policy, and the Politics of Expertise [M]. Cambridge: Cambridge University Press, 2004.

[8] Ogden Suzanne. Inklings of Democracy in China [M]. Cambridge and London: Harvard University Press, 2002.

[9] Lin Nan. Social Capital: A Theory of Social Structure and Action [M]. New York: Cambridge University Press, 2001.

[10] Ponser Richard A. Public Intellectuals: A Study of Decline [M]. Cambridge Massachusetts: Harvard University Press, 2001.

[11] Swaine, Michael D. , and Ashley I Tellis. Santa Monica, Calif. , RAND. Inrerpreting China's Grand Stategy [M]. Santa Monica, Calif. , RAND, 2000.

[12] Tyler, Patrick. A Great Wall: An Investigative History [M]. New York: A Century Foundation Book Public Affairs, 1999.

[13] Skocpol Theda. Democracy, Revolution, and History: The Wilder House Series in Politics, History and Culture [M]. Ithaca, NY: Cornell University Press, 1999.

[14] Tyler, Patrick. A Great Wall: An Investigative History [M]. New York: A Century Foundation Book Public Affairs, 1999.

[15] Paul Dickson. Social Psychology and world Politics [M]. New York: MacGraw Hill, 1998.

[16] Denham Andrew and Mark Garnett. British Think – Tanks and the Climate of opinion [M]. London: UCL Press, 1998.

[17] Knoke David. Political Network: The Structural Perspective [M]. England : UCL Press, 1998.

[18] Warren Christopher. In the Stream of History: Shaping Foreign Policy for a New Era [M]. California: Stanford University Press, 1998.

[19] Stone Diane, Andrew Denham and Mark Garnett, eds. Think Tanks Across Nations: A Comparative approach [C]. Manchester and New York: Manchester University Press, 1998.

[20] Sutter, Robert Cx U. S. Policy Toward China: An Introduction to the Role of Interest Groups [M] . Lanham: Rowman & Littlefield Pub-

lishers, Inc. , 1998.

[21] Herbst Susan. Reading Public Opinion: How Political Actors View the Democratic Process [M]. Chicago: University of Chicago Press, 1998.

[22] Stone Diane. , Capturing the Political Imagination: Think Tanks, and Public Policy [M]. London: Frank Coas, 1996.

[23] Abelson Donald E. American Think – Tanks and their Role in U. S Foreign Policy [M]. Bloomington: Indiaana University, 1996.

[24] Jeffrey Telgarsky, Ueno Makiko ed. Think Tank in a Democratic Society: An Alternative Vocie [M]. Washington D. C : The Urban Institute, 1996.

[25] Telgarsky, Jeffrey, and Makiko Ueno, eds. Think Tanks in a Democratic Society: An Alternative Voice [C]. Washington, D. C. : The Urban Institute, 1996.

[26] Hellebust, ed. Think Tank Directory: A Guide to Nonprofct Policy Research Organization [C]. Topeka, KS: Government Research Service, 1996.

[27] Glassar Theodore, Salmon Charles. Public Opinion and the Communication of Consent [M]. New York: The Guilford Press, 1995.

[28] Browne William P. Culture and the Evolutionary Process [M]. Chicago: University of Chicago Press, 1995.

[29] Meier Kenneth, E. T. Garman. Regulation and Consumer Protection. 2nded [M]. Houston : DAME Publicaions , 1995.

[30] Liberthal Kenneth. Governing China: From Revolution through Reform [M]. New York: Norton, 1995.

[31] Putnam Robert. Making Democracy Work: Civic Tradition in Modern Italy [M]. Princeton: Princeton University Press, 1993.

[32] Day, Alan J. Think Tanks: An International Directory [M]. London: Longman, 1993.

[33] Smith, James A. The Idea Brokers: Think – Tanks and the Rise of

the New Policy Elite [M]. New York: The Free Press, 1993.

[34] Theory and Practice in Foreign Policy [M]. Washington: United States Institute for Peace, 1993.

[35] Krehbiel David. Political Network: The Structural Perspective [M]. Ann Arbor: University of Michigan Press , 1992.

[36] Barber, James David. Presidential Character: Predicting Performance in the WhiteHouse [M]. Englewood Cliffs, NJ: Prentice – Hall, 1992.

[37] Liberthal Kenneth, David M. Lampton. Bureaucracy, Politics, and Decision Making in Post – Mao China [M]. Berkeley: University of California Press, 1992.

[38] Domhoff, William. The Power Elite and the State: How Policy is Made in America [M]. New York: Aldine de Gruyter, 1990.

[39] Andrew Rich. Think Tank, Public Policy, and the Politics of Expertise [M]. Cambridge : Cambridge University Press, 1990.

[40] Domhoff, William. The Power Elite and the State: How Policy is Made in America [M]. New York: Aldine de Gruyter, 1990.

[41] Mazmanian, Daniel, Sabatier, Paul. Implementation and Public Policy [M]. University Press of America, 1989.

[42] Liberthal Kenneth, Michel Oksenberg. Policy Making in China Leaders, Structures, and Processes [M]. New Jersey: Princeton University Press, 1988.

[43] Lampton David M. The Politics of Medicine in China: The Policy Process [M]. Oxford: Westview , 1987.

[44] Kegley, Charles W. , Jr. and Eugene R. Wittkopf. American Foreign Policy: Pattern and Process 3rd ed. [M]. Hampshire: Macmillan Education Ltd, 1987.

[45] Miller, Lynn H. Global Order: Power and Value in International Politics [M]. Boulder and London: Westview Press, 1985.

[46] Meier Kenneth. Regulation: Politics, Bureaucracy, and Economics

[M]. New York: St. Martin's Press, 1985.

[47] Merle Goldman. China's Intellectuals: Advise and Dissent [M]. Cambridge: Harvard University Press, 1981.

[48] Pye Lucian w. The Dynamics of Chinese Politics [M]. Cambridge: Elgerchladerl, Gunn & Hain, 1981.

[49] Lampton David M. Policy Implementation in Post - Mao China [M]. Berkeley: University of California Press, 1977.

[50] Pryor Frederick L. Property and Industrial Organizations in Communist and Capitalist Nations [M]. Bloomington: Indiana University Press, 1973.

[51] Mackenzie Alec R. The Time Trap [M]. New York: AMACOM, 1972. Paul Dickson, Think Tanks [M]. Atheneum, 1971.

[52] Fisher George. The Soviet System and Modern Society [M]. New York: Atherton Press, 1968.

[53] Haas Peter M. Knowledge, Power, and International Policy Coordination [M]. SC: University of South Carolina Press, 1968.

[54] Dahl Robert A. Pluralist Democracy in the United States [M]. Chicago: University of Chicago Press, 1967.